本著系为安徽省高校人文社科重点研究项目"基于全球价值链的安徽省战略性新兴产业集群升级研究"（SK2018A0763）研究成果

# 基于全球价值链的
## 安徽省战略性新兴产业集群发展研究

◎ 徐 军 著

吉林大学 出版社

**图书在版编目（CIP）数据**

基于全球价值链的安徽省战略性新兴产业集群发展研
究 / 徐军著.—长春 : 吉林大学出版社，2019.4
ISBN 978-7-5692-4586-8

Ⅰ．①基… Ⅱ．①徐… Ⅲ．①新兴产业—产业发展—
研究—安徽 Ⅳ．① F269.275.4

中国版本图书馆 CIP 数据核字 (2019) 第 069168 号

书　　名：基于全球价值链的安徽省战略性新兴产业集群发展研究
JIYU QUANQIU JIAZHILIAN DE ANHUI SHENG ZHANLÜEXING XINXING
CHANYE JIQUN FAZHAN YANJIU

作　者：徐　军　著
策划编辑：邵宇彤
责任编辑：周　婷
责任校对：石曼卿
装帧设计：优盛文化
出版发行：吉林大学出版社
社　　址：长春市人民大街 4059 号
邮政编码：130021
发行电话：0431-89580028/29/21
网　　址：http://www.jlup.com.cn
电子邮箱：jdcbs@jlu.edu.cn
印　　刷：三河市华晨印务有限公司
成品尺寸：170mm×240mm　　16 开
印　　张：14
字　　数：277 千字
版　　次：2019 年 4 月第 1 版
印　　次：2019 年 4 月第 1 次
书　　号：ISBN 978-7-5692-4586-8
定　　价：68.00 元

# 前　言

我国经济进入新常态以来，经济增长从原来的高速向中高速转变，转变经济发展方式，实现我国从制造大国向制造强国迈进，成为"十三五"时期的主要目标。党的十八届五中全会也明确提出，要构建产业新体系，加快建设制造强国，实施"中国制造2025"，即到2025年，制造业整体素质大幅提升，创新能力显著增强，工业化和信息化迈上新台阶，形成一批具有较强国际竞争力的跨国公司和产业集群，在全球产业分工和价值链中的地位明显提升。其中，战略性新兴产业发挥着举足轻重的作用。战略性新兴产业是以重大技术突破和重大发展需求为基础，对经济社会全局和长远发展具有重大引领、带动作用，知识技术密集、物质资源消耗少、成长潜力大、综合效益好的产业。战略性新兴产业能够带领传统产业转型升级，建设创新型现代产业体系，推动经济保持中高速增长、产业迈向中高端水平。

本书立足全球价值链的基本内涵，联系其与中国企业转型升级的关系，在论述战略性新兴产业的基础上，结合相关理论基础，阐述了战略性新兴产业发展的现状与启示。同时，结合安徽省战略性新兴产业集群的发展情况，具体分析了在全球价值链中芜湖新能源汽车产业集群、铜陵经开区铜基新材料产业集群、合肥高新区集成电路产业集群和蚌埠硅基材料产业集群发展状况，并提出基于全球价值链的安徽省战略性新兴产业集群发展的政策建议，力图为安徽省战略性新兴产业集群发展提供新思路。

由于时间仓促，作者水平有限，本书难免存在不足之处，真诚地希望读者对本书提出宝贵的意见和建议。

徐　军

2019年1月

1

# 目　录

# 理论篇

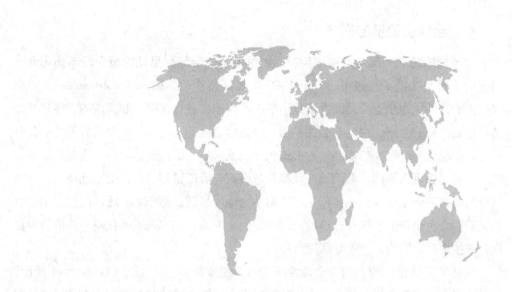

# 第一章　全球价值链概述

## 第一节　全球价值链的基本内涵

### 一、全球价值链的概念

全球价值链这一概念是由早期产品的价值链、全球商品链等概念逐渐演化而来的。价值链是由波特（Porter）于 1985 年在其著作 "*Competitive Advantage*" 中首次提出的，他认为企业产品的生产是由多个不同但相互连接的步骤组成的，即从产品的设计到产品的生产，再到产品的销售。企业价值链的形成与每一个步骤的价值都分不开，产品生产过程中各项活动的价值相连接就形成了价值链。之后，全球商品链的概念被格里芬等人提出，他们把产业的全球组织与价值链相结合，提出此概念，还将其分为消费者驱动全球商品链和生产者驱动全球商品链。基于此，逐渐形成了全球价值链的概念。全球价值链是全球性的跨企业网络组织，以实现服务和商品的价值为目标，连接生产、销售、回收处理等过程。

全球价值链已经成为当今全球经济的一个重要载体。鲍德温（Baldwin）指出，商品、投资、服务、专业技术和人们在国际生产网络中的跨国流动被称为"供应链贸易"——已经改变了世界。技术进步、成本降低、资源和市场的可得性驱动着当前的国际生产分工。国际分工的发展有赖于透明化和自由化的贸易政策。这对我们如何看待和解释当前贸易格外重要。全球价值链的运转网络非常复杂，涉及制造业企业、物流、运输和其他服务，也涉及报关代理人和其他政府机构。鲍德温和维纳布尔斯（Venables）提出了"蛛网"概念（生产加工过程中的多种零部件以不特定的顺序被组装）和"蛇形"概念（生产加工过程的顺序是由工程决定的，商品从上游企业到下游企业是一个连续的过程，并且在此过程中伴随着价值增加值）作为两种组织基准。大多数国际生产加工过程是这两种方式的混合。由于全球价值链的高复杂性和产品特性的不同，几乎不能通过一个单一的方式去定义、测量和描绘全球价值链。杜克大学在《全球价值链倡议》中指出：全球价值链描述了一项生产活动从其概念的产生到其最终使用的全部范围。这些经济文献使用不同的概念、方法和术语来研究不同的方向。

全球价值链的发展对世界经济产生了广泛的影响，对贸易和劳动力市场都产生了非常大的影响，同时影响着收入、贫穷和环境等问题。如今，即使是在政策讨论中时常被提起的测量方法，如双边贸易平衡、出口市场份额或实际汇率，都需要被重新定义来解决在贸易流动中引起的国内外价值增加值的问题。

近几十年来，全球价值链的出现已经显著地改变了商品和服务的世界生产格局，对国际贸易和投资模式造成了深刻而持续的影响，也影响着各国的产品竞争力和整体经济的发展。随着各国大量进口中间制成品，进而出口，国际生产共享成为推动国际贸易的重要动力。交通运输成本的下降、科技的进步、政治经济贸易壁垒的降低使生产国际分工的机会大大增加。基于国际分工的全球价值链成为全球化最显著的特征。

## 二、全球价值链的驱动力

在过去的 20 年里，运输和通信成本的下降、科技的快速进步、政治经济壁垒的降低和资本流动的放松管制都被认为是全球价值链的主要驱动力。世界贸易组织认为，驱动全球价值链的两大重要因素是国际贸易成本的减少（包括降低关税率、降低运输和通信成本以及减少交换货物所需时间）和更低的离岸外包管理成本（包括搜寻成本以及监控、协调国外活动的成本）。

### （一）科技进步与贸易成本下降

科技进步是全球价值链的关键驱动力。科技进步使全球化生产成了可能，为生产国际分工的实现提供了物质基础。信息、远程通信、运输技术的改进对协调产品活动和全球价值链的极其复杂的管理协调有着积极的作用。科技、信息和通信领域的技术发展决定了国际贸易的成本。随着这些成本对国际分工活动重要性的增加，技术进步产生的成本节约驱动着全球价值链的发展。

海运是世界贸易的主要运输方式，在过去的几十年里发生了重大的科技变革，这也与全球价值链的发展有关。如胡梅尔斯（Hummels）所验证的，开放登记航运的增长、贸易量增加的规模效应和集装箱的引进都降低了运输成本。开放登记航运是注册方便旗船的惯例，能有效降低管理和配备人手的成本。海运数量的增加是因为悬挂了方便旗，因为这比悬挂传统旗的船只具有更低的船舶运营成本。集装箱运输的发展降低了货物装卸、货物转运和创建枢纽港的成本。

运输领域的重要科技创新也在全球价值链的发展中起着重要的作用。全球价值链的发展更多会受到运输速度增加和可靠性的影响。因为全球价值链的运行更注重交货的及时性和国际供应的持续性，这些因素将会影响全球价值链的发展。这个论点也得到了证据的支持，即中间投入的贸易增长份额是由飞机运输的，这是一种快且相当昂贵的运输方式。如胡梅尔斯所谈论的，在过去的几十年中，航空运输实现了技术变革，包括航空电子设备的改善、机翼设计、材料，最重要的是采用喷气式飞机发动机。这种发动机速度更快，燃料效率更高，并且可靠。胡梅尔斯和 Schaur 研究了企业在空运和海运之间的选择，发现零部件贸易对时效性更加敏感。这些研究结果表明，快速运输相对成本的减少和生产国际分工增长之间存在重要联系。诺达斯（Nordas）也证实了时间作为一个竞争因素的重要性。

信息通信技术的发展同样改善了物流服务，促进了中间产品及时进行交易。例如，随着远程通信和信息技术的发展，全球定位系统使公司能更好地跟踪和安排货物运载。在这种背景下，企业的战略地理布局将更充分，有些地区将成为全球价值链的核心和物流枢纽。Feenstra 等人对香港的贸易进行了分析，他们认为香港就是利用了其信息技术的优势，实现了对货物的分类、包装、检验、销售和匹配供应商，从而实现其价值增加值。在近几十年，信息通信技术（ICT）取得了巨大进步，远程通信成本下降明显。这些主要的变革也促进了全球价值链在服务领域的发展。Deardorff 认为，服务贸易在全球价值链中更为重要。全球价值链的运转更多地牵涉服务投入，而不仅是最终产品贸易，因此这些活动往往需要依靠低成本适当服务的可得性。重大的科技进步和服务贸易的自由化有效地降低了成本。Debaere 等运用爱尔兰 2000—2004 年企业层级的数据，研究了服务对制造业离岸外包的影响。他们发现本地服务的发展对进口中间产品的销售具有促进作用。Abramovsky 和 Griffith 利用英国企业层级数据，测量了信息通信技术如何影响离岸外包服务成本，并发现信息通信技术在帮助公司决定购买国外商业服务中扮演了重要的角色。

随着电子传输商业服务交易的迅速增加，金融服务、计算机和信息服务以及其他商业服务领域内的服务贸易量也逐年增长。Garner 认为，信息成本的下降使服务贸易更趋于劳动密集型、可信息化、可程序化和更高的透明性。Van Welsum 和 Vickery（2005）进一步强调了信息通信技术对服务离岸外包的重要性。

随着电子通信逐步取代面对面交流，地理距离作为国际服务贸易壁垒的重要性下降了。实际上，通信网络的巨大科技进步和全球宽带网络基础设施的可用性使商务服务贸易产生了新的方式。国与国之间的时差为产品生产的连续作业提供了条件。印度软件行业的发展或爱尔兰的呼叫中心服务行业的兴起就是很好的例子。Marjit、Kikuchi 和 Iwasa 的理论分析表明，考虑到连续作业在适当分工的情况下的可行性，国家之间可以通过电子通信基础设施相联系，于是他们发现时区就是商业贸易服务的驱动因素。

### （二）两次分离与垂直专业化分工

国际分工的发展依托于科学技术的革新。鲍德温将蒸汽机革命和信息革命视为影响全球分工最重要的两次科技革新。在蒸汽机革命之前，生产和消费被限制于邻近地区。蒸汽机革命使产品的生产成本下降，生产和消费在空间上的分离（第一分离）成了可能。生产者和消费者在国际空间上的隔离使国际贸易得到了发展。信息革命使国与国之间交通和沟通的成本下降，国际生产的分工范围不断扩大。产品生产在国际范围内扩散，贸易的规模扩大。以前聚集工厂或办公地的生产阶段在空间上实现了分离（第二分离），这从根本上改变了国际贸易和投资的本质。

科技革命带来的两次分离促进了垂直专业化分工，加速了国际贸易的增长。Balassa 在 1967 年最早提出了垂直专业化，并将其定义为将一种商品的连续生产过程垂直分割成一条贸易链，由每个国家以其比较优势承担某个阶段的商品生产，获得相应的附加值。由此，学界开始聚焦于垂直专业化分工产生的原因。不同学者试图从不同的理论中找到垂直专业化的原因，分别有比较优势理论、规模经济、不完全竞争、产业组织与契约理论。

为了更好地描述由垂直专业化带来的国际分工的变化，国际经济学家们试图寻找不同的概念来对这一变化进行描述，如 Arndt 等人提出的国际生产分工（international fragmentation）、Yeats 提出的全球生产共享（global production sharing）、Glass 等提出的国际生产外包（international outsourcing）和 Grossman 等提出的任务贸易（trade in tasks）。这些术语都从不同角度对国际分工的现状进行了描述。虽然它们的含义不尽相同，但在某种程度上均体现了跨越国界生产的日益广泛性以及分割全球价值链、各方共同参与生产的重要性。

## 三、经济贸易制度自由化

政治经济壁垒的降低是贸易顺利发展的重要保障，通常也是全球价值链的制度基础。如鲍德温所论述的，供应链贸易是区域化的，受制于区域贸易协定（RTA）、双边投资条约（BIT）和发展中国家单方面改革。供应链贸易大多数是在世界贸易组织（WTO）体系外完成的。实际上，全球价值链的广泛性给世界贸易组织的多边贸易体系带来了很大的挑战。WTO 在这方面也做出了相应的改变和调整，世界贸易组织成员方达成了一个综合的贸易协定（"巴厘一揽子协定"），旨在降低国际贸易壁垒。它涉及简化跨境贸易程序，包括贸易便利化协议，并意在降低对最不发达国家的市场准入。

如今，全球生产网络由三个主要的经济区域构成，即欧洲、亚洲和北美。就欧洲的区域生产网络而言，中东欧国家不断加入欧盟，给欧盟国家内部创造了全球价值链的发展空间，编织了一张紧密的国际贸易联系网络。这给欧洲经济共同体带来了新的经济活力。Kaminski 和 Ng 在 2002 年调查了 10 个中东欧国家的贸易网络。他们表示，这些国家的贸易网络经历了重要的变革，即从简单的组装业务转变为复杂的加工装配业务。Marin 运用德国和澳大利亚的公司样本，调查了 1990—2001 年这两个国家对东欧的投资计划，研究了这些国家之间的公司内部贸易模式的演化。Behar 和Freund 用零部件的国家贸易数据检验了欧洲分工是如何形成的，并讨论了欧洲一体化如何促进欧洲中间产品的内部贸易。这些研究都为我们深入理解全球价值链在一个区域内的演进提供了很好的实证支撑。

亚洲的区域生产网络研究集中在中国加入 WTO 的相关影响。2001 年，中国加入 WTO，这意味着中国进一步实现了贸易开放。Zhao 对中国过去 10 年的改革开放进程进行了详细描述，认为改革是中国加入 WTO 的重要条件。Athukorala 研究了在全球生产分工的背景下，中国作为主要贸易国家的出现如何影响了其他东亚国家的出口表现。他认为，中国作为主要的装配中心，快速融入全球生产网络，为其他东亚国家利用其比较优势加入价值链的各个部分创造了新机遇。Kimura 和 Ando 研究了东亚的国际网络结构。Kimura 和 Obashi 最近详细讨论了东亚的生产网络，包括其结构、生存环境和影响。此外，Escaith 和 Inomata 发现科技、制度和政策的联合变革使东亚出现了生产贸易网络。

研究指出，亚洲各国较低的关税促进了中间品贸易的数量增长。此外，亚洲国家间的区域贸易协定也有助于区域一体化和全球价值链在这些区域的发展。例如，东南亚国家联盟（东盟）自由贸易区（AFTA），在这个区域内，经济一体化促使东盟经济共同体在 2003 年形成，旨在为东盟国家创建一个单一市场和生产基地。如Athukorala 所研究的，以中国为最终装配中心的网络贸易加强了亚洲国家经济的相互依存，中国在其中起着关键作用。Orefice 和 Rocha 认为，生产网络贸易与更深的贸易协定之间有着积极的双向关系。签署深层次的协议有助于供应链的发展，也有助于生产网络的出现。深度一体化的影响对汽车零部件贸易和信息技术产品贸易具有更重要的意义。

### 四、外国直接投资与全球价值链的发展

外国直接投资（又称为外商直接投资）与公司内贸易在很大程度上是全球价值链扩张后的结果。跨国企业在全球价值链的延展中扮演着关键的角色。提高国际竞争力是各种跨国公司全球战略的核心内容。以前的跨国公司只是将市场视为单独的市场，把国内与国外、发达国家和发展中国家的发展单个分开来看。但是如今，经济全球化成为当下的全球发展形势，跨国公司不得不重新审视全球市场，布局更完善的全局战略。因此，跨国公司开始重新整合全球的生产要素，依靠自有的核心技术、知名品牌、高效的管理、广阔的营销网络等要素，建立广泛又具有高效率的国际生产网络。

就传统上来说，外商直接投资的动机之一是充分利用各国的优势资源，从而使其经营活动利润最大化。在这个逻辑框架内，国与国之间的要素禀赋存在差异，跨国公司在国外设置生产设施，并利用东道国特定生产阶段的要素成本优势，以降低产品生产成本。国与国之间的要素比例不同以及地理空间上的分离是跨国公司对外投资的重要原因之一。这解释了为什么一个技能丰富的国家要在低工资国家建立一个附属机构。有经验证据表明，美国公司内部贸易主要集中在资本密集的产业中以及在资本充裕的国家之间。这些模式下的公司内部贸易导致了新的理论研究出现，这些研究主要集中在公司的边界和新的经验主义下跨国公司的整合战略上以及由此产生的公司内部贸易和不同国际公司外包模式公司的选择上。全球要素的最优化组合是跨国公司全球化战略的本质目标。全球化要素最优化组合的核心要求是降低成本、降低产品的差异化，这是从国际投资理论出发得出的结论。

#### （一）垂直专业化与水平专业化

20世纪90年代，经济的自由化和放松管制促进了外国直接投资流入量的增长。生产率的差异性对公司决定是将某个生产过程执行外包，还是通过外国直接投资或常规贸易来进行起到了重要作用。由于跨国公司采用新的生产模式，并且在国际贸易中成为更加出色的角色，全球价值链与外资流入量和子公司向母公司投入越来越相关。

于是，国际经济学家开始将微观企业的外商直接投资（FDI）作为一个研究变量。同时，不同功能类型的外商直接投资也被国际经济学家作为研究对象进行研究。不同类型的 FDI 涉及了不同形式的全球价值链构成。在研究中，出现了两种不同的研究方向，即"垂直型 FDI 贸易一体化"和"水平型 FDI 贸易一体化"的研究。在"垂直型 FDI 贸易一体化"研究中，微观企业要素全球最优配置使劳动生产率提高，从而获取全球价值链布局的收益。产品的生产环节被分成不同阶段，并且在不同的国家

或者地区完成，最终中间产品的相互衔接通过国家之间的贸易来实现。在早期关于垂直型 FDI 的文献中，将公司的经营活动分为两种，一种是以规划、管理以及研发为活动内容，另一种是以具体的生产为主要内容。在全球化经济条件下，鉴于两种经营活动所需要素的不同密集度以及各国不同的要素结构，公司会根据实际情况，对两类经营活动的不同要素在两国之间进行优化调配，在此过程中产生的资本流动就是垂直型的 FDI。

"水平型 FDI 贸易一体化"研究表明，这类 FDI 使企业能够在不同国家和地区生产和提供相同的产品或服务，躲避贸易壁垒，可以在当地直接销售。早期关于水平型 FDI 的文献中认为，两个水平相当的国家间产生水平型 FDI 的一个重要动力是公司的规模经济。这种 FDI 使跨国公司可以在不同的国家生产相同的产品，以促进公司层面的规模经济效应的形成。

马库森融合垂直型 FDI 和水平型 FDI 两种类型，提出"知识资本模型"，该模型存在三种公司模式，即本土公司、垂直型跨国公司、水平型跨国公司。同时，他还提出了三种假设。第一，分割性。跨国公司可以将以管理和研发为主要内容的知识型经营活动和具体的生产活动分别分配到不同的国家和地区。第二，要素密集性。知识型经营活动以管理和研发为主要内容，此类经营活动的要素密集性为熟练劳动密集型。第三，联合性。指的是以管理和研发为主要内容的知识型经营活动是没有排斥性、排他性的。垂直型跨国公司可以在不同的国家或地区设立以管理和研发为主要内容的知识型经营活动和具体生产活动，要素价格和市场的规模决定实际地点的选取，这是以分割性和要素密集性的假设为前提的。水平型跨国公司的形成依赖联合性的假设，因此联合性的假设成为驱动公司层面规模经济的重要起点。马库森依据这个假设，通过构建一般均衡模型推断：两个国家的规模、贸易壁垒和要素价格的对称性是垂直型跨国公司和水平型跨国公司形成的决定性因素。水平型跨国公司占据主导地位时，两个国家贸易的收入和要素价格是对称的，并且贸易成本较高，跨国公司生产要素跨境流动以及规避贸易壁垒带来的收益构成其全球价值链布局的收益；垂直型跨国公司占据主导地位时，两个国家贸易的收入和要素价格是不对称的，并且贸易成本较低，生产要素跨境流动下跨国公司的各个子公司的劳动生产率提高是垂直型跨国公司全球价值链布局的收益来源。Yeaple 发现在更高的资本和研发强度的行业，公司的内部进口份额趋向于更高。Nunn 和 Trefler 运用产品层面的数据对美国公司内部进口进行了研究，发现美国总公司的非合约投入对全球价值链的垂直整合非常重要。

### （二）外包与一体化

全球价值链的组织形式也是国际经济学家广泛关注的议题。Antras 提出的"企业内生边界理论"开始关注全球价值链的组织形式。该理论将不完全合同理论引入贸易理论，提出不完全合同理论是微观企业的贸易收益来源，并且开始研究全球价值链的模式——"一体化或外包"。

交易双方有博弈过程，这个过程被 Antras 划分为五个阶段，中间品加工完成之后会有议价阶段，假定议价阶段是选择一体化或外包两种形式都必须经历的，如果谈判失败，选择一体化的企业则依然可以完成部分最终产品或部分准租金（quasi-rents），但是选择外包的企业将不能够继续完成最终产品。在双方的博弈过程中，加工企业在双方签订合同时就已商定好交易价格的情况下，必然会以次充好，但是其不可能将中间品提供给外部企业，因为双方是"一对一"的生产委托关系，并且加工的中间品是有某种特殊性的。加工企业在中间品加工完成之后的谈判过程中可能会处于不利地位，因此会减少中间品加工的最初投入量，导致中间品的产出达不到最优水平。这体现出合同的不完全性，这些问题被称为"委托—代理"问题。"委托—代理"问题常常会出现在合同不完全的情况下，最终品制造企业过度依赖加工企业提供的中间品。最终品制造企业将外包作为向加工企业提供的激励机制，在外包过程中，更多的利润分配权会被加工企业获取。Antras 认为，企业是否对以中间投入品形态存在的生产要素享有所有权优势成为最终品制造企业选择一体化还是外包的关键因素。

最终品制造企业提供的中间投入品和加工企业的中间投入品之比被称为合约投入品密集度，成为所有权优势的衡量标准，被记作 $\beta$。最终品制造企业提供的中间品以研发、管理为主，如果 $\beta>1$，那么最终品就属于研发密集型产品；加工企业提供的中间品以零部件组装为主，当 $\beta<1$ 时，就表示最终品是组装密集型产品。"委托—代理"风险也通过这一比例关系体现出来，$\beta$ 值的大小关系着委托代理风险的大小，最终品制造企业会据此采取不同的策略。在 $\beta$ 值低于某一临界值时，中间品外包的激励机制将会被启用，最终品制造企业将会展开加工贸易；在 $\beta$ 值高于某一临界值时，风险将会较低，通过一体化投资的途径，最终品制造企业将进行公司内贸易。

合约投入品密集度和异质性企业两个概念被 Antras 和 Helpman 融入一个模型中。南北两个国家作为这个模型的基本框架，这个模型中唯一的生产要素是劳动力，其他生产要素都被作为中间品。工资水平的高低影响着中间投入品生产的分配，如果北方国家的工资水平比南方国家高，那么不管是最终产品的中间投入品还是研发密集型的中间投入品，都在北方国家生产，而组装密集型的中间产品可以在北方国家和南方国家生产。假设存在四种公司组织形态，分别为北方国家内实施一体化的企业和进行外包的企业，南方国家内实施一体化的企业和进行外包的企业，如果根据固定成本高低进行排序，北方国家企业的固定成本较高，实施一体化的企业固定成本较高。Antras 和 Helpman 认为，合约投入密集度决定了要素合作的模式，组装密集型产品的产业一般会选择外包，研发密集型产品的产业一般会选用一体化。企业间不同的生产率是企业决定是否要进行要素流动的因素。更多的沉没成本将会在企业对外进行要素流动的过程中产生，只有在沉没成本能够被企业的生产率抵补时，企业才会选择对外要素流动。于是，鉴于不同企业之间的生产率不同，同一行业中有可能同时存在这四种形态的企业。企业的生产率决定了企业拓展海外市场的途径，即出口还是要素流动。通过要素的跨境流动来实现海外市场的拓展的前提是生产率条件达到一定的要求，企业通过这种方式促使本国的要素更好地和国外的要素相结合，达到共同生产产品的目标。所生产的产品的中间投入品密集度对要素合作的模式有决定性的作用，中间品是生产要素的一种凝结，因此无论是选择外包还是一体化模式，都将各国的要素紧密联系起来。

## 第二节　全球价值链发展现状

经济全球化势不可挡，因此全球价值链吸引越来越多的国家参与。2008 年国际金融危机后，全球贸易、投资、分工等领域都将"全球价值链与增加值贸易"作为热点进行研究。不管是如今的全球贸易统计框架还是传统的以贸易总额为基础的全值统计方法，都不能真实反映贸易过程中存在的各种问题，如各国的贸易额、贸易量、实际贸易所得和价值链分工等。因此，一种备受关注的全新的核算方法出现，它能够将全球的贸易运行状况以及贸易秩序情况真实地反映出来，这种新出现的核算方法就是贸易增加值统计。日本 IDE-JETRO，WTO，OECD，以及联合国贸发会议（UNCTAD）等在世贸组织的推动下发布了相关研究报告。这种核算方法能够衡量贸易过程中各国的增加值贡献，也促进了全球产业格局的变化，深刻影响了中国产业升级战略。综合来看，当前全球价值链的发展有如下特点。

### 一、跨国公司是全球价值链的主导者和有效治理者

不断拓展的海外业务使跨国公司不得不加紧推进全球化生产，服务外包、供应链

网络等使全球化生产不再只是理想。因此，全球资源得到了优化配置，产业也实现了全球布局。在这样的大环境下，经济全球化和全球价值链也因跨国公司在全球对增值链进行成本最低化的配置得以深入发展，因此跨国公司成为全球价值链的主导者。

随着经济全球化程度越来越高，全球价值链不断发展，它的拆分和外包的程度也不断提高。因此，为了维持跨国公司的核心竞争力，使跨国公司在国际竞争中占领制高点，跨国公司对全球价值链的掌控能力和对全球价值链的治理能力都极其重要，必须不断得到加强。由于对全球价值链的主导地位，跨国公司也是全球价值链的有效治理者，跨国公司不仅分析了全球价值链的各个环节，还对全球的资源进行了战略组合。

## 二、国际贸易投资是推动全球价值链不断拓展的主渠道

国际贸易在第二次世界大战后以两倍于世界 GDP 的速度增长，不仅是全球价值链形成的主要根基，也是其拓展渠道。全球价值链形成的主要外在形式有两种，即外包和离岸生产。全球价值链能够不断延伸的条件之一是进行国际贸易，尤其是中间产品的贸易。从贸易结构来看，全球价值链的形成与发展的核心要素是中间品的跨境贸易或重复流转，这使中间品在贸易过程中的作用不断提升。联合国贸发会的报告显示，在参与全球价值链的国际货物贸易中，有一些进口国进口货物并不是为了销售，而是把进口货物作为中间商品，以生产某种出口商品或生产服务，这部分国家约占 28%。UN Comtrade 的统计数据显示，1995—2013 年，在全球贸易中，中间产品的出口额占全球总出口额的比例由 50% 上升到 69.32%。综合来看，在全球贸易中占主要地位的是中间品贸易，这一经济特征是全球价值链不断深化发展呈现的必然逻辑。

全球价值链延伸的另一重要动力是国际投资的迅猛发展，发展中国家参与全球价值链最重要的途径之一是外国直接投资。跨国公司不断进行外包和离岸生产，以至于 1980 年后国际投资开始高速增长，到 1990 年以后，跨国直接投资的增长速度是国际贸易增长的两倍。OECD 统计数据显示，在过去的 20 年中，在国际投资生产中，跨境联系的价值增长了一倍，1990 年在全球 GDP 中，全球 FDI 存量所占的比重还不到 10%，但是到 2011 年，其比重达到 31%，这一趋势还会持续下去。

## 三、国际贸易服务化成为全球价值链的主要特征

在日益深化发展的全球价值链中，服务具有越来越重要的作用，尤其是一些生产

性服务行业，如通信、金融、交通、商业服务等。竞争力、资本和劳动生产率取决于服务质量的高低。但是，服务不仅限于这些，不管参与贸易的最终产品是服务还是货物，在各种产品的生产过程中以及销售过程中都会存在许多其他的服务。在全球价值链中，服务投资的作用如表 1-1 所示。

表 1-1　服务投资在全球价值链中的作用

|  | 实际出口占比 | 总出口中增值比重 |
| --- | --- | --- |
| 服务部门 | 22% | 46% |
| 制造部门 | 71% | 43% |
| 原材料部门 | 7% | 11% |

资料来源：UNCTAD《世界投资报告（2014）》，UNCTAD 数据库。

目前，服务代表着超过三分之二的世界 GDP。一个国家收入水平的提升往往会增加 GDP 中服务增加值的份额，收入较高的国家，其 GDP 中服务增加值所占比例基本达到 73%（美国的占 77%），中等收入国家 GDP 中服务增加值的份额占 54% 左右，低收入国家 GDP 中的服务增加值的份额占 47%。不管是在高收入、中等收入还是低收入国家中，经济活动的核心都是服务生产。因此，服务业对一个国家 GDP 的贡献必然超过农业和工业的贡献之和。由此可见，产业效率的提升直接受到服务业的影响。

不管是何种经济，都离不开服务。世界贸易组织的统计资料显示，经济贡献方面，服务占世界产出和就业的 60% ～ 70%，在全球 FDI 流量中占三分之二；在生产投入方面，服务投入成本占制造业和农业生产成本的 10% ～ 20%；在供应链连接方面，生产者越来越依赖服务将其产出提供给消费者。总贸易中的部门贡献率如表 1-2 所示。

表 1-2　总贸易中的部门贡献率（总额和增加值，2008）

|  | 初级产品 | 制成品 | 服　务 |
| --- | --- | --- | --- |
| 总贸易结构 | 12% | 65% | 23% |
| 增值贸易结构 | 18% | 37% | 45% |

资料来源：WTO 基于 OECD 结构性数据的统计。

## 四、新兴发展经济体在全球价值链中的作用进一步增强

2000 年以后，海外布局成为新兴发展经济体参与全球价值链的主要途径，在全球价值链中，新兴发展经济体的作用持续增强，世界各国的各种经济体之间越来越相互依赖。最近几年，新兴发展经济体一直在寻求新的发展机遇，并不断为之做出努力，参与全球价值链，融入世界经济，通过吸收投资以及对外贸易，逐渐进入国际生产体系中，参与国际分工。1995—2009 年，在全球价值链中，新兴发展经济体的参与指数从 40.5 上升到 50.9，发达国家从 39.6 上升到 47.2。

新兴发展经济体在全球价值链中的参与程度不断提高，可通过对外投资及跨境并购体现出来。在全球外国直接投资流入方面，新兴发展经济体占据了领先的地位。联合国贸易新兴发展会议的统计资料显示，在接受外国直接投资的世界前 10 个国家中，新兴发展经济体占 50%，共 5 个，其中最大的接受外国直接投资的国家是中国，外国直接投资在新兴发展中国家的金额在 2014 年达到历史新高，增长了 2%，为 6 110 亿美元。商务部发布的数据显示，中国在逐步转变为"净资本输出国"，企业参与全球产业链、供应链乃至价值链的重构节奏加快。2017 年，中国对外投资规模超过利用外资总规模 300 多亿美元，金额约为 1 200.8 亿美元。

新兴发展经济体在全球外国直接投资中所占比例已达到 35%，而 2007 年仅占 13%。新兴发展经济体跨国公司在国外的扩张达到历史新高。除此之外，跨境并购活动迅速增长，服务业的跨境并购增长尤其迅猛。2017 年，中国跨境交易总金额相比 2016 年有明显下降，但与 2015 年相比仍有 18% 的增长。

## 五、全球价值链在空间布局上有加速扩展态势

随着全球产业分工网络以及信息技术的发展，世界各国的技术和资本等要素可以自由流动，各国的资本回报率出现趋同化。但各种阻碍在跨境劳动力流动过程中出现，致使不同的国家出现了不同的劳动工资水平。跨国公司将不同的生产环节分配到不同的国家和地区，以降低经营成本，这些被转移的生产环节基本上都是竞争力较低、附加值较低的，这就促使各国之间产生垂直分工和水平分工。近些年，在空间布局方面，全球价值链环节的布局不断扩展。一个国家产业结构的变动会使周边国家或地区的产业结构随之发生变动。随着经济全球化的发展，动态的跨国区域整体形成，处于同一价值链或同一区域的各个国家的产业结构相互连接并相互依存，出现了国际协调性产业政策、国际性区域产业结构的关联互动以及整体性演化。

## 六、新一轮产业革命对全球价值链方式产生重大影响

一方面，新产业层出不穷，如新能源、节能环保、生物医药、智能制造以及新材料产业，这些新兴产业一改传统经济的发展模式，都是由新一轮工业革命、产业革命引领的技术创新催生的。如今，全球的创新浪潮达到历史新高，各国都非常注重创新和研发。例如，2012年，各国的研发强度都较高，美国达到了2.8%，日本和德国分别达到了3.4%和2.8%，欧洲到2020年的战略目标是3%，韩国和以色列则超过4%。在以"美国工业互联""中国制造2025"等为代表的第四次工业革命的时代背景下，全球步入了高强度研发的发展阶段。

另一方面，近几年，WTO的贸易规则在新的信息技术不断发展的背景下，受到数字产品和数字贸易的冲击，对于数字贸易应该适用货物贸易的规则还是服务贸易的规则难以简单地界定。全球迅速扩张的电子商务网络以及日益加强的数字化发展趋势推动网络数字贸易的发展，在这种大环境中，数字贸易的一个重要推动因素是跨境数据流动，它也对全球价值链的发展起着重要作用。

## 七、全球价值链发展中的各类隐性贸易壁垒出现频繁

各国供应链贸易壁垒直接影响着各国之间的全球价值链是否能够顺畅流转。贸易方式由原来的"货物贸易"向"任务贸易"转变，影响全球经济一体化的关键因素也随之发生变化，由原来的货物贸易壁垒逐渐转变为供应链壁垒，供应链壁垒包括边境管理、营商环境、市场准入、运输和通信基础设施。世界经济论坛发布的研究报告显示，如果每个国家只改善其中两个关键的供应链壁垒，即边境管理、运输和通信基础设施及相关服务，使运作效率提升至目前全球最高水平的50%，就能促进全球GDP增长5%，全球出口额增长15%。供应链壁垒带来的额外成本对一国吸引外资的既有比较优势将形成一种抵消效应。

随着全球价值链的发展，各国开始倾向于采用隐性或显性的贸易摩擦手段以使本国可以获取最大的利益及附加值。例如，加强对技术标准的保护，加强对知识产权的保护。技术性贸易壁垒越来越多，WTO范围内TBT（技术性贸易壁垒协定）和SPS（实施卫生与植物卫生措施协定）通报就越来越多。

值得注意的是，在进入全球价值链的过程中，新兴经济体也面临许多壁垒。联合国报告显示，贸易融资限制、国内基础设施不足以及标准履行是在进入全球价值链过程中新兴发展中国家需要面对的三个主要壁垒。除此之外，发展中国家在进入全球价

值链的过程中，还面临其他的一些壁垒，如 IT 基础设施、运输以及供应链不稳定等。世界经济论坛的报告显示，供应链壁垒可能会导致一系列的问题，如监管体系复杂、海关和行政手续效率低下及薄弱的基础设施服务等。

# 第三节　全球价值链对全球经济的影响

## 一、全球价值链与增加值贸易的发展

随着全球生产网络不断发展，在新一轮的产业革命和新一代的信息技术革命的不断推动下，作为全球经济循环最关键的链条之一的全球价值链正在逐步成为世界经济的显著特征之一。区域一体化在东亚和亚太地区的发展进程日益加快，APEC 各个成员国之间的关系日益密切，除此之外，东盟一体化、中日韩 FTA、"跨太平洋伙伴关系协议（TPP）"等区域贸易协定不断推进。区域性生产和服务网络不断发展，各国融入产业价值链中成为必然的趋势，各国进行各种改革，以加强区域合作，全球价值链进入深度整合期。

世界经济格局和国家间的贸易、投资以及生产联系因为全球价值链的发展而发生了改变。全球价值链中有不少中间产品贸易和增加值贸易出现。全球价值链主要有三个特征：第一，通常需要经过两个或两个以上连续阶段的生产才能获得最终产品；第二，价值增加值是通过至少两个国家参与生产并在不同阶段实现的；第三，进口投入品在生产过程中至少被一个国家使用。随着全球价值链的发展，跨境流动的主要产品也发生了变化。由于不同的国家和地区被分配了不同的生产环节和生产阶段，所以中间环节的中间产品就需要不断在各国和各地区之间进行跨境流动，这就使中间产品跨境流动频繁，在全球贸易中，中间产品的跨境流动占据主导地位。

联合国商品贸易数据库统计资料显示，1995 年之后，在全球总出口额中，全球中间产品的出口额所占比重总是保持在 50% 以上，2013 年，全球中间产品出口额所占比重高达 69.32%。由此可以看出，在全球贸易中占主导地位的是中间产品贸易，这是全球价值链不断发展的必然结果。近些年来，全球商品以及服务生产的组织形式随着全球价值链的发展而发生了很大的变化。统计资料显示，世界货物出口量、世界出口值等都在增长，1913—1938 年世界货物出口量的平均增长速度只有 0.7%，1948—1990 年上升到 6%，1990—1997 年上升到 6.7%；20 世纪 50 年代世界出口值在世界 GDP 中所占比重仅为 5%，70 年代初达到 10%，90 年代初达到 15%，1995 年上升到 20%，1980—2011 年，世界货物贸易额平均增长了 7%，2014 年，世界货物贸易额超过 38 万亿美元。

全球价值链结构对新兴经济体和发展中国家的附加值贸易发展有极其重要的作用，新兴经济体和发展中国家附加值贸易在参与全球价值链中不断发展。联合国《世界投资报告（2013）》指出，全球价值链分工对世界经济发展有重要贡献，附加值贸易对新兴发展中国家 GDP 的平均贡献率几乎达到 30%，对发达国家的平均贡献率为18%。亚太地区是全球价值链分工与发展最快的地区，1985 年以后，该区域的贸易增长速度几乎是世界贸易增长速度的两倍，北美自由贸易区和欧盟等区域的贸易增长速度远不及亚太地区。在全球贸易循环过程中，亚太价值链特别是东亚价值链的作用非凡，成为关键的价值链之一，并且推动全球贸易增长。

## 二、主要国际组织对全球价值链的研究成果

联合国工业发展组织作为研究全球价值链的先导者之一，对全球产业格局演变的规律和趋势做过深度分析。联合国工业发展组织指出，"全球性"是全球价值链的重点，既是指全球性的跨越企业界限的网络组织，也是指产品和服务的生产、销售、消费直至产品和服务的生命周期终止过程，以及在此过程中实现的价值和增值，更是指通过产品和服务流程的自动化和链条上各个利益关系方的互动，实现产品和服务的价值分配。

2010 年，全球价值链国际研讨会由世界贸易组织和法国参议院金融委员会联合举办。此后，许多国际组织或学术机构都对全球价值链进行了研究探讨，国际组织包括经合组织、联合国贸发会议、世界贸易组织、亚洲开发银行等，学术机构包括日本亚洲经济研究所、美国杜克大学、荷兰格罗尼根大学、英国埃塞克斯大学企业发展研究所等。世界贸易组织在 2011 年发起"世界制造倡议"（MIWI），时任总干事的拉米提倡改进国际贸易统计方法应该从全球价值链的角度来进行。按照传统方法衡量的贸易总流量中隐含着贸易增加值，因此国际贸易的真实运行情况可以通过贸易增加值的核算来反映，并且能够据此来制定和调整宏观经济政策。

贸易、投资和发展问题一直是联合国贸发会议关注的问题，联合国贸发会议也一直支持 2015 年后的发展目标和千年发展目标。《世界投资报告（2013）》中囊括了联合国贸发会议关于全球价值链的主要研究成果。全球价值链数据库由联合国贸发会议和悉尼大学共同建成，覆盖 187 个国家，500 多项产业活动的数据被收入该数据库，

全球价值链在宏观和微观层面的结合通过这个数据库得以实现。联合国贸发会议作为一个国际组织对跨国公司的发展投入了很多精力，其认为跨国公司是全球价值链的主角，跨国公司主导的生产、投资和贸易活动支撑了大部分全球价值链，占80%。

基于全球贸易增加值的有效汇率测算曾被国际货币基金组织以全球价值链为视角进行深入研究。结合全球价值链的影响，IMF 经济学家 Rudolfs Bems 等人从商品和服务的权重转向了贸易增加值的权重，对传统实际有效汇率进行改进，构建了贸易增加值实际有效汇率的理论框架。在这个框架中，可以将传统的有效汇率和增加值有效汇率相融合，贸易权重的选择要考虑中间产品贸易，并且将国内要素和国外要素生产进行结合，完成产品生产。Bems 的论文对实际有效汇率各方面的研究有重要的贡献。在他的论文中，生产要素或增加值的国际竞争力被作为重点，这也吸引了其他研究者的目光，从而使全球价值链发展下的国际分工格局能够被真实地反映出来。因此，他的论文成为关于实际有效汇率研究的经典文献之一，并连同其研究方法被其他研究者广泛引用。

此外，国际金融危机对全球价值链的发展有重大影响，因此 Bems 从全球价值链的角度对其进行了分析。他认为，极强的传染效应是 2008 年发生的国际金融危机的显著特点。传染的途径来自多个领域，如金融、国际贸易、生产链、价值链、供应链等领域。不断发展的全球价值链以及国际贸易产品的跨境生产使国际金融危机的传播速度加快。由于全球价值链和经济全球化的发展，世界各国的经济必然相互关联、相互影响，正是因为这次国际金融危机，全球价值链对危机的传导作用被体现出来。这种传导过程导致全球贸易和监管环境时有变化，实体经济中不少环节受到了其直接或间接的影响，如生产、交易、创新等。如何应对较高的失业率和经济危机，不少发达国家也束手无策，由此可见，不少曾经被肯定的经济和贸易理论、监管体系和方式等也都存在不足。

## 三、全球价值链已经成为全球经济治理的核心议题

随着全球价值链的深入研究和成果展示，各国决策当局和国际机构也逐步把全球价值链理念引入政策领域，希望借此推动世界经济增长和贸易投资发展，至此全球价值链也成为全球治理和经济增长的政策性议题。

20 国集团（G20）首次经贸部长会议于 2012 年 4 月在墨西哥召开，墨西哥是会议主席国，主持了这次会议。古里亚作为经合组织秘书长，代表 G20 成员阐述了对全球价值链的理解。他指出，讨论全球价值链就是用更好的方式实现世界经济增长目

标，其政策含义包括减少中间产品的关税，重新认识双边贸易不平衡，强调服务在制造业中的重要性，各国比以往任何时候都更加一体化，大家有共同利益和互利的开放市场。

全球价值链盘点会于 2013 年 5 月在巴黎召开，此次会议由俄罗斯和经合组织联合召开。参加会议的有 G20 的经贸部长或代表。会议认为，随着世界经济结构的改革，贸易的开放度得到了提高，发达国家平均工业关税不足 5%，新兴市场国家人均 GDP 大幅度增长，实现了大规模减少贫困的目标。另一个主要的结构变化是区域和全球价值链的出现。各国对全球价值链及其贸易政策的影响有了更深的理解。会议讨论了改善营商环境、基础设施和创新投资有助于吸引全球价值链，促贸援助政策也能发挥作用，特别是帮助最不发达国家融入全球价值链。

2014 年 7 月，在澳大利亚悉尼举办了 G20 第二次经贸部长会议。在此次会议中，关于全球价值链的问题，经贸部长专门举行了午餐圆桌会，澳大利亚贸易部部长罗布主持了本次会议。在会议上，经合组织、世贸组织和世界银行联合提交了一份题为《全球价值链：挑战、机遇和政策含义》的研究报告。会议认为，融入全球价值链决定了贸易和外国直接投资的模式及增长机会。在互联互通的世界经济里，应排除政策抑制因素，如各种形式的贸易和投资限制的风险，通过加强教育提升技能，提高企业参与全球价值链的能力。主要包括以下三个政策要点。

一是强调全球价值链对就业、贸易、经济增长、社会发展的推动作用。目前，世界贸易的七成以上为服务贸易或中间产品。在过去的 15 年里，和全球价值链相关的贸易收入快速增长，尤其是我国，增长了 6 倍。全球价值链带来了专业化生产，提高了劳动生产率，有利于多边贸易，也有助于实现 G20 未来 5 年经济整体增长 2% 的目标。

二是试图将全球价值链与服务业开发、非关税壁垒等议题挂钩。这是一个重要的新动向。许多发达成员从全球价值链的视角出发，要求通过服务贸易限制性指数，提高服务业的透明度，扩大单一窗口范围，进行国内规制改革，减少供应链壁垒等，意在寻求新的理论根据，使发展中成员承担更多的贸易便利化责任。

三是提出全球价值链应促进发展中成员的经济发展。一部分发展中成员认为，应该为中小企业提供参与全球价值链的机会，发掘全球价值链的示范案例，推动贸易援助、基础设施建设。全球价值链不断向当地产业、地区分布和延伸，为个别发展中成员建设区域价值链中心提供了机遇。

作为全球生产链的重要参与者，我国于 2014 年 11 月首次将改革国际贸易统计体系纳入 APEC 合作议程，并在 APEC 领导人峰会上通过了一些纲领性文件，如《亚太经合组织促进全球价值链发展合作战略蓝图》，为下一步工作发挥了引领和指导作用。除此之外，APEC 第 22 次领导人非正式会议还通过了《北京纲领：构建融合、创新、互联的亚太——亚太经合组织第二十二次领导人非正式会议宣言》。其中包括《亚太经合组织促进全球价值链发展合作战略蓝图》（宣言附件二），主要有以下几方面内容：①亚太经合组织全球价值链数据统计合作；②服务贸易在全球价值链中的关键作用；③影响全球价值链发展的贸易投资壁垒；④改善投资环境；⑤中小企业从全球价值链中获益；⑥发展中经济体更好地参与全球价值链；⑦增强全球价值链的韧性；⑧采取有效的贸易便利化措施；⑨鼓励公私合作，促进全球价值链发展；⑩加强与其他利益相关方关于全球价值链的合作。APEC 成员对这 10 项促进全球价值链发展合作的政策措施进行推进。

2015 年 2 月，G20 主席国土耳其在会议议程中继续给予全球价值链优先地位，认为应特别重视整合中小型企业进入全球价值链，因为参与全球价值链与提高人均国内生产总值之间息息相关。

2016 年 9 月，G20 杭州峰会将优化全球投资规则，构建包容性的全球价值链作为重要的核心议题之一，重申在当今全球贸易中维护以世贸组织为核心、以规则为基础、透明、非歧视、开放和包容的多边贸易体制。对《二十国集团全球贸易增长战略》进行核准，并据此在降低贸易成本、促进贸易和投资政策协调、推动服务贸易、加强贸易融资、促进电子商务发展以及处理贸易和发展问题方面做出表率，并积极推动世贸组织发布全球贸易景气指数，作为指导全球贸易的关键指标。

随着全球价值链实践与研究的不断深入，当今国际上对全球价值链的研究重点正在发生显著变化。其主要变化表现在，由研究贸易增加值的核算转到与全球价值链相关的新一代的贸易投资政策应用，并延伸至创新、投资、环保和劳工技能等方面。

第一，面向新一代贸易政策。特别是在全球各国间进一步降低中间产品税率，消除非关税壁垒。比如，WTO 在贸易数据之外重点关注关税、非关税壁垒等领域，其中的一大实践就是《信息技术协定》扩围谈判。欧盟已经在自贸区谈判方面应用了与全球价值链相关的贸易政策。

第二，面向下一代投资政策。有不少研究机构认为，全球价值链合作水平的提升将进一步带动全球跨国投资，而全球跨国投资的发展又将进一步提升全球价值链合作水平。发展中国家跨国公司在未来十年将进一步崛起，这必将对全球投资产生深远的影响。为此，UNCTAD（联合国贸易和发展会议）准备在贸易增加值核算的基础上研发新一代投资政策框架，建立能够促进跨国投资可持续增长的投资争端解决机制，为投资法、双边投资协定、自贸区构建模板。OECD（经济合作与发展组织）则提出将企业异质性加入全球价值链分析，区分能够带来高附加值收入、高质量工作岗位的外资企业，从而对一国引资政策的制定进行指导。

第三，现代产业政策。OECD认为，与全球价值链相关的产业政策消除产业准入壁垒。政府制定产业政策时怎样才能做到政策目标明确、便于评估、企业与政府共同分担风险、设立政策退出机制等，同样需要各国认真研究。

第四，激励创新政策。OECD等国际组织普遍认为，创新对一个国家提升自己在全球价值链中的地位有着重要作用。尤其是知识资本与创新的关系密切，这对价值链的提升有着很重要的作用。如何从知识产权保护、新一代信息技术、技能与培训以及研发等方面制定有利于提升创新水平的政策已成为当前重要的研究课题。

第五，劳工技能政策。在全球价值链提升过程中，科技的作用固然重要，但由于价值链攀升与劳动者技能的相互影响，劳动者技能的熟练程度对价值链攀升的影响也不容小视。因此，如何研究区分出全球价值链中高技能、低技能的分布环节，制定有利于不同技能水平发展的政策，越来越引起各国的高度重视。

第六，综合性政策。全球价值链研究已经超越了贸易增加值数据和价值链本身，价值链背后支撑的因素进入研究视野，创新、劳工技能水平、基础设施建设、跨国企业社会责任标准、环保等影响到了一国在全球价值链的位置。全球价值链连接了不同地区、行业、部门，所以政府在制定政策时要通盘考虑贸易政策和非贸易政策（产业政策、创新政策等）的平衡。

# 第二章 全球价值链与中国企业转型升级

## 第一节 中国制造的基本现状

全球制造业的竞争不单是以量取胜的。"中国制造"的产值虽然很大，但附加值远远比不上一些发达国家。有资料显示，在全球最大的 500 家工业企业中，美国占据 31%，综合竞争力居世界第一，因此美国是装备制造业最强大的国家。与之相比，中国是全球制造大国，但还不是制造强国。中国工程院院士朱高峰曾表示：中国高端芯片 80% 依靠进口；生产一部 178.96 美元的苹果手机，负责组装的中国企业仅得 6.5 美元；中国自行研制的大型客机 C919 的全部发动机均靠进口。

"中国制造"在全球价值链中一直处于业务附加值较为低端的环节。除了"三高三低"（投入高、消耗高、污染高、质量低、技术低、附加值低）外，尤其缺乏自主知识产权和品牌。此外，"中国制造"在结构上出现了失衡的问题。我国低端产品生产扩张过度、产能过剩，高附加值产品却一直依赖进口。数据显示，2015 年我国产能结构性过剩的状况在 2016 年仍未出现实质性改善，在企业梯队的建立上，我国还没有形成大企业带动小企业的格局，既未形成一批代表行业发展水平的、占据较大市场份额的、具有国际竞争优势的大型企业和企业集团，也未形成一批小而专、专而精、精而强的协作配套的中小企业。

当前，"中国制造"的特征主要有以下几点。

### 一、加工贸易与纯粹组装占较大比重

尽管我国加工贸易出口额占出口总额的比例呈现下降趋势，但其比例仍然在 35% 以上。在此形势下，我国企业受进出口等政策和国际经济环境的影响较大，利润低下。在加工贸易生产中，有相当一部分"三来一补"企业，甚至在汽车、手机等行业，也有一些没有自主品牌的企业，承接纯粹的组装业务，产值贡献率极低。

## 二、有品牌的中国组装——没有中国芯

在计算机、电视等行业，虽然我国已经出现了一些品牌企业，但只能算是有品牌的组装企业，其关键零部件仍依靠外国企业。每销售一件产品都要向外商交付较高的专利费用。例如，联想的 U300S-ISE 计算机，其操作系统、CPU、显卡等均来自英特尔。计算机"芯"的制造和有品牌的组装可以产生很大的差距。据统计，计算机的技术发源与标准制定的平均利润率达 23.9%，核心部件研发设计与制造为 18.4%，而品牌营销与管理只有 7%。

## 三、零部件制造附加值较低

许多零部件的制造也可以有很高的附加值空间。但中国的零部件生产基本上属于一般零部件的制造，产品附加值低。以汽车产业为例，2015 年出口居前列的零部件品种为行驶系统零部件、电子电器零部件、车身附件三大类产品，占出口零部件总额的 77.1%，但从近年出口零部件产品来看，较多的有铝车轮、水箱、玻璃、电线束等。这些产品技术附加值低，属于资源消耗型产品，利润空间很小。

与之相关，中国许多关键零部件的生产依赖外国或外资公司，甚至有一些小的零件完全依靠外国。例如，中国每年的圆珠笔产量虽然占全世界的 80%，可是其生产部件圆珠笔芯近 90% 依赖进口，每年需要花费 2 亿美元，这反映出中国的制笔企业很少能掌握生产的核心技术。

## 四、专用设备制造能力薄弱，技术含量低

中国被称为"世界工厂"主要体现在消费品制造领域，在专用设备制造领域还比较弱，国内使用的专用设备也主要依靠进口。据统计，中国全社会固定资产投资中有 2/3 的设备投资要依靠进口，光纤制造设备全靠进口，集成电路芯片制造设备达 85%，石油化工装备达 80%，轿车、数控机床、纺织机械、胶印设备进口率达 70%。近年来，我国的专用设备有了一定的发展。2015 年，我国装备制造业增加值增长 6.8%，占规模以上工业增加值的比重与 2014 年相比增加了 1.4%。其中，专用设备制造业增加值同比增长 3.4%，铁路、船舶、航空航天和其他运输设备制造业增加值同比增长 6.8%，即使是一些产量、出口量较大的机械专用设备，也处于国际产业分工价值链的低端，附加值很低。2016 年 2 月，我国塑机设备出口数量约为进口数量的 34 倍，出口设备平均单价仅约为进口设备平均单价的 1/20。

## 五、以中国为销售网点的合资制造

一些跨国公司往往将合资企业视为生产基地和销售网点，通过转让技术、销售零部件等获得隐形收益。例如，我国汽车产业的合资企业就更像是跨国车企的组装车间和销售代理，其核心技术知识产权被掌握在外方手中。同时，这些合资制造进一步拉动了国内市场对外方零部件的需求。据估计，德国大众汽车每年向中国销售零部件的利润占其中国利润的30%以上。

## 六、有自主知识产权的合资制造

在合资制造中，一些中国企业开始具备研发能力，有一定的独立性。例如，由通用和上汽合资设立的上汽通用泛亚汽车技术中心对研发成果享有独立的知识产权，想要使用泛亚技术，无论是通用、上汽还是其他的子公司都必须支付技术许可费。

## 七、基于模仿创新的自主制造

在模仿创新的基础上消化、吸收、创新，可以形成自主知识产权。我国的一些电子产品行业、制冷设备制造行业等都经历了这样的发展历程，并取得了成效。华为是这方面成功的典型。在模拟交换机到程控交换机的技术范式转变过程中，华为学习外国先进技术，以模仿创新为主，在国内市场和部分发展中国家市场占据了优势地位。此外，在现有技术的基础上进行集成创新或利用行业边界模糊的特点进行跨产业融合，也可以制造出有自主知识产权和竞争力的产品。

## 八、基于原始创新的自主制造

原始创新是基于重大的、前瞻性的科学技术或发明的制造，这种形式不但有非常强的话语权，而且对社会进步做出了巨大贡献。华为在无线接入、核心网等领域已经有自主知识产权，并可以与思科等跨国公司抗衡。根据国家知识产权局给出的消息称，2015年华为向苹果许可专利769件，而苹果向华为许可专利98件，这意味着苹果也要向华为支付专利费。但是，从总体的发展来看，我国"中国制造"的原始创新能力依然比较弱，在重大科技领域还有待进一步突破。特别是在发动机、芯片等通用产品的研发和自主知识产权的获取上需要有重大突破。

总体来看，"中国制造"拥有知识产权、具有竞争力的产品类型并不多。我国许多企业在全球价值链中的地位仍然较低，主要优势是生产成本，在核心技术、创新能力和自主品牌的建设方面还远远落后，远远比不上一些发达国家，出口产品总体上技术含量低、附加值低、利润低。我国是制造大国，但不是制造强国，企业需要从全球价值链中业务附加值较低的环节向业务附加值较高的环节上移。技术能力的积累和发展是一个漫长与艰苦的学习过程。在向"中国创造"升级的过程中，"中国制造"要不断地积累各种能力，从最开始的制造能力、设计能力到品牌能力、自主知识产权，到研发能力，再到最终形成原始创新能力，这样才可以真正建立"中国制造"在全球的话语权。

## 第二节　企业转型升级的国内外背景

自改革开放以来，我国实现了从工业化初期到工业化中期的跨越，城市化水平快速提高，城市基础建设明显加强，民营企业更是从无到有获得了巨大的发展。改革开放的头30年经济年均增长更是达到了10%。然而，众多的研究也认识到现阶段经济增长模式中存在着很多问题。一是长期实行粗放的经济增长模式，实行的代价必然是过度消耗自身资源、环境受到破坏、劳动者收入较低、劳动的条件很差等。二是出口的产品大都处在价值链的低端，很多行业和企业都存在核心技术受制于人的现象，或者是缺乏知识产权和自主创新的能力，没有自己的品牌，收入也就很微薄。我国企业升级的压力很早就存在，自全球金融危机以来愈加明显，主要可以从以下几个方面说明。

### 一、全球经济放缓，欧债危机影响对外贸易

继全球金融危机之后，欧洲主权债务危机爆发，世界经济面临更多不确定的因素。欧盟作为我国第一大贸易伙伴和最大出口市场，欧债危机给我国的出口贸易带来很多负面影响。欧元区经济疲软，欧元汇率产生波动，导致欧洲市场需求下降，直接影响到了我国出口产品的数量增长，而因此产生的贸易保护主义又进一步削弱了我国企业的竞争能力，尤其英国的脱欧行为为我国和欧洲之间的经济关系、对外贸易带来了更多的不确定因素。

### 二、前期人民币升值，加大出口贸易压力

自2005年以来，人民币对美元升值趋势明显。中国人民银行授权中国外汇交易中心公布，2016年6月3日银行间外汇市场人民币汇率中间价为美元对人民币

6.579 3 元，按照"811 汇率改革"时的汇率计算，人民币已累计升值 23.26%。人民币升值对那些依赖出口的企业来说，获利就很艰难。除了产品出口竞争力的下降外，更直接的就是人民币对美元升值造成的汇率损失。珠三角地区和长三角地区是拥有诸多出口型企业的地区，人民币汇率的不断上升给很多加工型的贸易企业在经营成本上造成了一定的压力。自 2015 年"811 汇改"以来，人民币从小幅贬值到逐渐出现汇率波动与较大幅度的贬值，也给对外贸易带来诸多不利影响。

## 三、用工成本、原材料价格上涨

2008 年 1 月 1 日，新《劳动合同法》正式生效，增加了保护劳动者的条例，这有助于构建企业和劳动者的和谐关系。但短时间内提高了人力成本，如医疗保险、提加班费等。从 2008—2015 年，我国沿海、中部、西南、西北、东北等地区多个省份的最低工资水平逐年上升。以广东省较发达地区为例，广东省 2008 年的最低工资标准为 1 000 元，2015 年上调到了 1 895 元。同时，随着水、电、原材料、燃料价格、运输费用等要素价格的不断上涨，企业的生产、销售成本不断上升，劳动密集型产业赖以生存、盈利的根基被削弱。我国制造企业急需谋变、突围、转型升级。

## 四、企业面对反倾销、质量环境认证等贸易壁垒处于被动局面

我国出口型企业大部分是小规模的企业，实力也不是很强。遇到风险时，它们抵御和规避风险的能力就显得十分有限，而且在发展的时候很容易受到政策、环境等外部因素的限制，往往处于被动位置。随着我国对外贸易的不断扩大，出口企业遭到反倾销诉讼的数量也越来越多，并且我国企业难以胜诉，这就给了外国企业机会，它们会变本加厉地对我国的出口产品进行反倾销投诉，从而造成了恶性循环。

除了反倾销诉讼以外，我国企业还必须面对国际上越来越重视的产品质量认证和"绿色"壁垒，如技术性贸易壁垒（technical barriers to trade，TBT）。这些无形中增加了企业的非原料性成本。据国家市场监督管理总局统计，在全国出口企业中受到 TBT 影响的大约有三成，在一些沿海地区的出口受损比例超过六成，TBT 成为除汇率以外的最大出口障碍。欧美地区的 TBT 措施已从对产品自身的性能、质量设限发展到对产品的整个生命周期设限。早在 20 世纪 90 年代，欧洲国家就下了禁令，不许进口含氟利昂的冰箱，这个禁令导致中国冰箱的出口数量一度下降。2012 年，我国出口到加拿大、韩国、日本等国的消费品由于可能对人体造成危害、化学性能不达标等被扣留和召回的超过七成。我国的玩具出口更是屡受打击：2007 年，美国以

质量安全为由接二连三地召回中国玩具，仅美国美泰公司召回的中国玩具就近 2 100 万件；2009 年，美国对中国产的"超级装备运输"玩具车实施自愿性召回；2011 年，《欧盟玩具安全新指令》对玩具化学性能和评定程序提出非常高的要求，玩具制造成本由此增加 30% 以上。

绿色贸易壁垒固然有合理的地方，但已经成为发展中国家产品出口的一个主要障碍。其具有以下特点：一是实施灵活。相关法规和标准灵活多变，对于外国厂家来说，要么产品被拒，要么成本增加。二是内容广泛。基本上涉及所有的工业产品和环节，涉及法令、要求、法律、规定、劳工标准等方面。三是形式复杂。技术要求苛刻，检测体系庞大，检测标准高。四是手段隐蔽。一些发达国家可以借"绿色"之名行贸易保护之实。因此，传统的以牺牲环境为代价的生产模式已经无法适应出口贸易的发展需求，传统产业面临升级的巨大压力。

## 五、出口退税加工贸易政策调整，影响出口商品结构

为了进一步平衡我国外贸出口结构、优化出口商品结构，国家各部委联合发布通知，规定从 2007 年 7 月 1 日起，取消 10 类 553 种高污染、高耗能、资源型产品的出口退税，调低 15 类 2 268 项容易引起贸易摩擦的商品的出口退税率。截至 2015 年，已经有累计共 1 862 个海关编码商品被列入加工贸易禁止类目录。国家加工贸易政策的持续收紧，不仅造成许多低端加工贸易企业面临出局的危险，还使许多加工贸易企业不再享有税收优惠政策。当然，从另一个角度看，这些政策对严控"高耗能、高污染、资源性"产品，以及低技术含量、低附加值产品的出口非常有帮助，并有利于高附加值、高技术含量产品的出口，从而优化了产业结构和出口商品结构，促进了外贸增长方式的转变。

## 六、环境保护的压力早已存在

我国沿海地区靠发展"三来一补"产业实现工业化起飞，所以占比重较大的行业是劳动密集、污染严重的电镀、制鞋等行业。虽然近年来国家在保护环境方面的工作做得很好，但是"高投入、高消耗、高污染、低产出"的粗放型增长方式并没有得到根本性的改变。这种粗放型增长方式在我国一些企业相继发生，有的违规行为还受到当地政府保护。环保问题已经成为继社会治安、劳动保障后的第三大社会关注问题。随着企业和社会公众低碳环保意识的增强，环境、资源问题的挑战以及政府在能源、环保方面的政策出台都推动着企业进行升级。

## 七、"新常态"下经济增长平稳化与增长动力多元化的特点对产业转型升级提出了新的要求

最近，以"新常态"为特征的中国经济出现了一系列新表现，包括增速变化、供给侧结构改革、增长动力变化、创新创业的压力等。与此同时，近年来所倡导的创新、协调、绿色、开放、共享的理念，以及我国正在推进的新型工业化、信息化、城镇化、农业现代化、"一带一路"的建设，也对转型升级提出了新的要求。这对许多传统制造业特别是出口依赖型企业带来了新挑战与新方向，有利于推动经济结构的优化升级，形成新的增长模式以及更加稳定的可持续发展环境。

# 第三节　企业转型升级的机遇

## 一、从"中国制造"到"市场在中国"

### （一）经济全球化新特征：从"中国制造"到"市场在中国"

经济全球化的一个重要特征就是中国制造（Made in China）。但是，近年来，特别是自国际金融危机以来，经济全球化出现了另一个重要特征，即市场在中国（Sold in China）。sold in China 最早由麦肯锡全球研究所在 2006 年发布的"*From Made in China to Sold in China：The Rise of Chinese Urban Consumer*"报告中提出。该报告指出，中国因城市中等收入群体的出现，将从全球制造业大国转为全球最主要的消费型经济体之一。有外媒评论，跨国企业不再把中国视为"低工资生产基地"，而是当成了"市场"。波士顿咨询公司认为，中国同时拥有庞大的市场规模和增长潜力，因此全球企业均将中国市场视为"必赢市场"。

### （二）世界主要研究咨询机构对"市场在中国"的前景分析与预测

1. 中国经济总量及消费总量占全球份额不断增加

2018 年渣打银行中国业务收入增长达 16%，单看 2018 年第 4 季表现，该行财务总监 Andy Halford 介绍，该季录得收入同比增长 3% 至 35.95 亿美元，若扣除汇率因素则为 6%，增长动力主要来交易银行（增长 0.66 亿美元）、财库业务（增长 0.53 亿美元）、金融市场（增长 0.44 亿美元）等，然而财富管理及企业融资则录得跌幅，分别少 0.54 亿美元和 0.32 亿美元，拖低季内表现。

有研究指出，中国的 GDP 增长在 2025 年前还保持在 5% 以上，其中消费对此增长率的贡献将占到 40% ~ 50% 的高比率。我国的经济表现似乎印证了这一预测，中国 GDP 的增长率在 2014 年以前平均都能保持在 7% 以上，尽管 2015 年 GDP 增长率低于 7%，但 2015 年全年最终消费支出对 GDP 增长的贡献率为 66.4%，比上年提高了 15.4 个百分点。

一些国际组织对中国未来消费总量的预测也说明了中国市场的重要地位。例如，瑞士信贷波士顿第一银行（CSFB）根据国际货币基金组织（IMF）的资料，在 2005 年就预测中国的家庭消费将在 2015 年前跃升为全球仅次于美国的第二大消费国，这一预测现在已经得到证实。

2. 中国市场发展潜力巨大

据麦肯锡全球研究所分析，随着中国扩大内需政策的实施以及投资、消费、出口结构的改善，消费占 GDP 的比重将从 2006 年的 37% 到 2025 年达到 45%。尽管消费占 GDP 的比重不断上升，但是与美国和日本相比，仍相差较远。也就是说，如果我国消费占比能够达到美国或日本的水平，就意味着消费对经济增长的拉动还有很大的空间。我国社会消费品零售总额逐年上升，2015 年我国实现社会消费品零售总额 30.09 万亿元，扣除价格因素实际增长 10.6%。虽然近几年我国社会消费品零售总额增长幅度呈现下降趋势（这主要是由于我国近几年房价居高不下、家庭教育支出预期增加、食品安全问题频现、居民生活成本上升导致消费支出增长减缓），但只要政府继续深化社会改革，逐步改变居民的消费结构，居民的消费潜力就可以渐渐释放出来。

从我国近几年的网购、旅游等消费也可以直观地看出我国的市场发展潜力。2018 年，双十一全网销售额达 3 143 亿元，同比增长 23.8%，总包裹数达到 13.4 亿个；2017 年 2 529 亿，同比增长 42.9%。2016 年 1 770 亿，同比增长 44.0%。2015 年 1 229 亿，同比增长 52.7%。2014 年 805 亿。在海外旅游方面，2016 年中国出境旅游市场总量与消费增长都呈现出趋缓的态势。我国出境旅游市场达到 1.22 亿人次，出境旅游花费 1 098 亿美元，同比增长 4.3% 与 5.07%。出国游的比例提升显著，2016 年占到出境游总数的 31.24%，与 2015 年的 26.72% 相比，提升了近 5 个百分点。据不完全统计，"一带一路"沿线国家的游客量也明显增长，2016 年达到约 5 000 万人次。除此之外，从总量上来看，2017 年中国出境旅游市场达到 1.31 亿人次，出境旅游花费 1 152.9 亿美元，同比增长 6.9% 与 5.0%。截至 2018 年 3 月，我国正式开展组团业务的出境旅游目的地国家（地区）达到 129 个，其中 2017 年增加了苏丹共和国、乌拉圭、圣多美和普林西比、法属新喀里多尼亚 4 处。根据统计，2017 年我国具有出境旅游业务资质的旅行社增加到 4 442 家，同比增长 14.6%。可见，我国市场的发展潜力依然很大。

**（三）"市场在中国"的消费内需源泉分析**

1. 市场在城市——中等收入群体扩大，释放消费潜力

世界银行对中等收入群体的定义是指 4 个成员的家庭年收入在 1.6 万～6.8 万美元的族群。我国政府将"持续扩大中等收入群体"作为 2020 年实现全面小康的新要求，实现国民收入翻番的目标重点在于中等收入群体的倍增，即要在 2020 年将中等收入群体规模从 3 亿扩大为 6 亿。2017 年，我国的人口城镇化率为 58.52%，未来我国城镇化水平也会不断提升。经验数据表明，1 个城市人口的平均消费需求是农村人口的 2.7～3 倍。城镇化人口将成为中等收入群体扩大的"后备军"，而中等收入群体的扩大也意味着巨大的消费需求潜力的释放。

2. 市场在农村、在西部——农村、西部等欠发达市场高速成长

我国农村和西部市场容量大、潜力大，边际消费倾向越来越高于城市和东部地区。2015 年，我国农村消费品零售总额为 41 932 亿元，比 2014 年增长 11.8%，占全社会消费品零售总额的比重为 13.9%。我国西部地区 2014 年全年共实现地区生产总值 138 073.5 亿元，同比增长 9.06%，分别比东部地区、中部地区快 1.1 和 0.64 个百分点，增速连续 8 年在全国保持领先。

3. 市场在高端——中国高档品市场方兴未艾

根据贝恩咨询公司发布的中国奢侈品年度报告，从 2015 年到 2018 年，中国消费者在本土的奢侈品消费增长是海外的两倍。2018 年，从全球来看，中国消费者的奢侈品花费总支出占全球总额的比重，亦不断增加（当前预估占比为 33%，较 2017 年 32% 高出一个百分点），中国消费者在内地市场的消费支出占全球总额，从 2017 年的 8% 提升至 9%。因此，越来越多的全球奢侈品企业开始陆续抢占中国市场，中国势必成为全球最大的奢侈品贸易与消费中心。

4. 市场在"贸易区"——亚洲经济贸易区与中国自贸区陆续形成

基于对中国成为亚洲经济中心重要性的认识，近年来韩国、日本、新加坡等亚洲国家都加快了在中国市场的布局进程，与中国签订了双边协议，大大促进了贸易便利。例如，2010 年 1 月 1 日，中国与东盟间的"自由贸易协定"正式生效，经济一体化程度达到一个新的高度，形成了以中国为中心的亚洲经济贸易区。

自 2013 年起中国陆续建立了上海、广东、天津、福建、辽宁、浙江、河南、湖北、重庆、四川、陕西共 11 个自贸区，2018 年，党中央决定支持海南全岛建设自由贸易试验区。自贸区的建设将为推动中国消费增长带来新机遇。

## 二、行业边界模糊与产业之间的交叉融合

随着现代信息技术的发展，不同行业之间的边界越来越模糊。过去，以传统工业为基础的产业经济，行业间有固定的边界，分立明显，既构成了产业经济的运行基础，也为制定产业政策打下了基础。20 世纪 90 年代以来，数字化技术、计算机技术等迅速发展，使依赖这些技术的诸多行业之间的界限变得越来越不清晰，从而推动了电信、文化、娱乐、金融、旅游、零售、酒店等行业之间的交叉融合。全球掀起了大规模并购和重组的浪潮，多元化成为大公司的发展战略。与此同时，资源的配置和整合的方式也发生了结构上的根本性变化，许多新的业态应运而生，形成了新的经济增长点，直接改变了传统产业的结构，催生了以信息为基础的新经济，影响广泛而深远。

对企业而言，产业的相互融合和行业边界变得模糊，为企业带来了很多机会。首先，产业融合使资源得到了最合理的配置，从而降低了产品和服务的成本。其次，产业融合扩大了互联网的应用范围，使各种资源融入网络的可能性增大，产生了网络效应。最后，产业融合使生产系统变得更加开放，消费者成了生产要素的一部分，产生了消费者常规效应。这三个效应共同作用会让企业获得收益递增的机会。

实业界突破了传统行业界限的桎梏，从中寻找新的经营模式，打造新的产业链。同时，学术理论界对行业边界模糊的发展态势进行了一系列相关的讨论和研究。例如，麻省理工学院媒体实验室的尼古路庞特在 1978 年将计算、印刷和广播三个行业的技术边界用圆圈表示出来，并指出圆圈交叉处会成为成长最快、创新最多的领域。1994 年，美国哈佛大学商学院举行了世界第一次关于产业融合的学术论坛——"冲突的世界：计算机、电信以及消费电子学研讨会"。1997 年，欧洲委员会"绿皮书"针对三网融合，提出了电信、广播电视和出版三大产业融合不仅是一个技术上的问题，更是服务、商业模式乃至整个社会运转的一种新方式，要把产业融合视为在新条件下能够促进就业和经济增长的一个强有力的发动机。

### （一）行业边界模糊的特征与趋势

行业边界模糊与产业交融已经势不可当。行业边界模糊可以分为有形产品之间、无形产品之间、有形产品与无形产品之间的融合三个趋势。

1. 有形产品之间的行业边界模糊

在有形产品中，行业边界模糊最明显的就是"3C 融合"，也就是计算机（Computer）、通信（Communication）和消费电子产品（Consumer Electrics）的融合。奥冯索、萨维托等人在 1998 年的研究表明，20 世纪八九十年代，计算机通信、半导体以及其他电子产品行业发生了较为明显的产收融合现象，并且与其他融合现象不明的企业相比，该产业的业绩得到了明显的提高，且业绩成效与产业融合状况存在正相关关系。根据权威数据统计机构 IDC 在 20 世纪末的一项调查显示，客户大部分都希望数字娱乐设备能集传统的电视、电话、PC、游戏、影音娱乐等相关功能于一身。现在，大部分 IT 厂商和消费类电子厂商的产品已利用同一个终端实现了所有移动信息交互的功能，整合了尽可能多的应用。

2. 无形产品之间的行业边界模糊

无形产品之间行业边界模糊最典型的一个例子就是电信、广播电视和出版业的融合。Greenstein 和 Khanna（1997）认为，数字融合是这三个行业融合的基础，"为适应产业增长而发生的产业边界的收缩或消失"。在广播电视、电信、出版三大产业的融合过程中，不但视像、语音与数据可以融合，而且通过统一的实现技术可以使不同形式的媒体之间加强互联性和互换性。这样，无论音乐、照片、视像还是对话，都可以通过同一种终端机和网络传送及显示，从而使电话、电视、电影、照片、印刷出版等信息内容融合为一种应用或服务方式。无形产品之间的融合还有另一个明显例子，那就是保险业、证券业、银行业之间的融合，正是这种融合最终形成了一个混业经营的大金融业。10 多年前，在欧美等西方国家，由于金融业管制政策的放松，混业经营的大型金融企业逐渐成为主流。

3. 有形产品与无形产品之间的行业边界模糊

有形产品与无形产品间也出现了边界模糊的趋势，如以"3C 融合"为基础提出的"4C 融合"概念，其在原有的基础上加了一个"Content"作为融合的元素，以满足未来人们在任何时间和地点通过任何设备实现计算、沟通和娱乐的需要。这表明在信息产业中，设备制造商、网络运营商、内容提供商之间在业务方面已经越来越多地互相渗透与进入。这方面比较典型的例子有 IBM（国际商业机器公司）、惠普等。IBM 和惠普一直以来的主业是设备制造，但自从进入 20 世纪 90 年代以来，它们开始转型，转向以信息服务、咨询服务提供为主，而设备制造在业务收入中所占的比重越来越低。

**（二）基于行业边界模糊的价值网分析模式**

1. 传统价值链分析模式的局限性

1985 年，波特在《竞争优势》中提出了价值链的概念。他认为，可以把企业创造价值的过程逐步分解成一系列既不相同又相互联系的增值活动。由于产品技术变得日益复杂，单个企业几乎不可能完成所有的生产经营，于是就形成了横线延伸、纵向有序、前后顺序关联的活动集合，从而形成了产业价值链。传统价值链模式如图 2-1 所示。

**图 2-1　传统价值链模式**

但是，随着信息技术和互联网的发展，行业之间的技术、业务、运作和市场的联系和应用范围扩大，企业之间、产业之间的联系更加紧密，企业向其他产业扩展和渗透的现象日益普遍，这就促成了更大范围的竞争，以至于很难判断企业属于哪个行业。所以，企业在多个行业的交叉和渗透已无法用价值链作为指导。

2. 基于行业边界模糊的价值网分析模式

毛蕴诗、王华（2008）基于行业边界模糊，提出了一种与以顾客为中心的价值网所不同的分析范式，即以企业（主体企业）为中心，跨行业边界渗透和扩展的价值网分析模式。如图 2-2 所示，在行业边界模糊环境下，基于行业边界模糊的价值网围绕某个行业价值链展开，并以该行业的某个主体为出发核心。基于行业边界模糊的价值网的主体企业在图 2-2 中处于中间位置，从主体企业的上游企业看，它除了与原价值链中的上游企业发生联系外，又与行业 1、行业 2、行业 3……（这些行业此前往往是与主体企业所在行业无关的）以及新兴行业中的新的上游企业发生联系，并获取它们提供的产品和服务。从主体企业的下游企业（客户）看，它除了与原价值链中的下游企业发生联系外，又与行业 1、行业 2、行业 3……（这些行业此前往往是与主体企业所在行业无关的）及新兴行业中的新的下游企业发生联系，为它们提供新的产品和服务。基于行业边界模糊的价值网的分析模式以企业为中心和主体，即从企业的资源和能力出发，与其他行业资源、能力相结合，发现客户的需求，创造新的需求。所以，基于行业边界模糊的价值网提供了一种新的分析范式。

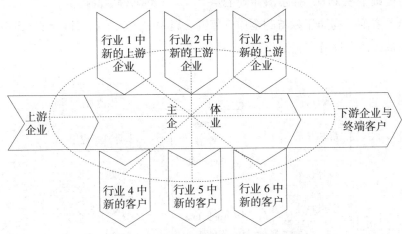

图 2-2 基于行业边界模糊的价值网

### （三）行业边界模糊与产业融合促进企业和产业升级

行业边界模糊与产业融合可进一步演化为企业和产业升级。毛蕴诗、汪建成（2006）在研究基于产品升级的自主创新路径时指出，技术进步导致了行业之间的边界模糊，产业边界模糊以及产业融合为身处其中的企业带来了非常大的挑战和机遇。在这种情况下，能够快速把握产业发展动向并采取措施适应产业环境变化的企业往往能够在这种产业格局的变动中披荆斩棘，成为开创新型业态的先锋与楷模。对于我国企业来说，完全可以利用行业间的边界模糊，在产品升级过程中选择边界模糊的产业作为升级方向，使产品和服务得到延伸，从而打破产品生命周期和时空对传统业务的约束，形成新的业务增长点，并在这个过程中培育自主创新能力。单元媛、罗威（2013）以电子信息业与制造业技术融合为例，对中国电子信息业与制造业技术的融合度进行了测算，并分析了技术融合与产业结构优化升级的关联关系，总结出我国电子信息产业与制造业的技术融合度处于中等融合程度，技术融合对产业结构优化升级会有较大影响。

苹果公司作为创新型公司，就是应用基于行业边界模糊的价值网的一个典型例子。在这个价值网当中，谁能够成为主体企业并且整合资源，谁就能成为最大的赢家。苹果公司顺应行业边界模糊的趋势，突破无关多元化概念，把不相关的业务关联起来，形成新的业务增长点，甚至形成新的行业。如图 2-3 所示，苹果公司的产品在研发和应用上都跨越了多个领域。同时，苹果公司不断地对全球的资源进行整合。苹果公司在生产方面并不是通过东道国设立子公司进行生产，而是在全球范围内寻找最具有生产成本优势的工厂进行代工，从而降低成本。例如，苹果的 IC、分立器件供应商主要集中在美国，显示器件则主要由日本、韩国等厂商提供。可见，苹果整合利用了全球资源，构建了独特的全球价值链，集中聚焦创造利润最大的两个环节——研发与营销，使自身资产轻量化运作。

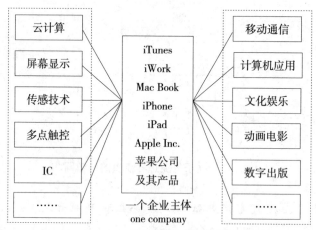

图 2-3　苹果跨产业升级模型

　　毛蕴诗、李田（2014）认为，苹果公司的成功体现了产业之间的交叉、融合，大大提升了产品和服务的价值。当然，它也是产品研发跨越多重技术领域、产品应用跨越多个行业领域的一个典型案例。他们基于产业融合的趋势以及苹果公司的跨产业升级的成功实践，借鉴行业价值网分析模型与行业边界模糊理论，提炼出了苹果公司在研发领域跨越多重技术，在应用领域跨越多个行业的跨产业升级模型，并将模型一般化为 S-O-S（serveral techniques crossed-one company-several sectors crossed）模型。这个模型从两方面对企业结果和行为进行了分析。一是企业的研发跨越了多重技术领域。这种行为通常会提升服务和产品的技术含量，为产品提供新的应用、新的功能，使产品不断地创新升级。二是企业所研发产品的应用跨越了多个行业领域。这种多项技术整合或技术领先所支撑的产品在原先的行业领域应用，可以提升附加值，而在多个行业领域应用，可以使多产业价值链间发挥协同效应，提升企业的整体价值链。

　　随着知识经济的不断发展以及互联网和信息技术的广泛应用，产业的边界变得越来越模糊，产业融合成为产业发展、技术变革和经济增长的重要趋势。产业融合有多种表现形式，在产业融合的过程中，无论产业、技术、产品与服务还是市场、企业都在融合。基于这样的背景，越来越多的传统企业和产业将从根本上发生升级与转型。

### 三、我国企业升级存在很大的空间

#### （一）中国企业与欧美企业的巨大差距

历史上，"德国制造"也曾是劣质、低端的代名词。如今，德国企业已经成为"隐形冠军"，其制造的产品的质量是世界公认的高水平，但中国企业依然处于一个亟须升级的阶段。

德国拥有数量如此庞大的"隐形冠军"，究其原因，有以下几点：首先，德国企业非常注重研发。在德国，65%的中小企业参与研发活动，40%的中小企业有专门的研发部门。但在中国，企业在研发方面的投入相对较少。例如，发展较为成熟的汽车厂商，同一个零部件的供应商往往有数十上百家，产品同质化现象非常严重，而且以低价作为主要竞争方式。其次，重视客户需求也是德国中小企业成功的一个重要因素。例如，德国有一家叫作 Wurth 的做螺丝的公司，它在全世界同行业中的销售额最高。虽然建筑业要用到大量螺丝和螺丝刀，但是要想找到一套大小合适的却非常费时。针对这种情况，Wurth 公司给同等规模的螺丝和螺丝刀贴上一样颜色的标签，以方便寻找。虽然这并非高科技，但是对客户有非常大的价值。最后，就是最受人尊敬的"工匠精神"。德国中小企业常常依靠自己的内部力量，致力在每一个细分领域把产品做到极致，而非选择外包。但在中国，很多中小企业过早地开展多元化经营，因为它们担心市场太狭小，但这种做法会导致它们无法在一种产品上做好，最终使所有产品的质量都做得一般。

又如，尽管前几年全球经济连续低迷，但是苹果公司在全球市场上依然能够独领风骚，在全球上创造巨大的新市场，成为全球市值最高的公司。无论从使用功能还是研发设计来看，苹果公司的产品都跨越了多个领域。苹果公司通过跨产业升级占据价值链中高附加值的环节，利用创新产品创造了新市场和巨大的价值空间，而中国企业却依然承担着一些低附加值的工作，这种低附加值劳动所带来的价值与苹果公司有着巨大的差别。

#### （二）中国制造企业升级的新机遇

1.我国拥有世界上数量最多的产业集群、最完备的工业体系，是升级的重要基础

我国拥有世界上数量最多的产业集群，如广东省的中山灯饰、佛山照明、佛山乐从家具、东莞玩具等。中国制造具有全球最完备的工业体系和产业链，这就构成了我国产业、企业转型升级的重要条件。产业集群将通过突破发达国家和跨国公司的钳制而在升级方面获得成功。例如，汕头澄海玩具集群为企业提供了充足的资源和产业配

套，通过举办"玩博会"，搭建一个国际性的销售平台，大大提升了该集群在国内外的知名度，为集群内的企业带来很大商机。随后，澄海玩具集团先后获得"中国玩具城"、全省产业示范单位、特色产业基地等荣誉称号，又通过发展电子商务拓宽销售渠道，使该集群的区域品牌知名度进一步提升。而玩具业的发展又带动了工艺美术、包装装潢等其他产业的发展，促使汕头澄海玩具集群打通了上下游产业链，逐步实现了产业升级。

2. 中国的优秀企业积极参与全球竞争并获得成功，展现了升级的巨大机遇

不少优秀的中国企业积累了丰富的转型升级实践经验，积极参与全球竞争，提升了竞争能力。广东奥马电器、广东德豪润达电器、厦门蒙发利、广东伊立浦电器、深圳大族激光、广州互太纺织、广东奥飞动漫、东莞勤上光电、广东宜华木业、深圳格林美等都通过多种路径实现了升级。它们的成功印证了新兴经济体企业升级的巨大机遇。

3. "互联网 +"与现代制造业的结合，为传统企业升级打开了新的前景

"互联网 +"由李克强总理在 2015 年两会首次提出，是一种新经济形态，即发挥互联网在生产要素配置中的优化和集成作用。我国的传统产业可以借助"互联网 +"的先进模式和创新工具，利用云计算、大数据、移动互联网和物联网等一系列手段，同时结合现代制造业，以促进工业互联网、电子商务和金融互联网健康发展。"互联网 +"与现代制造业的结合，有助于将互联网的创新成果融入经济社会的各个领域，不断提升实体经济的生产力和创新力，形成更广泛的以互联网为实现工具和基础设施的经济发展新形态。因此，在"互联网 +"的新趋势下，传统企业与产业可以利用互联网技术提升未来发展的格局和档次，打开向中高端业务升级的前景。

4. 德国"工业 4.0"等发达国家先进制造模式，为我国企业与产业升级提供了有益参考

李克强在 2015 年十二届全国人大三次会议做政府工作报告时，提出"中国制造2025"，指出要借鉴德国版的"工业 4.0"计划，围绕在我国工业有待加强的领域进行强化，推动产业结构迈向中高端，力争在 2025 年从工业大国转型为工业强国。"工业 4.0"（Industry 4.0）是德国政府在《高技术战略 2020》中所确定的十大未来项目之一，是为了支持工业领域新一代革命性技术的创新和研发。和"工业 3.0"的流水线只能大批量生产不一样，"工业 4.0"流水线在生产上可以实现小批量、多批次，最小的批量可以达到 1 件。传统制造企业可以成为新一代智能化生产技术的使用者和

受益者以及先进工业生产技术的创造者和供应者。"工业4.0"体现了由集中式控制向分散式增强型控制的基本模式转变，目标是建立一个高度灵活的数字化和个性化的产品与服务的生产模式。在这种模式下，传统行业的界限将逐渐消失，并产生各种新的合作形式和活动领域。创造新价值的过程正在发生改变，产业链分工将被重组，这为我国产业突破价值链或产业链低端业务环节实现升级提供了有益的参考。

## 四、传统制造企业升级的重要性

推动产业结构迈向中高端已上升为国家层面的战略，为我国传统产业的升级指明了方向。我国传统制造企业向中高端业务环节升级具有两层含义：一是在全球价值链层面，我国传统产业或制造企业必须摆脱发达国家或跨国公司的钳制，降低依赖性，并主动参与全球竞争；二是在资源与能力层面，我国传统产业或制造企业必须通过内生的禀赋资源和企业家精神，借助外生的制度因素，获取向上的动力，跻身中高端市场，获得经济增长和利润提升，实现升级。结合上述背景，我国传统制造企业向中高端业务环节升级的重要性可从以下几个方面理解。

### （一）在多重视角的背景之下，须重新审视我国传统制造企业的现状和问题

我国传统制造企业普遍大而不强，处于价值链或产业链低附加值环节。但我国拥有世界上最大的产业集群，也有不少优秀企业积极参与全球竞争并获得成功，部分甚至实现了产业的整体升级。此外，发达国家相继推出以重归实体经济为主要特征的"再工业化"战略，这势必加剧发达国家对中国的技术封锁，进一步冲击我国传统企业的生存与发展。在这种多视角之下，有必要还原我国传统企业与产业的全貌，解决"是什么"的问题。通过重新审视我国传统企业的发展现状，探讨其问题和危机，挖掘其机遇和前景，从而为进一步的转型升级研究提供客观清晰的基础素材。

### （二）立足新兴经济体实践，深入挖掘传统制造企业迈向中高端业务环节的动因及其作用机制

在刻画我国传统制造企业升级全貌的基础上，还应该立足于新兴经济体的丰富实践经验，探讨企业向中高端业务环节迈进的动因和作用机制。不少优秀的中国企业以OEM（原始委托生产）代工起家，成长为全球第一的品牌，也有一些产业实现了整体升级。扎根于这些丰富的素材，深入探讨转型升级的动因和作用机制，有助于为传统制造企业提升竞争能力提供重要的指导。因此，在"是什么"的基础上，还应该深入地解决"为什么"的问题。

**（三）在"新常态"情景下和"互联网＋"趋势下，更需关注转型升级的多元化发展路径**

2014 年底，中央经济工作会议提出，要准确把握经济发展"新常态"。其阐述的"新常态"九大特征不仅与产业或企业的转型升级息息相关，还为"新常态"情境下转型升级的路径拓展了方向、打开了思路。第一，消费方面已经由模仿型排浪式消费向多样化、个性化消费转变。第二，基础设施互联互通，一些新产品、新技术、新业态和新商业模式的投资机会大量涌现。第三，我国低成本比较优势发生了转化，大规模走出去和高水平引进来进行转变正在同步发生。第四，服务业、小微企业和新兴产业的作用开始凸显，生产小型化、智能化、专业化成为产业组织的新特征。第五，人口老龄化问题日益显著，农业富余人口数量减少，要素规模驱动力明显减弱，技术进步和人力资本质量将成为经济增长新的驱动力。第六，虽然经济风险在总体上依旧可控，但是其他各类风险，如以高杠杆和泡沫化为主要特征的风险暂时解决不了，还将持续一段时间。第七，要对产能过剩进行全面地化解，在对未来产业发展方向的探索上还可以发挥市场机制作用。第八，市场竞争逐步转向以质量型、差异化为主的竞争。第九，环境承载能力已达到或接近上限，必须推动形成绿色低碳循环发展新方式。

同时，"互联网＋"的六大特征，也为传统企业转型升级提供了多元化启发，即跨界融合、创新驱动、重塑结构、尊重人性、开放生态、连接一切。因此，在"新常态"情景下和在"互联网＋"趋势下，更需关注转型升级的多元化发展路径，解决"怎么样"的问题。

**（四）借鉴发达国家经验，有利于提炼出企业决策与政府政策建议**

一些发达国家的先进制造模式和政策扶持经验，有助于我国政府为传统制造企业升级提供支持和保障。世界上最具竞争力的制造业之一就是德国的制造业。德国制造业之所以会举世闻名，很大程度上是因为德国对创新工业科技产品的开发和科研以及管理复杂工程的过程比较专注，这也离不开政府在营造良好产业环境方面的重要作用。我国政府在全球经济合作的大环境下，借鉴德国的先进经验，目前首套"工业4.0"流水线也已经亮相第十六届中国工业博览会。可见，借鉴发达国家经验有利于我国从政府政策层面促进传统制造企业向中高端业务环节升级。除了政府支持手段之外，企业决策、企业家的创新精神都有可能从各种层面对转型升级产生影响。因此，在探讨前面"是什么""为什么""怎么样"三个问题之后，还应该围绕企业和政府层面提供有效的建议。

# 第三章 战略性新兴产业概述

## 第一节 战略性新兴产业的基本内容

### 一、战略性新兴产业概论

战略性新兴产业在目前是一个热点话题。为转变经济发展方式、调整产业结构、把握新一轮全球产业发展机遇，党中央、国务院做出大力培育发展战略性新兴产业的重大战略部署。从中央到地方、从学界到业界、从国外到国内，甚至从城市到农村，都从不同层面和角度展开了讨论和研究。

2008年的金融危机无情地肆虐全球，使各国经济遭受重创。国际金融危机对世界经济影响深远，对中国经济发展既带来机遇也带来挑战。世界主要国家战略重心之所以转向抢占经济科技制高点，将科技创新投入当作最主要的战略投入，是因为要解决这场危机，各国必须开始寻求新一轮经济增长的动力，这表明全世界科技发展将步入一个绝无仅有的聚集创造时期，人类社会的生活模式和工作方式也将因重大发明和发现而有所改变，同时世界经济已经进入后金融危机时代，新一轮产业变革正成为推动世界经济繁荣的重要力量。

中国发展战略性新兴产业受到世界的关注。最先关注战略性新兴产业的组织是世界新兴产业大会（World Emerging Industries Summit，WEIS）。由亚太总裁协会（APCEO）与吉林省人民政府共同主办的"首届（2010）世界新兴产业大会"，于2010年8月31日至9月3日在吉林省长春市隆重举行，这是全球新一轮产业革命的划时代事件。2011年5月19日，由中华人民共和国商务部、国务院三峡办、中国贸促会、重庆市人民政府共同主办，亚太总裁协会发起并协办，重庆市对外贸易经济委员会承办的"2011世界新兴产业合作会议"在重庆市隆重举行，再次齐聚全球领袖精英，共商世界新兴产业发展大计，把中国新兴产业的发展提升为一个世界性的课题。大会的核心与目标是竭力整合全球各国新兴产业资源，聚拢世界新兴产业发展中心，汇聚全球新兴产业首脑人物，归纳世界新兴产业成长规则，发扬新兴产业创造协作精神，展示世界新兴产业发展成果，促进世界新兴产业的国际协作与发展，踊跃帮助各国壮大战略性新兴产业。

最早提出"战略性产业"概念的是美国经济学家赫尔曼（A. O. Hirschman），他将在投入和产出中关联最密切的经济体系称为"战略部门"。此后，"战略性产业"频繁见诸各种学术著作、研究论文和政府报告中。

关于"战略性新兴产业"的概念，国内学者有不同的解释。目前，学术界对于战略性新兴产业的概念仍然没有清晰的定义，有策略性产业、策略性兴盛工业、新兴战略性产业、兴盛工业等各类不同的说法。世界各国对"新兴产业"也没有统一的明确定义，美国和英国的官方文件使用的词汇是"新兴产业"（New Industries），日本称作"新成长产业"，中国称为"战略性新兴产业"。如何给战略性新兴产业准确定义，让它既简明扼要，又严密准确，更要科学全面，同时还便于各个部门和地方进行产业规划与支持，学术界尚未取得共识。

## （一）战略性新兴产业发展史

创建战略性新兴产业的主要前提是产生和发展新兴产业。新兴产业是一个历史概念，其不同阶段的发展方式、发展战略、发展目标和发展核心的影响因素存在极大的不同和明显的差异。实际上，古代也有新兴产业，但由于其规模和层次不明显，所以没有比较严格的定义。下面就产业历史、发明创造、战略发展等方面，从历史的角度追寻战略性新兴产业的发展史。

世界发展史证明，产业是社会经济发展的核心动力。造纸术、指南针、火药、印刷术是中国的四大发明。历史学家普遍认为，四大发明对中国古代的政治、经济、文化的发展产生了巨大的推动作用，而且这些发明经由各种途径传至西方，对世界文明的发展也产生了很大的影响。世界上各民族的发展之所以存在差距和不平衡，本质原因是产业发展的不平衡。中华民族曾经在远古时代就出现了山顶洞人，有了使用"火"的文明，火可以说是人类文明的第一个产业，这是中华民族的骄傲，它使中国文明比其他民族早了几万年；有了火，才有人类聚居的可能；有了火，才使冶金得以实现，人类才从石器时代过渡到冶金时代；有了火，冶金技术得到发展，兵器和农耕才有了大规模运用；兵器和农耕促进了社会向国家的高度发展；中华民族之所以有辉煌的文明史，就是源于这些决定性的创造和发明。从雕版印刷到活字印刷，这一转变是第一次发生在中国的信息产业领域的革命性事件，这种革命性成果到现在还在使用。弗朗西斯·培根（Francis Bacon）是近代英国著名哲学家。其在 1620 年出版的代表作《新工具》一书中说："印刷术、火药、指南针这三种发明已经在世界范围内把事物的全部面貌和情况都改变了。"在古代，中华民族领先世界的历史就是产业领先世界的历史，"火"的发明使世界出现第一个以火为核心的产业，活字印刷则是世界上出现的第一个"信息产业"，正是因为这两个产业的兴起和传播，中华民族在古代才能领先世界。产业的发展改变世界，过去如此，今天亦如此。

当我们有了四大发明，开创了人类文明新天地的时候，中华民族就在人类发展史上留下了浓墨重彩的一笔，辉煌至极；当我们把自己的国家比作"天朝上国""东方天堂"，一步一步走向故步自封的时候，西方人类文明的大师却不断涌现，如达尔文、牛顿、哥白尼、爱迪生、瓦特、爱因斯坦、居里夫人、伽利略和诺贝尔等，大师的思想、发明和创造对西方社会进步的推动作用是决定性的。况且，社会环境对文明的需求和刺激、文明对社会的改变和引领形成了完美的互动，是科技和文明的结合，才成就了欧洲近两百年来在近代史上的地位。而两百年以前，中国一直处于领先的地位，并没有受到冲击。但是，中国的科技在 17 世纪中叶后却仿佛日薄西山，一落千丈。中国何以落后了呢？著名的"李约瑟之谜"指出："假如我的中国朋友们与我拥有一模一样的智商，那是什么原因导致中国人或印度人产生不了如同斯蒂文、托里拆利、牛顿、伽利略这类著名的科学家呢？是什么原因导致只有欧洲发生了近代科学革命呢？是什么原因导致了中国一直比欧洲先进直到中世纪，而后欧洲人却一马当先？是什么原因导致了如此的改变呢？"

我们有向西方学习的历史。清朝启蒙思想家魏源提出"师夷长技以制夷"的主张，就是开始学习西方，但在当时，不是随便谁都可以谈向西方学习的，当时的中国社会是皇帝一人说了算。没有了自身创新和引进吸收的基础，兴业就没有基础，这使我们和欧洲走向了两个不同的方向。欧洲走向现代文明，中国仍故步自封。欧洲当时已经步入资本主义社会，而中国还是封建社会。"普天之下，莫非王土；率土之滨，莫非王臣"，国家的一切都是皇帝的，皇帝出钱办天下一切事。试想，皇帝一个人即使再有创造力，也赶不上千百万人民的创造力。这样，产业的兴盛，根本就无从谈起。我们认为，"李约瑟之谜"最起码能解开一道难题：没有人民的发明创造，社会就难以发展和进步，国家和民族繁荣昌盛的根本在于民众的凝聚力和科学技术的进步。

从古至今，发明、创造、产业、生存、战略（不只是局限于这里的产业战略，而是大到民族生存战略）、发展，这几个词语及其内涵始终紧密地联系在一起，是历史的骨架和延伸，是社会发展的核心和事物发展的本质。历史告诉我们，科学技术决定民族兴衰和国家命运。在这里我们重新回顾它，发现还有更深刻的内容应该总结，就是文明转化、创新与发展，它们都不是孤立的环节，而是自始至终推动社会兴盛与衰败相互转化与交融的力量。社会进步的原动力更多的来自科技领域的开拓者，但封建社会的中国把这种文明的转化寄希望于权力无限的皇帝，导致中国最终在 19 世纪走向了衰败，这也是历史的回答。

哥伦布与郑和都是航海家，但是仔细研究他们航海的动机，我们发现，他们不是因为喜欢航海而航海，谁都不愿意冒险去航海。他们的不同是，哥伦布和西班牙国王签订了合同，找到新领地后，就可以做总督，只要偿还航海的资助并交一半税收就可以了；郑和只是受皇帝的派遣和命令，沿着与大陆相连的海岸线开展了七次远航。两个人相比较，哥伦布为开辟新航路，航海路线是向着大洋彼岸，越是没人去的地方，他越要去，因为那里没有人统治，找到新领地后他就可以做那里的总督；郑和则是哪里有人去哪里，有人的地方才能宣扬大明威德，并且宣扬完就离开，继续航行到下一个地方。再度两相比较，郑和是想向世界介绍中国，而哥伦布要的是领土扩张与贸易扩张。战略思想不一样，走的路线不一样，对未知世界的发现和得到的收获也就不一样。哥伦布发现地球是圆的，中国人还以为是方的；哥伦布所见即所得，郑和则向当地民众宣传了明朝统治者对外的政治理念。后果和持续行动也不一样：哥伦布之后，欧洲人源源不断地移民美洲，而中国没有其他人再次出海去宣扬国威；哥伦布一行形成了产业链，而郑和一行只是带去了中国的瓷器。现在之所以回顾这些历史，就是为了从特殊现象中找到普遍真理。郑和航海早于哥伦布，如果后人能够继承他的航海精神，也许中国早就成为航海大国，但是在哥伦布发现新大陆之后，美洲基本变成了欧洲的殖民地。历史学家对"郑和下西洋"这一历史事件给予了极高的赞誉："郑和下西洋时间之长、规模之大、范围之广都是空前的。它不仅在航海活动上达到了当时世界航海事业的顶峰，而且对发展中国与亚洲各个国家的政治、经济和文化上的友好关系，做出了巨大的贡献。"历史学家只看到航海扬威的一面，郑和下西洋可以不以贸易获利为目的，但是用国家的力量组建当时世界最大的船队，给明朝财政造成巨大的经济负担，又没有引起科技的革命，更没有带动一项新兴的产业，只有投入没有产出的船队造成国库空虚。随着国力衰退，七次下西洋的壮举必然随之悄然结束。从这个方面看，郑和下西洋既不富国也不经济，用定位大师里斯的话来总结：郑和下西洋没有清晰的战略定位；哥伦布横跨大西洋发现新大陆却有明晰的远景和目标。因此，结果必然有天壤之别。

从产业发展的历史过程看，新兴产业是随着新技术的诞生和创新，以新技术为支撑进而产业化而出现的。1944 年 1 月 10 日，世界上第一台计算机"科洛萨斯"诞生于英国，当时研制"科洛萨斯"计算机的主要目的是破译德军的密码。该计算机投入使用后，德军大量高级军事机密很快被破译，盟军如虎添翼。尽管第一台电子计算机诞生于英国，但英国没有抓住由计算机引发的技术和产业革命的机遇。相比之下，美国抓住了这一历史机遇，鼓励发展计算机技术和产业，从而崛起了一大批计算机产业巨头，大大促进了美国综合国力的提升。1944 年美国国防部门组织了人类历史上第一台通用计算机 ENIAC 的研究，并于 1946 年研制成功，开辟了计算机科学技术的新纪元。计算机自诞生至今，不仅发展成为现代新技术革命的一支主力军——计算机产业，也成为促进社会步入现代化的主要推动力量。第二次世界大战后成长迅猛、具有深远影响力的新兴产业之一就是计算机科学与技术，而且时至今日，计算机产业在全球范围内已成长为非常有活力的战略性产业。

随着社会经济和科技的发展，一种新的科研方式的计算和模拟常使某些学科演变出新的科学分类。例如，弹性结构力学、气象学、空气动力学和应用分析等所面对的"计算障碍"方面开始有所进步，并演变出气象数值预报、计算空气动力学等边缘分支学科。运用计算机实施定量科研，不但在自然科学中发挥了巨大的功用，并且在社会科学和人文科学中也具备同样的功用。融合了计算机科学与技术的各门学科，推动了各类科学的发展，推进了科研手段与工具的改善。例如，计算机在社会调查、人口普查和自然语言研究等方面成为一种很有力的工具。因为计算机普遍运用在各类行业中，不断带来显著的社会利益和经济利益，进而在产业结构、产品结构、经营管理和服务模式等层面引发巨大的革命，如在工业构成中已出现计算机制造业和计算机服务业以及知识产业等新的行业。计算机产业的成长和计算机的普遍运用已不单是一种技术现象，也是一种经济和社会现象。

由于存在历史沿革、自然条件、社会环境、经济基础等差异，不同国家或地区在创新能力和可持续发展能力上有很大的差别，这就决定了其创新系统必然具有多样性和针对性。用今天的话讲，就是新兴产业的发展战略问题，即怎么用好和发展来之不易的发明创造，如何培养壮大并以什么为动力驱动可持续发展的问题。这也说明，经济制度是经济体制的基础，它决定经济体制的根本性质和主要特点，规定变化方向，无论选择何种经济体制，都不能背离经济制度的基本要求。同样，一个国家的社会制度也决定了这个国家的体制，规定了这个国家的组织机构及其职能和行为规范。随着社会基本制度的改变，社会体制也会跟着产生相应变革。改革社会政治、经济和管理等体系是体制创造的中心内容，支配人们活动和相互间联系的规则的变更，其结果是激发人们的积极性和创造性，推动连续创新和社会资源的科学配置及社会财富连续不断地涌现，最后促进社会的变革。

战略性新兴产业是一种新兴产业，但并非所有新兴产业都会发展成战略性新兴产业。例如，商周时代发明的算筹，广泛应用于商业贸易和天文地理的计算中。中国人发明的算盘被认为是最早的计算机，并一直使用至今，但没有成为当时的国家战略性新兴产业。这既有历史原因，也有体制和机制原因，更主要的是当时缺乏支持新兴产业创新发展的保障条件，即当今所指的体制和机制。从产业经济学来看，新兴产业既有从传统产业中分化出来的，也有几个产业融合发展起来的。新兴产业是一个历史概念，其在不同阶段的发展方式、战略选择和定位不同，影响因素也不同。从产业发展的历史过程看，新兴产业以新兴技术为支撑和产业化而出现。其中，只有真正能成长为先导产业或支柱产业，并能对国民经济发展和产业结构优化具有战略意义的产业，才被当作战略性新兴产业。

从历史层面来看，战略性新兴产业和战略性产业不同，也和新兴产业不同，可以说是战略性产业和新兴产业的结合，即该产业是具有战略性的新兴产业。我们认为，凡是能够对当时的生产水平有所突破的，以新发明、新创造为基础，进而形成新产品，新产品又能够引领新产业，并且能够长期稳定地持续发展的新兴产业，都可称为战略性新兴产业。

新兴产业是处于产业生命周期早期的产业，与其他产业一样，它也会经历创新、成熟和标准化三个阶段。从经济增长的阶段性看，经济增长方式大致有两类：凭借提升资源利用效率来达到经济增长，即集约型增长方式和凭借加大投入、消耗资源来达到经济增长，即粗放型增长方式。科技进步贡献率30%以下的，为粗放型增长方式；科技进步贡献率30%～50%的，为半粗放半集约型（准集约型）增长模式；科技进步贡献率50%～70%的，为集约型增长模式；科技进步贡献率70%以上的，为高度集约型增长方式。因此，战略性新兴产业属于知识密集型产业，"新兴"是指运用新兴科技形成新的商业方式，"战略性"是指凭借产业优化升级调整产业结构，甚至发展成主导工业。

### （二）战略性新兴产业概念的界定

发展战略性新兴产业是我国政府为应对全球经济危机并确立后危机时代国家竞争优势而提出的产业发展策略，得到各级政府的积极响应。战略性新兴产业在迅猛发展的同时，也遇到了诸多挑战，其中缺乏理论指导是制约其发展的主要因素之一，对概念认识模糊和界定不清将会深刻影响决策者的决策，往往造成"短视"，失去决胜千里的作用。

"战"，一般指战争，如首战、决战和挑战等，有主动、兴起、进攻之意；"略"是指谋略，是各种策略的总和。在现代，"战略"一词被引用到政治和经济范畴，其内涵引申为引领性的、全面性的、左右成败的策略、计划和政策。一着不慎，满盘皆输。战略战术的正确制定，历来都是政治家、经济学家、军事家、外交家克敌制胜的法宝。

正确的战略决策将决定某一产业的未来。20 世纪 80 年代初期，我国汽车工业的发展仍然处在欠发达的水平，为提高人民生活水平，必须加快汽车工业的发展，一种意见认为，应进行以"市场换技术"的跨越式发展方式，大开国门进行深度的对外开放，大量引进技术、引进生产和管理模式；另一种意见认为，"自行发展、自主经营"式的发展方式符合保护中国幼稚的汽车工业的政策，并能更好地保护国内市场。两种意见是对立的，当时争论非常激烈。决策者最后做出"以市场换技术，合作、合资经营"的战略决策，最终使中国的汽车工业得到迅猛发展，在短期内接近了世界先进水平，一跃成为汽车工业大国。如按照"自行发展、自主经营"的发展模式，中国的汽车工业势必仍在艰难中爬行。正确的战略决策具有前瞻性、全局性和革命性，失败的决策则具有毁灭性。

"新"，与旧意思相反，是对旧事物的变革。对于一个产品而言，是指新颖、新创、新出、新产等；对于一个产业而言，是指更新、革新、创新等，而且还包括保持新的时间长度。其"新"的概念具有三维性：相对性、程度性、保持性。如果对"新"的概念有科学的认识和把握，对于产品设计、验证方法、制度规范等都有正确的取向，整个国家和社会对"新"的认知程度也会提高。

如此强调"新"，是因为它在涉及国家重大战略的决策中具有突出的地位。在中国工业发展史上，由于对"新"的内涵没有准确定义，造成国家重大失误，甚至走上歧途的情况也不乏其例。例如，中国确定电视制式的决策失误，就在"新"字的三维性中缺少了程度性和保持性。在确定电视制式之前，中国也曾经考虑过世界各国的电视广播制式，世界上主要使用的电视广播制式有 PAL（Phase Alteration Line）、NTSC（National Television Systems Committee）、SECAM（法语：Séquential Couleur à Mémoire）三种，日本、韩国及东南亚地区与美国等国家使用 NTSC 制式，俄罗斯使用 SECAM 制式。但中国采用了 PAL 制式，为什么这样做呢？当时只是考虑中国落后的国情，定位于不发达国家还会持续很长时间，认为中国会在很长时间内用不起大屏幕电视。PAL 制式是隔行扫描的，在清晰度上明显低于 NTSC 制式，但是其在画面小的时候，就无关紧要。虽然 NTSC 制式也有缺点，如色偏的问题，但是优点更明显、更突出，在电视机设备制造上，还比 PAL 制式少一条电路。而 PAL 制式电视接收机电路复杂，要比 NTSC 制式电视接收机多一条电路，并且图像容易产生彩色闪烁。为什么中国要选择一种浪费制造材料又得不到良好效果的方案呢？今天人们在现实的拷问下终于明白了，不过，当时的科学技术决策部门却认为自己做的是很科学、很有战略性的事情。这一决策的后遗症现在都难以消除，如影响出口，已建成的生产线、整个国内一系列电视广播设备不改的话也影响电视业的发展。如果推倒重来，就要浪费大量投入；不彻底推翻，就很别扭，只好将就用。"将就用"，几乎导致中国错失近代史上一切技术革命机会，达不到真正领先世界的要求。

所以，"新"字关乎产业战略，"新"的内涵如何决定战略的成败。如果界定错了，这个战略就是失败的。因此，"新"字不是花样翻新，"新"字不是新折腾、瞎折腾，"新"字具有科学的内涵。无论是科研工作者、政策制定者，还是执行监督者，都必须对"新"字的含义秉持一种诚实的、认真的、科学的态度，新兴产业必须从制度支持、行业检验等各个方面严格要求，才能达到目的，使战略的优胜性得到保障，否则必然无法顺利完成战略目标。

"兴"，与灭相对应，在新兴产业这个特定范畴内，是指那些即将被淘汰、消亡的产业，应该及早改善的产品乃至产业。上什么项目、确定什么发展方向，要落实到新兴的产品、产业中来。那么，定位新兴的产品、产业，首要把握的是科技水平，还要做好竞争准备，提高竞争力。在市场经济条件下，科技无国界，市场也是有限的，经济学原理和实践证明，凡是新兴的产业必定会出现大家竞相发展的现象，没有全面的准备和条件，即使有了高科技，也不一定就能得到发展，这就是大战略里的具体战役、战斗，正所谓"战略上藐视敌人，战术上重视敌人"。所以这个"兴"仍然是科学的概念和认知。"兴"，必须具备三个方面的条件：技术能力、经营策略、贯彻执行。具备了以上三个条件，才能使具有新兴科技特征的产品和行业真正兴旺发达起来，否则，穿着新兴产业的华丽外衣，没有新兴产业的实力，也会很快被同行打败，迟早会退出竞争舞台。

通过以上归纳与分析，我们在当前诸多穷尽式、列举式的著作与资料中，从个案特殊性归纳出新兴产业的普遍性原理，并利用这些普遍性原理，形成详细的检验标准，以此来分析我国新兴产业战略，这样的分析方法才具有普遍的科学性。

求新、求兴，新与兴的结合、新与兴的融合，充满辩证性；战略性产业与新兴产业的深度融合，也充满历史性。战略性新兴产业的形成必然是一个历史的产物，它的兴起是金融危机的伴生物，它的发展最终是经济发展的产物。

以上我们简单回顾了战略性新兴产业的发展史，梳理了国内外的相关研究成果和案例，并对战略性新兴产业的"战略性"和"新兴性"实施了全面考察，下面我们将归纳、界定战略性新兴产业概念。

一些专家、学者及政府相关人士对战略性新兴产业的定义做出了解释，通俗地讲，新兴产业普遍是指市场还未形成规模的高新科技工业，战略产业是指必不可少的重点和骨干行业，两者并称战略性新兴产业。战略性新兴产业是关系到国民经济、社会发展和产业结构优化升级的新兴产业，具有引领性、长远性、战略性、动态性和带动性的特点。

经专家和学者分析论证，现在比较公认的概念为，战略性新兴产业是以重大科技突破及发展需要为基础，对经济社会全局和长远发展具有重大引领带动作用，知识技术密集、物质资源消耗少、成长潜力大、综合效益好的产业。

我们综合专家、学者、政府部门对战略性新兴产业的基本特征、发展规律、内涵的认识和研究后，提出新的观念，可以总结为：战略性新兴产业是新兴科技与新兴产业的深度融合；它既要有重大的技术突破和技术创造，又要形成一个新兴的产业；它既代表着目前世界技术创造的最新方向，又代表着产业成长的主流方向，并可以在以后的经济社会发展中发展成具备战略性、引导性和支撑性的产业。

## 二、战略性新兴产业的基本特征

战略性新兴产业在国民经济中具有重要的战略地位，国家或地区的经济命脉和产业安全与战略性新兴产业息息相关。战略性新兴产业一定是具备科技含量高、市场空间大、产业联系广、节能减排技术领先的潜在朝阳工业，它高度融合了新兴技术与产业，既代表着技术创新的方向，也代表着产业发展的方向。战略性新兴产业具有广泛的宏观性，主要特点如下。

### （一）战略性

即战略性新兴产业在经济社会发展中占据重要位置，形成了巨大影响力，具备推动经济结构调整和转换发展模式的重大作用，并可以妥善处理可持续发展面对的束缚，为经济社会长久发展提供一定的科技基础，维持产业科技的引领地位。同时，它也具备战略的不确定性。因为是新兴的产业，不具备既定的战略模式，并且公司对于市场、竞争对手的特征也缺乏基本的了解，因此多数公司没有成熟的战略模式，而是在实践中检验自身的策略计划；和传统产业对比，战略性新兴产业发展程度尚不够成熟，还有巨大的不确定性。

**（二）全局性**

战略性新兴产业具有极大的战略价值，因为其代表着经济发展的方向和科学研究的前沿，而且具有产业带动效应，和国防安全关联紧密，战略性新兴产业不但对提高一个国家或地区科技进步、产业发展、整体竞争力具有重大的推动作用，更直接关系到经济社会发展全局甚至国家安全。

**（三）创新性**

战略性新兴产业的前提是经济社会发展的巨大需要，以重大技术突破为本质特征，这样战略性新兴产业对于经济社会整体发展和长远发展具有强大的引导推动作用。新兴产业是新科技产业化正在快速发展的部门，R&D（Research and Development）投入大，能快速引入产业创造和企业创新，提升产业劳动生产率；战略性新兴产业具有很高的技术准入门槛，把握技术专利的公司总归比较少，而随着时间的推移，其产品面对更为广大的市场需要，使该公司由于技术的独创性而获得高收益。

**（四）先导性**

先导性表示科技和产业发展的新方向，是国家或地区产业、经济、科技发展的领导力量。战略性新兴产业的成长和发展具有颠覆性、革命性，而不是渐进性。这是由重大产业科技创新的颠覆性、革命性特色所决定的。一系列或大或小的产业科技革命的累加，最后将酝酿巨大的产业科技突破，如信息科技变革，和早先的工业革命有实质不同。科技变革又将直接推动产业领域的巨大进步，进而引发产业革命。例如，目前世界范围内的物联网工业、生物医药工业等，都拥有明显的先导性。

**（五）风险性**

因为新兴产业有首创性的特点，不管在内容上还是在形式上都没有以往的经验可循，只能靠公司摸着石头过河；又因为新兴产业的边缘性学科特点，很大程度上增加了风险因素，支持新兴产业发展的政策制度还不完备，新兴产业的发展通常会因为新内容与旧制度、旧规章的冲突而受到限制，这些都会有很大的风险性。科技更新换代快，存在很高风险，假如一味地追求发展速度或规模，极容易让其深陷"技术陷阱"。

**（六）产业带动性**

战略性新兴产业自身具有很强的发展优势，市场需求潜力巨大，产业发展具备很大成长性，增长速度比整体行业平均水平高，通常表现出非线性增长的趋势，并且和别的产业的关系度高，渗透力强、辐射面宽，对于传统产业具有很大的示范和改造作用，可以与其他产业互相推动、互相渗透，带动有关产业一起成长。

### （七）导向性

战略性新兴产业的筛选具有特定的信号功能，它体现了政府的战略引导，是将来经济成长的核心指标，是引领人才汇聚、资产投入、科学研究和制定产业战略的主要根据；同时，战略性新兴产业来自重大科技创新或消费需求重大改变，对于经济社会发展具有战略性意义。

### （八）倍增性

战略性新兴产业只要成型后，就会快速成长，在产业模块和经济贡献层面将会发挥巨大的推动作用，使市场规模和经济总量成倍增加，促进经济社会迅猛发展。它的显著表现是新兴产业引领公司整合，短期内在全世界范围内快速成长，变成领导地区或国家经济成长的重要支撑力量，如 Google 公司，创建后仅用六七年时间就已跨入世界 500 强行列。

### （九）辐射性

辐射性又被称作关联性，即战略性新兴产业的发展会推动别的某些产业的成长，达到产业发展的协同效应辐射性表现为产业链条长，拥有很强的关联度，对上、下游产业可以形成强大的推动力，可以促进其他有关产业的成长。战略性新兴产业是科技的跨界联合，可以产生一连串的推动作用。战略性新兴产业实际上通常均是行业轮替的结果，如发展战略性新兴产业不能脱离一般产业，而传统产业并不等于落后产业，也是新兴产业成长的前提。所以，战略性新兴产业的成长一定会波及多种产业类别，并需要各类相关产业提供保障。

### （十）低碳环保性

近年来，低碳经济在全球气温升高、环境条件恶化的背景下水到渠成。我国积极提倡节能环保，努力创建环境友好型社会，将我国战略性新兴产业发展的重心和焦点变为低碳、环保。战略性新兴产业的特点是低碳和环保，目前我国的经济状况、技术水平已基本具有了发展低碳、环保战略性新兴产业的条件；另外，因为人类生活环境的压力必须发展低碳环保产业。所以，未来经济成长的风向标将是低碳环保的战略性新兴产业。

### （十一）可持续性

持续不断地进行科学研究和投入资金是战略性新兴产业成长的要求，这也必然使战略性新兴产业的发展具有可持续性，从而在较长一段时间内推动经济社会的持续成长。这一特点即是战略性新兴产业最为核心的特点，假如不具备可持续性，它就不可以被称作真正的战略性新兴产业。当前，世界战略性新兴产业多位于成长的初始阶段，谁掌握了关键核心技术，谁就会在竞争中处于主动地位。实际上，重要的核心技术花钱也难以买到，我们国家在这方面已有深切的体会。因此，中国一定要凸显自主创新，着力打造和发展战略性新兴产业，持续投资和研发，以市场为引导，政府强力推进，加快创建以公司为核心、产学研密切融合的科技创新系统；把创建新型产业当作战略目的，坚持可持续发展的战略方向，以抢占经济技术制高点为战略核心，形成一些盈利能力强的跨国领头羊企业，产生大批战略性新兴产业，从而在和发达国家的竞争中占据有利位置。

### （十二）阶段性

战略性新兴产业的发展并不是一成不变的，它伴随着经济社会成长的实践形成、发展和衰亡。即战略性新兴产业也有自身的发展阶段，会随着社会经济、技术及发展模式的变化而不断演变和提升，因此，所有战略性新兴产业都仅是一个历史阶段的产物。随着某个国家或地区科学技术的持续提升和经济社会发展，战略性新兴产业的内容及重心也会随时调整。

## 三、战略性新兴产业的分类

战略性新兴产业是我国依据世界经济和产业发展方式审时度势提出的国家产业发展战略。其正式表述首见于 2010 年 9 月 8 日国务院总理温家宝主持召开的国务院常务会议所通过的《国务院关于加快培育和发展战略性新兴产业的决定》中。该会议决定筛选节能环保、新一代信息技术、生物、高端装备制造、新能源、新材料和新能源汽车等作为加快培育和发展的战略性新兴产业七大领域，并建立战略性新兴产业发展专项资金，建立稳定的财政投入增长机制。其详细分类如表 3-1 所示。

表 3-1　战略性新兴产业分类

| 产业分类名称 | 大　类 | 中　类 | 小类对应的行业代码 |
|---|---|---|---|
| 节能环保产业 | 高效节能 | 高效节能通用设备制造 | 3411、3441、3442、3444、3461、3462、3464 |
| | | 高效节能专用设备制造 | 3511、3515、3516、3521、3531、3532、3533、3546、3572 |
| | | 高效节能电气机械器材制造 | 3811、3812、3839、3871 |
| | | 高效节能工业控制装置制造 | 4012、4014、4019 |
| | | 新型建筑节能材料制造 | 3021、3024、3031、3035、3062 |

| 产业分类名称 | 大 类 | 中 类 | 小类对应的行业代码 |
|---|---|---|---|
| 节能环保产业 | 先进环保 | 环境资源专用设备制造 | 3591、3597 |
| | | 环境保护监测仪器制造 | 4021 |
| | | 环境污染处理药剂制造 | 2665 |
| | 资源循环利用 | 矿产资源综合利用 | 0610、0620、0690、0710、0720、0810、0820、0890、0911、0912、0913、0914、0915、0916、0917、0919、0921、0922、0929、0931、0932、0939、1011、1013、1019、1020 |
| | | 工业气体液体循环综合利用 | 2511、3360、3463 |
| | | 工业设备用品回收及再利用 | 2914、3735、4210、4220 |
| | | 水资源循环利用与节水 | 4610、4620、4690 |
| 新一代信息技术产业 | 通信传输及高端计算机设备制造 | 通信传输基础设备制造 | 3921、3922 |
| | | 高端计算机及网络设备制造 | 3911、3912、3913 |
| | 广播电视设备及数字视听产品制造 | 广播电视设备制造 | 3931、3932 |
| | | 数字视听产品制造 | 3951、3952、3953 |
| | 电子元器件器材及仪器制造 | 电子元器件及器材制造 | 3832、3962、3963、3969、3971 |
| | | 电子仪器制造 | 4028 |
| 生物产业 | 生物制品制造 | 生物药品制造 | 2710、2720、2730、2740、2750、2760、2770 |
| | | 生物食品制造 | 1461、1462、1469、1491、1492 |
| | | 生物燃料制造 | 2512 |
| | | 生物农业用品制造 | 1320、1363、2625、2632 |
| | | 生物化工制品制造 | 2614、2661、2662、2684 |
| | 生物工程设备制造 | 生物医疗设备制造 | 3581、3582、3583、3584、3585、3586、3589 |
| | | 生物其他相关设备仪器制造 | 3551、4024、4041 |

续　表

| 产业分类名称 | 大　类 | 中　类 | 小类对应的行业代码 |
|---|---|---|---|
| 高端装备制造产业 | 航空航天装备 | 航空、航天器及设备制造 | 3740 |
| | 轨道交通装备 | 铁路高端装备制造 | 3711、3714 |
| | | 城市轨道装备制造 | 3720 |
| | | 轨道交通其他装备制造 | 3412、3899 |
| | 智能制造装备 | 智能测控装备制造 | 3421、3422、3425、3429、4011 |
| | | 重大成套设备制造 | 3490、3512、3542、3562、3599 |
| | | 智能关键基础零部件制造 | 3489 |
| 新能源 | 水力发电 | 水力发电 | 4412 |
| | 核力发电 | 核力发电 | 4413 |
| | 其他能源发电 | 其他能源发电 | 4414、4415、4419 |
| | 智能电网 | 智能电网 | 3821、3823、3824 |
| 新材料产业 | 新型功能材料 | 新型功能涂层材料制造 | 2641、2642、2643、2644 |
| | | 新型膜材料制造 | 2921、2924 |
| | | 特种玻璃制造 | 3049、3051 |
| | | 功能陶瓷制造 | 3072 |
| | | 其他新型功能材料制造 | 2612、2613、2619、2631、2645、3091、3841、3842、3849 |
| | 先进结构材料 | 高纯金属材料制造 | 3110、3120、3211、3212、3213、3214、3215、3216、3217、3219、3221、3222、3229、3231、3232、3239 |
| | | 高品质金属材料制造 | 3130、3140、3250、3261、3262、3263、3264、3269 |
| | | 新型合金材料制造 | 3150、3240、3311、3321、3340、3389、3391 |
| | | 工程塑料材料制造 | 2053、2927、2929 |

续　表

| 产业分类名称 | 大　类 | 中　类 | 小类对应的行业代码 |
|---|---|---|---|
| 新材料产业 | 高性能复合材料 | 高性能纤维复合材料制造 | 2659、2821、2822、2823、2824、2825、2826、2829 |
| | | 其他高性能复合材料制造 | 2651、2652、3339 |
| 新能源汽车 | 新能源汽车整车制造 | 新能源汽车整车制造 | 3610、3640 |
| | 新能源汽车零部件配件制造 | 新能源汽车零部件配件制造 | 3660 |

从产业分类来看，《高技术产业统计年鉴》已经覆盖了战略性新兴产业七大领域中的三大类，包括新一代信息技术、高端装备制造和生物医药。虽然未能覆盖节能环保、新能源、新能源汽车和新材料四个大类，但是考虑到在我国战略性新兴产业的发展规模中新一代信息技术、高端装备制造和生物医药等三大类产业的占比较大，它们的发展状况可在一定程度上反映出战略性新兴产业的整体水平。

# 第二节　战略性新兴产业的基本载体

## 一、载体功能定位

高新技术产业开发区依托开放的环境条件和智力的聚集，主要依赖国内的经济实力和科技，充分吸纳和借用外国前沿技术资源、资金和管理方式，凭借对高新科技产业实行的优惠政策和各类改革模式，达成软硬环境的局部优化，最大限度地把科技成果转化为现实生产力。虽然各地高新区会结合当地主导产业规划吸纳相关企业入驻，但对驻区企业是否属于同一产业领域，是否存在上下游的产业链关系并无严格要求。因此，高新区在培育新兴产业方面的作用更集中地体现在集聚创新资源、推进科技成果转化、扩大高新技术企业数量和规模上。

与高新区共同被列入火炬计划发展内容的高新技术创业服务中心，创办了各种类型的科技企业孵化器，包含专业孵化器、大学科技园、留学人员创业园、国企创业孵化器、国际企业孵化器、软件园区等。这类孵化器的服务目标为科技型中小公司，提供应试生产、科研、经营的场所和办公方面的共享设备，提供应财务、融资、法律、管理、市场推广、策略和训练等层面的服务，用来降低公司的创业成本和创业风险，提升初创公司的存活率，为社会培育合格的科技公司和企业家。除了专业孵化器，综合性科技企业孵化器同样没有对产业领域和产业间联系的硬性限制。

地区经济成长、工业调节和升级的主要空间汇聚模式就是产业园区，其承担着汇聚创新资源、培养新兴产业、推进城市化等一系列重大任务。如果说建设高新区的初衷是为了最大限度地推进科技成果转化，创业服务中心则是为了促进科技企业孵化，它们都试图从"科技"端解决"科技、经济两张皮"的矛盾，那么产业园区和各类特色产业基地建设的目的则是直接面向产业创新资源整合与产业链优化重组，是从"经济"端去解决上述矛盾。

产业园区吸引和集聚特定产业领域内有较强技术创新能力的骨干企业与配套中小企业，形成联系密切、分工协作、上下游互动频繁的产业链条；建立以企业为核心，产学研共同参与的技术创新体系，开展一定规模的产学研合作创新活动；设立创新创业服务和产业发展促进机构，为企业提供共性技术研发、产品检测、技术交易、人员培训、信息服务、投融资等服务。因此，产业园区是特定产业领域的高新技术企业集群化发展的重要标志，是新兴产业发展壮大的"腾飞地"。

## 二、产业基础设施

高新区、孵化器及产业园三类载体均通过向区内企业和机构提供基础设施，保障其各项活动，进而为产业发展提供支持，具体包括生产经营基础设施和创新研发基础设施。

### （一）生产经营基础设施

公司成长的必需品是电、气、交通、物业、网络、水等基础设施，这些也是公司实施科技创新、高新科技转化的基本保证。三类载体凭借创新技术设施配套服务体制，提供良好的硬件支持，可吸纳更多企业进驻，为公司成长提供动力；另外，还可适当降低公司经营成本，减少企业成长阻力。这类基础设施无论对于高新区、孵化器，还是产业园都是非常基本的要求，是其作为产业培育载体的基础条件。

### （二）创新研发基础设施

没有产业创新就没有产业的可持续发展和竞争力提升。大型公用仪器设备、文献资源中心、创新交流场所等知识性和技术性基础设施对产业创新活动有着重要作用。尤其在科技企业孵化器中，更需要管理方集中提供上述设施，以便于缺乏资金实力又急需研发设备、交流场所的科技创业者和创业企业使用，从而降低其创业成本，提高创业成功率。在高新区和产业园内，管理方不仅能自行出资提供公共设施，还可鼓励区内企业和机构所拥有的重点实验室、工程技术研究中心等发展其公共服务功能，以支持和促进区内企业的创新活动，从而促进区域产业创新能力的提升。

## 三、产业服务

各类载体提供的产业服务包括人才、融资、市场和技术等各个方面。

### （一）人才服务

人才服务包括普通人才服务和高级人才服务。大部分科技型企业人员数量有限，尤其是科技型中小企业或创业企业，未必设置人力资源管理专岗，各类载体凭借集中召开招聘会，提供相应场所、服务人员和媒体宣传，甚至为公司聘请的职员提供一系列的任职培训，能够在用工层面有效解决公司的难处。

此外，新兴产业发展需要大量国际化、高水平的专业技术和管理人才。各类载体可借助政策优势，吸引大批高级人才服务区域产业发展，并通过提供研发启动经费、住房及各项补贴，及时解决其日常工作生活中的困难等服务留住高端人才，使其安心为区域发展做贡献。

### （二）融资服务

企业创新和产业发展离不开资金支持，新兴产业领域现有大量科技型中小企业，这些企业往往面临融资困难。各类载体在协助企业获得外部资金支持和信用担保方面发挥了重要作用，具体表现为安排风险投资机构与企业接洽、提供融资担保、辅导企业上市和建立科技小额贷款机构等。应借助高新区、孵化器及产业园区等载体的公共或准公共机构的形象和信用，加强民间投资者的信心，提升其对于将来的期望值，以吸纳多样化资金，创建种子基金、科技创新基金来投资新兴产业。

### （三）市场服务

各类载体对进驻企业提供项目报批、工商注册、会计审计等方面专业知识服务。有效获取和利用这类知识需要付出成本，对于处于初创期或是规模较小的企业而言是一种压力，导致其不能将时间、精力和有限资金专注于生产经营和创新研发活动。载体提供专业知识服务可以降低企业在这方面的成本投入，无疑有助加速企业成长，从而推进产业发展。

除了专业知识服务，载体管理方通过组织产品推介会、企业家联谊会、开办讲座、媒体宣传等形式，向区内企业提供市场信息和商业机会，这也是促进企业成长和区域产业发展的重要手段。

### （四）技术服务

高新区、孵化器和产业园区都设有不同层次、规模的科技创新平台，用于支持区内企业的创新研发活动，除了提供前述创新研发基础设施之外，也提供相关的科技成果转化、技术检测与评估、共性技术研发和知识产权保护等技术服务。尤其在产业园区内，围绕特定产业领域开展的技术创新服务对于该产业发展有着至关重要的作用，它们不仅对于园区企业创新能力提升和经济效率提高有直接的促进作用，还在客观上增强了园区对相关产业领域上下游企业的吸引力，推动了同一产业链上公司的汇聚。

## 第三节　战略性新兴产业与其他产业的区别

战略性新兴产业和先导产业、支柱产业、主导产业、基础产业及高新技术产业具有关联性，但它们之间也存在很大的差别。

### 一、战略性新兴产业与先导产业

现代产业发展的事实深刻证明，只要有在行业成长中占据领导位置的企业，那么就有可能在全世界同行业中产生重要影响力，从而形成先导产业（Leading Industry）。先导产业是指在国民经济体系中占据主要的战略位置，并在国民经济规划中可以优先发展来引导别的产业向某个战略方向成长的产业及产业群。近年来，我国连续颁布了《国务院关于加快培育和发展战略性新兴产业的决定》《"十二五"国家战略性新兴产业发展规划》等一系列重大政策规章，整体部署和确定了战略性新兴产业主要发展的7个产业领域、24个主流方向，明确了发展目的、重大活动和发展路线图。在实践中，我国产生了一些具有自主创新能力和科技引领作用的大型公司，这是先导产业的战略性引领新兴产业的发展重点和方向，可以引导和推动科技第一生产力作用的发挥，优先帮扶高科技公司共同成长，同时也是国家抢占技术竞争制高点的战略举措。

从战略性新兴产业与先导产业关系来看，战略性新兴产业的灵魂是科技发展，没有科技进步，战略性新兴产业必然无从谈起，它是以产业巨大进步和科技创新作前提，深度融合了新兴产业和技术。先导产业凸显的是战略性，体现在科学引导政策资源和生产要素投入战略性新兴产业。先导产业是一种能够推动其他行业成长的产业。它们对于国民经济将来的发展方向具有引导作用，指引着科技发展和产业结构调整的方向。先导产业对于国民经济具有全局性和长远性的作用，必然成为国家主要的战略产业。

先导产业通常具备以下特征：①产业关联指数高、科技推动作用。②财富增长速度最快。③处于迅速扩张的成长期，具有较大的市场潜力。④对于国民经济未来的发展方向有较大的影响力。⑤产业增长速度比 GDP 高，而且是维持续的增长。

所以，先导产业在其发展过程中突出的是引领作用和对社会经济发展的贡献，表现在：①聚焦新产业革命核心领域，选择性抢占战略性新兴产业发展制高点。②围绕新产业革命关键技术，选择性实现战略性新兴产业科技创新突破。在加快培养战略性新兴产业中，应注重选择经济规模、生产效率、技术含量、发展势头、社会影响力等方面均具有重要影响和地位的企业，这是我国参与世界产业竞争的必然选择。

## 二、战略性新兴产业与主导产业

战略性新兴产业中的主导产业（Dominant Industry），是指某些占据一定比例，运用高科技，具有良好的增长率，产业关联度强，对于别的产业和整个区域经济增长有很强的推进作用，并在区域经济发展中起主导作用的产业。主导产业从量的角度来说，在国民收入或国民生产总值中占据较大比例或者未来很可能占据较大比例；从质的角度来说，对于经济增长的速度和品质应可以形成决定性影响，并在整个国民经济中占据十分重要的位置，主导产业的发展也可以推动别的产业的发展，从而推动经济增长。国家把战略性新兴产业概括为一类产业，其发展条件为重大科技突破及发展需求，对于经济社会整体和长远发展具备巨大的引导推动作用，具有知识技术密集、资源耗费少、成长潜力大、整体效益好的特点。实际上即使是国家层面的战略性产业，也是着眼于长远布局，既能在未来新一轮的产业竞争中抢占新的历史机遇和产业发展制高点，也能对经济社会全局具有重大引领带动作用。

主导产业具备以下特征：①主导产业具有多层次性。因为发展中国家在调整产业结构和产业优化过程中，既要处理产业结构的高度化问题，又要处理产业结构的合理化问题，所以位于战略位置的主导产业理应是一个主导产业群，并表现多层次的特征，从而达到多重的目的。②主导产业具有顺序交替性。因为主导产业可以激发相应的新一代主导产业，所以一定阶段的主导产业是在具体条件下筛选的结果。只要具体条件改变，原来的主导产业群就不具备推动经济发展的作用，从而被新的主导产业所替换。③主导产业的存在和作用受一定的资源、体制和历史文化的限制。不同的国家或同一个国家，不同的经济发展阶段，主导产业并不是一成不变的，它会受到所依赖的资源、制度、环境等因素的影响而变化。④主导产业可以促进和引领其他多个产业的发展，有较大的横向关联度和纵向关联度。

主导产业在产业结构中位于重要的支配位置，整体效益大、比例高，和别的产业关联度高，是具有较大增长潜力的产业，对于国民经济发展具有较强的推动作用。

主导产业自身拥有良好的成长性并具有较强的创新性，能不断带来科技创新，对经济发展特定阶段的科技进步和产业结构提升、转变有重要的促进和引领作用，从而推动经济快速增长。主导产业在产业的生命周期中位于初创期、成长期，而支柱产业位于成熟期。

主导产业是在制定地区的经济发展过程中发挥引领作用的产业，且在地区产业体系中位于重要的支配位置。主导产业通常产值占比较高，在地区经济中产业联系度高，且对产业有很好的推动作用。

主导产业既能够当作微观的范畴，指的是特定区域的主导产业；又能够当作宏观的范畴，代表全国的主流工业。而战略性新兴产业通常是关于整个国家的，归属于宏观的范畴。两者有很大的差别，体现在：①主导产业首先要考虑在某一地区产值占据的比例，并未思考科技的高端性、前沿性和市场远景，甚至对于国家安全的重要性，而这些正是战略性新兴产业首先思考的。②主导产业在产业结构体系中居领导位置，而战略性新兴产业代表着一国产业结构的统一发展方向。主导产业的发展依赖于经济发展的阶段，只要改变条件，原来的主导产业就丧失了推动促进经济发展的作用，进而被新的主导产业所代替。战略性新兴产业经历充足发展后，极可能会成为一国新的主导产业。

### 三、战略性新兴产业与支柱产业

支柱产业（Pillar Industry），指的是在国民经济中具备很高的生产发展速度，对全体经济有领导和促进功效的先导工业。支柱产业具有很强的连锁效应，可以激发新产业兴起。支柱产业对为其供应生产资源的各单位、所在区域的经济结构的优化有着深刻而普遍的影响。我国现阶段的支柱产业是机械电子、石油化工、汽车制造和建筑业。

支柱产业是指地区经济增长中在总量扩张中占据较大比例或有巨大影响力的产业。这种贡献的体现，不一定是高利润率，也不一定是高科技，规模大、效率高的新兴产业也可以成为支柱产业，各个国家力争的正是把这样的产业发展成为支柱产业。中国目前的支柱产业主要是传统产业：化工、能源、粮食、建材，这些产业必不可少，并且长时期内仍然是支柱产业。传统产业中有很多已经是科技含量不高、利润率也不高的夕阳产业，但是国计民生还不能离开它，如纺织、电力、煤炭，这些传统产业仍然具有支柱产业的地位。

支柱产业在产业结构系统总产值中占据较大比重。支柱产业常常是一国财政的重要源泉，对于国民经济的增长和国民生产总值的增加具有巨大的作用。这类产业通常拥有较大市场需求量，产业联系度高，是主要的经济增长点。

支柱产业和新兴产业在一国产业结构体系系统中都占据重要的战略位置，但支柱产业的限定常常只偏重于国民经济中该产业的产值所占的比例，而不侧重产业的科技性质和发展前景。战略性新兴产业是具有市场前景的产业，代表着市场将来的成长方向，会成为一国新的经济增长点，或成为新的支柱产业。发展支柱产业是经济发展的重心，国家寄希望于把新兴产业发展为支柱产业，将目前的支柱产业用战略性新兴产业来代替。

## 四、战略性新兴产业与基础产业

基础产业是指在产业结构体系中为其他产业发展提供基本条件，并为大部分产业供应涵盖石油、煤炭、电力、冶金、机械等基本设备和基础工业服务的产业部门，如交通运输部门、邮电通信部门。

战略性新兴产业与基础产业保持高度的相关性。战略性新兴产业的发展直接受到基础产业建设的影响，基础产业支撑着战略性新兴产业的发展，是战略性新兴产业成长的坚实基础，假如一国或地区不具备优良的基础产业，就难以创建具有竞争力的战略性新兴产业，这是战略性新兴产业的内涵和特点所决定的。并且，基础产业的发展水平在一定程度上也受战略性新兴产业的影响。例如，石油、煤炭等基础产业的基本功效会随着新能源工业的成长而不断减小；而电力工业的发展及电力工业结构的改变会因为风力发电、核电等的发展而加快；电子信息的发展会推动通信产业的成长，会提升涵盖基础产业在内的其他产业的电子化、信息化水平，进而推动产业结构的提升。战略性新兴产业的发展要求是有基础产业的支撑。

从基础产业的特性看，基础产业支撑和决定了一国或地区其他产业的发展水平。一国或地区具备优良的基础产业是产业成长的基础，对于经济社会发展有着基本支撑和前瞻引领作用，关系着技术进步的后劲和久远将来。一国或地区的基础产业越活跃，其国民经济的成长动力越大，国民经济的运行就越顺畅，人民的生活就越方便，生活品质也越高。

基础产业和战略性新兴产业的重心不一样。基础产业首先要思考产业对整体国民经济的基础性功效，即其他产业对该产业的依赖性。战略性新兴产业的侧重点是该产业科技的前沿性、高端性、将来的市场远景和核心竞争力。

基础产业和其他产业对比有以下三个特点。

1. 基础性

基础产业之所以是"基础"，是因为它在国民经济的产业链中位于上游的位置。基础设施是社会生活和国民经济的共同条件，而基础产业的产品是其他生产部门所必需的投入品。

2. 自然垄断性

一次性地在基础产业投放的固定成本十分高，但是经营时的运营成本小，因为平均成本高于边际成本，在产量未实现设计供应能力前，基础产业生产的平均成本逐渐降低。这类成本结构使市场在一个特定的区域不具备支撑多个供应者的可能性，进而使仅有的服务供应者变为垄断者，这类因为成本逐渐降低形成的垄断即为自然垄断。

3. 混合商品的属性

在基础产业中大多数物品归属为混合商品。尽管它们都拥有排他性，然而又拥有特定程度的非竞争性，其拥挤系数为 0 ~ 1，即消费者的满意水准在消费量未实现其供应能力时并不会互相影响。基础产业的这类性质，让它变为社会发展和国民经济的先导部门，各国政府均会选用不一样的模式，在不一样的水平上实施干预，其中的一类即为公共投资。尤其是在发展中国家，因为经济底子薄，社会财富的积累率不高，市场投入主体不具备实施大范围投入的能力或负担很大风险的能力，很难对基础产业进行投资，假如政府对基础产业不进行投资，那么一定会导致国内基础产业发展落后，最后拖累其他经济部门的发展。

运营和投资模式是基础产业投资最重要的问题，它不但决定着投入的资金来源，还直接关系到投入效率。尤需注意的是，不一样的投入、运营模式，实质上代表着不一样的成本补偿方式。投入模式从各国的实战看来大概有以下几个方面。

1. 直接投资，无偿提供

即政府直接实施投入基础设施，免费供应给大众，政府负担所有的成本。这是最根本的也是最普遍的一类政府投入模式。它适合于大众普遍受益的基础设施项目。此时，政府实质上是依赖税收融资。

**2.直接投资，非商业性经营**

即政府直接投资，靠政府下属指定的公共部门实施非商业性经营。所说的非商业性经营，即目标不是为了营利。经营主体收取不大于经营成本的费用。这类模式适合于大众一致获利但获利各不相同，具备排他性但又不适合由私人机构运营的基础设施项目。这时实际上税收和使用费是项目成本补偿的两类方式。

**3.间接投资，商业经营**

即政府只供应投资贷款、私人部门投入和运营的商业模式。它适合于受益对象不够普遍、具有排他性且由私人部门运营的一般性基础设施和基础产业项目。此时，供应项目服务收入是项目成本补偿的实质来源。

除了上面几类基本模式，基础产业在实践中还有很多其他联合投入、运营模式，如 BOT（建设—经营—转让）、政府投融资等。

从基础产业具有的特征我们可以看出，我国政府制定的战略性新兴产业发展目标分三步走的规划和目标，紧紧围绕经济社会发展的重大需求和构建国际竞争新优势，掌握发展主动权：①以提高制造业核心竞争力、推动产业结构强化升级为目的，大力推进高端装备制造、新材料和新能源汽车产业；②以提升人民健康水平、推动现代农业发展为目的，大力推进生物产业发展；③加快推动经济社会信息化、推动信息化和工业化深层次融合，大力推进新一代信息技术产业发展；④以有效解决经济社会发展的能源、环境瓶颈约束为目的，大力推进新能源和节能环保。对于我国目前尚不具备掌握关键核心的技术领域，走"产业发展带动科技发展"的道路，以我国基础产业实际为出发点，迅速做大规模；对于重大前沿领域，加强原始创新，掌握知识产权，培育企业主体，培育人才，培育市场，培育技术能力，培育产业集群，同时重视技术预见和基础研究；围绕战略性新兴产业重点领域，加快培养一批品牌知名度高、产品档次高、市场占据率高、技术含量高、经济效益好的骨干企业。通过促进新兴技术基础产业化和传统产业的高科技化，达到产业推陈出新的目标，打好战略性新兴产业成长的基础，促进战略性新兴产业的顺利发展。

## 五、战略性新兴产业与高新技术产业

高新技术产业与战略性新兴产业，是两个既有关联又有区别的概念。战略性新兴产业通常是高科技产业，但高科技产业未必都是战略性新兴产业，只有同时具备战略性、创新性、先导性、带动性、相对性这五个特征的高新技术产业，才能称为战略性新兴产业。

　　高技术产业是指知识技术密集度高，发展速度快、具备高附加值和高效益，拥有一定市场规模并能对有关产业形成很大波及效果的产业。高技术产业的理念在我国可追溯到"863"计划，其中所涉及的高技术产业是当时我国在8个高技术领域凭借极有力的政策措施创建的产业。这8个领域涵盖：生物技术、航天技术、信息技术、激光技术、自动化技术、能源技术、新材料技术、海洋技术。1988年7月起实行的火炬计划把"高技术产业"发展为"高技术、新技术工业"。狭义的普遍高技术产业转变为涵盖所有新技术领域的新技术产业概念。火炬计划明确的高新技术产业涵盖的领域主要有新能源产业、新材料产业、先进制造技术产业、电子信息产业、核应用技术产业、航空航天产业、海洋技术产业和环保技术产业。当前我国科技部颁布的关于科技型产业的统计数据都用高科技产业这一称谓。依据2002年7月国家统计局颁发的《高技术产业统计分类目录的通知》，中国高技术产业的统计范围涵盖电子计算机及办公设备制造业、电子及通信设备制造业、航空航天器制造业、医药制造业和医疗设备及仪器仪表制造业共五类行业。

　　高技术产业的界定在国际上通常是遵循标准产业分类法（ISIC），用研发经费占工业总销售收入的比率（研究与开发经费密度）和专业科技术人员数占总就业人数的比率（科技人员密度）为综合指数来限定。高新技术产业是我国引申出的名词，并没有遵循国际标准产业分类法，而高新技术产业的范畴比高技术产业的范畴要大，高新技术产业涵盖了某些运用了高新技术的传统制造业。因此，我国对高技术产业的理解从来都不是很清晰，大多数情况下是凭借国家政策文件划分高技术产业的产业范畴。

　　高技术产业、高新技术产业和战略性新兴产业具备很高的关联性，在产业范围上有重合。战略性新兴产业中的生物医药、信息网络、空间开发3个产业都体现在高技术产业中，战略性新兴产业和高技术产业都涵盖在高新技术产业中。同时，战略性新兴产业不同于高技术产业、高新技术产业：①产业侧重点的划分不一样。高技术产业的划分办法大致有产品分类法和产业分类法两类，主要考虑各类产业的技术密集度，高新技术产业缺乏一致的区分标准。战略性新兴产业的限定不但要考虑科技先进性、市场远景、对其他产业的推动功效，以及对社会经济的引领功效和对国家安全的巨大影响，更要考虑科技汇集度。高新技术产业和高技术产业都重视产业科技性质，而战略性新兴产业不仅重视产业科技性质，还看重其久远的策略含义。②高技术产业、高新技术产业是一类经济含义上的区分，偏重点是科技产业化。战略性新兴产业不但是一类经济的范畴，更涵盖了国家的科技发展战略和技术策略。实质上，这也就划分出了新兴产业与高技术产业。高技术产业和新兴产业在科技上有极大重叠，然而，高技术产业没有全部超出原来经济形态，或者说它在原来经济形态下，表现为科技的尖端化和科研投资的聚集化。经济合作与发展组织（OECD）主要是用研发投资多少来明确高技术产业的标准，我国也是遵循这类准则来明确五大高技术产业。

高技术产业与战略性新兴产业发展的适配关系，无论是对于全面建成小康社会，还是对于推进我国现代化建设实现中国梦，都具有重大战略意义。例如，战略性新兴产业的加速发展，必然要求科技人力资源能够持续优化与之协调发展。目前，我国的科技人力资源开发及优化配置与战略性新兴产业发展的适配度不高。2016 年我国科技人力资源数量继续增加，总量达到 8 327 万人。R&D 人员总量有所增长，达到387.8 万人 / 年，就业人员中 R&D 人员为 50.0 万人 / 年。R&D 研究人员总量达到169.2 万人 / 年，就业人员中 R&D 研究人员为 21.8 万人 / 年。但研发人力投入强度与科技发达国家仍存在一定差距。

因此，我国之所以一定要加快发展战略性新兴产业，是为了在将来国际竞争中占领有利位置，而且要突出培养高层次创新型科技人才，提高战略性新兴产业的创新创业能力，调整科技人力资源在战略性新兴产业的配置，促进适配程度不断提高，完善科技人力资源培养体系，保障战略性新兴产业中的科技人力资源供需总量平衡。

# 第四节  战略性新兴产业集群的内涵

## 一、战略性新兴产业集群的概念

战略性新兴产业集群是指地理上毗邻，并和战略性新兴产业紧密联系的企业或机构，它们同位于或关联于一个特定的战略性新兴产业领域，彼此间具备协作与竞争关系，是互相联系的企业、专业化供应商、服务提供商和有关产业的公司以及政府、其他关联单位（大学、研究机构、智囊团、职业培训机构以及行业协会等）的聚集体。产业集群偏重于观察解析集群中的公司地理聚集特点，提供商、制造商、客商之间公司关系和模式结构及对竞争力的影响，说明了有关公司及其支持单位在某些区域毗邻而汇聚成群，进而获取企业竞争优势的体制和现象。

战略性新兴产业集群和战略性新兴产业集聚不同。战略性新兴产业集聚是指战略性新兴产业在某个指定地区内高度汇集，有关要素在空间区域内连续聚集的过程。汇聚在同一地区发展的公司，凭借分享基础设施能够节省成本，提升利润。当战略性新兴产业汇聚成长到特定水平时可能产生战略性新兴产业集群，然而不是全部的战略性新兴产业汇聚都会产生产业集群。产业集群强调同一产业内不同公司的汇聚现象，而产业集群指的是不一样的产业分工及协作。假如汇聚的战略性新兴产业之间不存在联系，就不能产生战略性新兴产业集群。

## 二、战略性新兴产业集群的特征

### （一）战略性新兴产业在空间地域的集聚特征

战略性新兴产业集群突出表现为有关产业在特定区域空间的聚集现象。要想保持汇聚而形成的信息共享、知识外溢、专业化分工与协作、规模经济、外部经济等竞争优势，那么在地理空间上就需有相关产业汇聚。战略性新兴产业集群虽然不可以看作关联产业空间地理上的随意汇聚，却是战略性新兴产业集群的基础。

### （二）战略性新兴产业集群的网络化特征

产业集群的实质是公司之间的网络关联。战略性新兴产业集群内存在前向、后向和水平的产业关联，生产商、销售代理商、供应商、顾客之间汇聚到一定水平产生公司网络，汇聚的资源越广，就具备更大的外部性，伴随更多的资源汇聚进来而产生整套网络，从而产生经济关联。经济关联的产生就会达到外部经济，降低公司生产产品的平均成本。随着关联支持系统，如金融单位、政府、中介服务组织、大学或研究部门等的入驻，经济网络和本地文化、体制、法律、政治等的融合而产生社会关联。社会关联的产生使战略性新兴产业集群拥有特定的根植性。根植性是指集群的各类网络关联和公司行为创建在地区社会构造上，是它们归属于地方的特性。集群内产业拥有相同或相似的社会文化氛围和体系背景，公司的活动根植于相同的文化、环境和交易规则，拥有预料性和可依赖性，极易产生共识，进而既可以推动知识的扩散和溢出，又能合理地阻止各类机会主义活动。根植性的保存使市场信息和创新知识可以迅速流行，从而产生创新网络。从产生经济网络到社会网络再到创新网络，战略性新兴产业集群的发展从初级阶段步入高级阶段。

### （三）战略性新兴产业集群的创新特征

战略性新兴产业集群的经济网络、社会网络和创新网络中的各活动主体间经常实施服务、信息、商品、劳动力等沟通和互动，互相学习，紧密协作，互相竞争，一同推进企业不断创新。战略性新兴产业集群拥有良好的科技学习与扩散体系，产业集群中科技领先的企业能够引入和学习集群外部新知识、新科技，也能够和集群内的研发单位、大学等有关部门共同实施科技创新与科研开发；而比较低端的企业从集群内的知识和科技扩散中学习进而产生"外部引入—内部科研开发—内部扩散"的创新体系，促进战略性新兴产业集群整体创新能力的提升。

## 三、产业集群的集聚效应

### （一）内部集聚效应与外部集聚效应

产业集群能够引进范围经济和外部规模经济、强化专业分工、降低贸易成本等，可以增强公司的竞争力和加强集群所在地区的竞争优势。

产业集群的竞争力来源产业集群特质形成的集聚效应，产生集聚效应的原因有两个：一是要素之间能够互相形成一个合理结构，使要素的外部性能够得到最大的利用；二是要素能够使用共同资源，让共同资源实现最大程度的节省。

集聚有在企业内部的集聚，也有在企业外部的集聚，可以用多种方式表现出来。

1. 内部集聚效应

在企业内部将要素集中起来形成特定的要素规模称为内部集聚。现在很多经济学家把必不可少的企业内部要素扩大视为企业以后发展的规模效应，其实也就是企业的固定资产以及其他固定性支出，只有充分利用这些固定性支出，并且懂得节约才能够让企业更好地发展。在一个企业中支出必不可少，但是有些时候企业的支出也会随着企业的变化而发生改变。企业的业务决定着一个企业的利润多少。如果企业的业务数量增加，那么它的平均成本就会减少，因为在相同的成本下牟取的利润便会更大。业务量与成本之间的关系变化分为三个阶段，第一阶段就是规模报酬递增；第二阶段是规模报酬不变；第三阶段是规模报酬递减。一般认为，第一阶段的情况为企业内部集聚效应。企业有很多原因能够聚集要素。在现实情况中，要素一旦进入企业，在之前商量好签订合同的时间内，按照约定服从支配，不可以随便违反约定。因此，企业要素的结合一般非常稳定，这也是它的一个特点。这种稳定性不仅可以使成本降低，而且也可以让企业将更多资金投入培养人才中，它们之间是互相促进、相辅相成、缺一不可、相互制约的。无论是在做法还是习惯、思维上，都存在着很大的趋同性，这是在稳定的要素结构和定期交流的过程中产生的，也会使人们非常留恋这个组织，因为这种企业内部文化和制度会给人们带来一系列交易成本节约。这些都会使要素改变的速度变得缓慢。同时这些要素在慢慢地磨合中变得更加有默契，时间久了，它们就会产生内聚性，但是这种内部凝聚力约束着某个要素的改变，使要素存在着一定的流动刚性，这样它才能够更加稳定，从而可持续地长久发展下去。

2.外部集聚效应

要素群体之间的集中，为外部集中，也就是组织的集中。企业间的集聚即外部集聚，通过企业集聚可以得到要素所获得的集聚效应。企业在集中的过程中，并没有节省成本，其原先内部的固定资源还是不变的，变的只是企业外部那些固定资源，如基础设施、土地等，这是每个企业所必需的。企业要有设备和土地，才能够继续发展，但在现实生活中，当企业运用这些资源的时候总是会有一些或多或少的浪费现象发生，这是因为规模太小，基层管理得不妥当。这就需要企业之间团结合作，只有真正地联合起来，才能使公司有高质量、高效率的交易，在利润最大化的前提下完成一些活动。

外部集聚效应一般有三个方面。第一，要节省大自然所赠予我们的资源，让每一种要素发挥最大作用。第二，充分利用国家的基础设施。企业可以利用公路或者其他公共设施开展公司业务，但前提是不对这些设施造成伤害和破坏。这样会大大节约单位业务量的成本。第三，企业之间互帮互助，共同合作谋取双赢。专业化的生产地或者销售地会提升产品的知名度，带来更大的效益，并进一步增强集聚效应。集聚效应使我国出现了很多专业化的批发市场，对带动我国经济的发展有重要作用。网络信息平台是非常重要的渠道。有时候供求双方难以达成协议是这种交易中价格的不确定性造成的。通过网络信息平台获取一定的参考价格标准就会节省很多时间。还可以通过生产者之间的相互竞争使价格变低，从而争取用最低的成本购入，防止了出售者的垄断。企业的内部支持非常重要，只有合理分工以及凝聚力非常强的优秀团队，才可以使那些被服务的企业享受更加优质、价格低廉的服务。集聚效应可以使成本得到很大节省，能够吸引投资。

（二）时间集聚效应与空间集聚效应

1.时间集聚效应

时间集聚是指产业形成的时间集群现象，如1950年到1959年出现的新兴产业以及生产工艺，它们在生产手法和消费市场上没有过多的联系。但产业和生产工艺所出现的时间段相同，有时会由一个特殊因素诱导产生。几乎在每个时间段都会有这种现象发生。产品的创新会引导企业进行投资，从而扩大市场范围，带动一条生产链以及新兴行业的发展，促进经济繁荣。但是随着投资人数的增长，产业发展速度降低，投资的增速下降，创新受到了很大的消极影响。这时经济会呈慢增长或者不增长。

"M型创新集群"是时间集聚的雏形。1979年德国著名经济学家门斯就提出了全新的基础创新群，门斯指出，基础创新群的出现会使工业部门出现全新的变化，会提高产业的生产能力；市场总有一天会饱和，市场经济总有一天会进入衰微期，这时，走出衰微期的唯一方法就是创新。然而，门斯的观点受到很多经济学家的质疑，尤其是以杜因为首的经济学家们认为，经济发展落后，那么国家便会耗费大量的精力创造物质条件。M 型创新主要是把一些看似根本没有关系的创新结合在一起，让其进行发展，这样可能会收到意想不到的效果。所以，M 型创新集群提供了很好的环境，让新兴产业的兴起和发展变得更加迅速，为经济长久地均衡发展奠定了基础。但在这种创新中人们对创新以及创新的环境，谁占主要的地位还存在着很多不同观点。20 世纪 50 年代创新集群产生的主要原因就是在二次大战结束之后，一批军用技术急于向民用转化。1991 至 2000 年，美国很多新兴产业崛起，这和美国长期执行自由主义政策分不开。M 型创新集群并不是一成不变的，它可以让一系列应用技术突破。促进新兴产业的迅速发展的特殊原因是其看重技术，尤其是创新科学技术。

新兴产业之间并不是技术的联系，而是在发展的市场上互相帮助，寻找各自所需要的东西。为了各自的经济发展，共同帮助合作，这样均衡的发展为大家提供了便利的条件，这样发展也变得更加迅速，市场的需求量不断提高，科学理论技术的发展为市场的发展带来了巨大的推动作用。

"T 型创新集群"是产业创新的时间集聚形式，是时间集聚的另外一种表达形式，即一项技术被不同的产业部门学习，然后进行创新。其实创新并不是凭空产生的，它是通过人观察某一项东西或者某一个产业而产生的想法。创新的产品也可以继承原来产品的优点，并对原来产品进行改造和完善，这样就会产生局部的变化。T 型创新的前瞻效应，有以下三种情况：①在产品推动方面，企业对生产产品所运用的技术产生了大大的改变。②价值对价值的传递，很多产品的生产是为了人的使用，所以有前景的产品，发展起来会更好更优秀。当产品以低价格卖给消费者的时候，消费者的使用成本会降低，这样会有助于产品的销售。③范式传递，即当一个产品被开发的时候，人们会根据产品的原型，进一步扩展和研发其他东西，如蒸汽机技术的出现促使蒸汽机在各个行业各个领域快速普及开来。这三种效应都推动了产业技术的发展，都有自己的优点和不足。如果想要让经济发展变得迅速，并且让技术能够快速推广出去，我们需要让 T 型创新形成一批主导产业。但不管怎样，技术在企业的发展中都占着十分重要、不可忽视的比重，一个企业想要持续地发展下去，创新必不可少。

不只是企业，技术在新兴产业的发展中也起到了非常重要的作用。产业在时间上同时创新的集群现象必然会由技术创新的集群现象演变而来。

2. 空间集聚效应

在很小的一个地方同时对很多行业进行创新，这一现象就是产业创新的空间集聚。在英国的工业革命的初期，蒸汽机技术几乎全部普及，而在第二次工业革命时期，美国、德国等主要应用了电气技术。近 20 年来，美国硅谷是人们最关注发展迅速的高新技术发源地。

有了政府的支持，高新产业才能够更迅速地发展，并且聚集在一起。能聚集的主要原因有四个方面。

第一，最基本的资源规模化是被需要的。一定数量的基础性资源几乎是任何产业的发展都离不开的。最开始的时候我们一定要扩大经营范围，因为只有让大家都能够关注到产品，产品才能够产生一定的影响力，这对产业的形成也有着很好的影响。扩大经营范围才能保证形成一个完整的产业链，获取最大的经济效益。只有将资源转化成产品，才可以让企业产生很大的吸引力，让投资者进行投资，并通过资源规模化使投资者的经济效益达到最大化。企业要会合理地利用资源，并且把资源利用率最大化。商业经营和政府经营在这一点上就会有很多不同，商业经营以股东利益最大化为目标，如果是政府经营，企业除了考虑经济效益，也要考量社会效益。所以这两者相辅相成，有互动。我们一定要把握好资源的利用范围。只有当资源供求量到达一定规模，才能够获取更多的利益，使企业收益随着基础性资源的增高而上升。但如果我们不顾环境的影响一味追求经济利润，导致基础性资源供给不足，我们的产业规模也会受到很大的影响和伤害，资源等外部因素的影响会给企业的收入带来很大的危害，那时就算我们的规模再大也无济于事。

第二，相同的文化背景。相同的文化背景和环境会让我们避免很多矛盾和争论，现在科学精神是人们共同追求的价值观念，这样对我们文化的尊重有很大的促进作用。除了科学精神，创新精神对企业发展也会有很大的促进作用。同时，人本身会对自己形成一种约束，诚实守信是大家寻求合作以及谋取利益的第一要素，只有有了契约精神，才能互相合作。我们不仅要约束好自己，更应该取信于他人。我们要通过创新、通过自己的智慧谋取利益。要想创新，我们的思想必须足够自由，这样才能推动我们更好地思考。只有有了好的氛围，才能够更好地调动大家的积极性。就像我们的学习一样，班级里的学习氛围非常浓厚，也会激发大家的热情，这对大家提高学习成绩非常有帮助。例如，美国在这些年的发展注重教育，他们对科学理论投入了大量的资金并获得了政府的支持。美国聚集了大量的优秀人才，这使他们的创业发展变得更加便利，他们的高科技和高新产业的发展也有了很大的优势。

第三，学会利用外部的资源。要处理好与外部利益相关者的关系，这样才能够促进两者相互发展。每个企业在发展的时候都会有外部性，但是有些企业能因此发展得更加长久，但有些企业不能盈利，并且为此付出很多资金投入，所以每个企业都需要一个可以盈利的外部性。很多外部性受当地地理位置以及范围的影响。企业之间距离越远，企业的外部性的效果就会越不好，反之，它可以通过人的肉眼看出来，如果没有在影响范围内，那么就可以当其不存在。如果企业是一个中心，只有外部性做得好，企业才能够获取更大的利益。如果不能吸收投资，那么就算产品做得再好也无法进一步扩大规模。所以，这就相当于正负两极一样，只有相互吸引，才能够为自己谋取更大的利益。企业也是如此，只有外部和内部一样接近聚集起来才可以产生很大的收益。但说起来容易操作起来却非常复杂，我们在行动的时候应该不怕困难，我们必须做好分工，因为只有分工合理，我们才能够更好地团结合作。在这种情况下，企业有两种选择：一是让企业自己来生产。企业可以自给自足，形成一个完整的产业体系和产业链，这样他们的成本就会大大降低并谋取更高的利益。但是这对专业人才的培养标准非常严格，需要企业在培养人才上花费很大的精力。二是跨越地区。我们可以去其他地方购买我们需要的原材料，但这样就会因为远距运输增大产品成本。这两者对建立有凝聚力的企业缺一不可。这样完整的体系会使企业功能变得更加完善，才能更吸引人们的关注，对控制经营成本也有很大的帮助。在企业中控制成本也是非常重要的一点，那些还没有达到正规标准水平的企业的成本比较低。对于专业化并且有完整体系的产业来说，实现规模经营是基础，只有形成规模效益，产品的平均成本才能降低。这样我们可以更加合理地进行分工，并且强化公司的凝聚力，形成一条专业的规模体系。假如我们连提高专业化程度都做不到，降低成本简直就是纸上谈兵。在高科技迅速发展的今天，企业的专业化以及高科技人才成为必不可少的因素，我们要把科技能力当作企业发展的核心，让科学理论技术逐渐替代那些专业化知识。这就要求企业的投入能满足高科技精英人才聚集的需要，这在一定程度上节省了企业的成本。

　　第四，选择成本节约对市场有很大的影响。我们的专业化水平分配一定要非常合理。例如，中国改革开放之后的专业化村以及美国的汽车城，向我们展示了资源合理分配的重要性，对我们起到了很好的引导作用。那么为什么会出现这一现象呢？当产品变得多种多样，生产者依靠生产差异化产品能在市场竞争中赢得主动，而消费者对产品的选择越来越广泛。但是在选择的时候也有一定的成本产生，这类主要有下面四点：①在获取信息的时候会付出一定的成本。②在确认信息真假的时候，必须通过比较才能够更好地做判断。③在运输过程中所需要消耗的成本。批量运输可在一定程度上降低运输成本。但在运输总量一定的情况下，往返一次的运输成本与往返次数成反比关系，所以批量运输安排必须合理。④选择失误会造成很大的损失，每个人都会有看错的时候，所以我们必须要认真对待选择成本，即便是退货也要尽量做到尽可能降低成本。

### （三）集聚效应运行轨迹

企业之间的相互接近以及企业与生产地的接近是我们必须做出的选择。对地理位置的选择很重要。一个好的地理位置对于企业的发展有着很大的促进作用。其实每个地区都有自己的优势，这就是我们提到的区位优势，但是有的企业会为了成本或者其他某一因素改变地理位置。地理位置的优势和所需因素的相互影响、相互扶持，才是公司发展的动力和根本。这些影响因素有很多，如生产地的原料、市场以及劳动力和运输费用。企业必须把这几点综合分析，选择一个能把成本降到最低的地理位置。

地理位置的优势本身对企业就是一个资源。因为只有打开了市场，才能够更好地发展下去，但是现在很多企业不看中这一点，不珍惜地理优势并大量地消耗资源，这样使企业的优势不断变弱。地理位置的优势还能为企业创造非物质性优势。非物质性优势受文化和政府服务的影响。文化的先进程度对该地区的市场有着很大的必要性，而且政府的支持和资金投入是企业发展下去的决定性因素。聚集效应也会跟着企业的增多和减少发生改变。在最开始的时候，聚集效应不受固定性因素的影响就可以发挥自己的作用，但现在随着企业越来越多，达到了一定的高度，其不利因素便会显现出来，如市场的开发使交通变得拥挤，当地的房价上升，并且污染程度变重。聚集效应起始阶段，大家都是因为地理位置被吸引，后期随着资源不断开发市场逐渐繁荣起来。但在最后的阶段，发展动力开始下降。地理位置的优势并不是一成不变的，它会随着企业的数量增加而发生改变，也会因为市场的开发以及政府因素的影响发生变化。如果当地政府执政水平不高，而且服务和支持力度以及资金的投入不能满足企业发展需要，那么企业会认为该地区的市场没有很好的发展前景，企业也就无法将地理位置优势转化为竞争优势，所以政府在企业的选择中也是一个重要因素。企业在发展过程中所需要的要素会不断地随着经营范围的扩大发生改变。最开始的时候是依靠自然资源，到后面企业便需要人才、精英团队和政府的支持，资源等自然因素的影响便会降低，科学理论知识变得越来越重要。交通方面的因素以及一些创造性的优势会成为企业更加关注的要素。区位的优势也在发生着不断地变化，而且不同的影响因素地位也在随之发生改变，合理的分工以及成本的节约在企业看来变得不那么重要，产品结构的变化和对专业人才的培养逐渐成为集聚效应的主要影响因素。企业间的更新换代是现在产业结构升级的必然趋势，随着企业间的相互替代，那些聚集因素的优势也会降低，旧有的集聚效应逐渐被新的集聚效应取代。

　　产业结构和要素结构变化会使已经形成的集聚效应发生改变，通常它会一直显现集聚效应降低的趋势，因为一个产业要成功总要升级，新的专业化分工的集聚效应必然会替代与传统产业结构相适应的集聚效应。

　　集群的企业在获得其他企业提供的外部性的同时，也在向外部企业提供支持和帮助，这是导致集聚边际收益逐渐递增的主要原因。集聚收益的原因也在随着经济的发展不断变化。因此，由聚集效应形成的地域优势也会千变万化，因为各个企业受不同因素影响，每个企业的酬劳不同、收益不同，收益的增长趋势和发展速度也不同。集聚效应的递增也有固定的空间，但是不局限在一个范围。这种固定性空间主要是自然的固定性空间和技术性的固定性空间，技术性的固定性空间最典型的例子为互联网和与通信有关联的所有手段。广义的集聚效应也可以指老用户完成与以前一样的消费等一系列行为，这是由于企业可以享受新用户的加入为老用户带来的好处。

　　在近 20 年中最具竞争力的地区是硅谷，硅谷吸引了很多创业者，世界很多优秀人才聚集在这里，很显然，硅谷特殊的区位优势由硅谷的集聚效应演变而来。硅谷集聚效应源于美国经济的产业转型，起初是斯坦福大学在校园中划定的创业基地特殊政策有效地保护了科技要素。其他地区都不具备这种特殊政策，是一种差别政策或相对区位优势。美国未来的主导产业与这一区位优势所吸引的产业完全吻合。美国的经济发展与硅谷的产生密不可分。硅谷的发展优势如下：①它从零基础上发展起来。主要原因是其能够创造出影响他人、吸引他人的产品，具有创新性。②它的地理位置占据着很大的优势，所以它的市场前景非常好。③并不是所有地区都能通过相同的启动性因素进入集聚效应的轨道，必须在机会来临的时候紧紧抓住它。④有可能产生新的经济结构的集聚效应没有受已经形成的软环境束缚，尤其是政府职能部门没有以计划经济为理由打压企业的发展。

　　改革开放初期，中国的经济发展落后于西方国家。只有建设了新的基础设施，才能更好地推动集聚效应的发展。每个人都知道美国的经济发展十分迅速，而且他们是网络信息方面的领头羊。这离不开他们的政府支持。美国政府投入了大量的资金建立信息高速公路，他们的网络信息发展日新月异。美国个人都可以经营新的基础设备，但是他们对市场的发展前景并不十分了解，所以投资风险高。这就使很多投资者想做，但是却不敢行动，因为需要的启动资金实在太大，几乎没有人可以承担这样巨额的成本。所以笔者认为，政府应该对基础设施的创新进行支持，并且投入一定的资金，这样更有利于该地区的经济发展。

# 第四章　战略性新兴产业发展的现状与启示

## 第一节　国内战略性新兴产业的发展现状

我国新兴产业在 2016 年底《"十三五"国家战略性新兴产业发展规划》(以下简称《规划》)发布以后迎来了新的发展浪潮。《规划》的发布标志着我国的新兴产业为适应时代发展的需要，不断地进行产业结构的优化调整，产业的创新链也在不断拓展，战略性新兴产业已经成为保障宏观经济发展的重要力量。

### 一、产业总体发展特征

第一，产业增速全面回升。据相关资料显示，2018 年上半年，战略性新兴产业延续快速增长态势，其工业增加值同比增长 8.7%，比同期规模以上工业快 2.0 个百分点。战略性新兴产业上市公司同样实现了快速增长，2016 ~ 2017 年其营收年均增速高达 17.8%，高于上市公司总体增速 4.3 个百分点。2017 年战略性新兴产业上市公司营收占上市公司总体比重达 10%，较"十二五"末提升 1.0 个百分点。战略性新兴产业行业营业额大幅度增长，景气指数及企业家信心指数均飙升，由此可见当前新兴产业发展士气高涨。从行业领域的具体划分中可以看出当前七大产业、四大区域的经济发展都实现了全面的翻盘，战略性新兴产业的发展速度逐渐提升。

第二，产业结构不断优化。主要表现在以下三个方面：①药品审评审批制度的改革创新极大地推动了新药上市工作的开展。其中，最具有推动效用的手段莫过于《国务院关于改革药品医疗器械审评审批制度的意见》的发布。在其倡导下，实际性的政策不断出台，创新产业在具体政策的鼓励下也加快了上市的步伐。②光伏发电"领跑者"计划的实施，为企业生产效率的提高注入了很大的动力。主要表现在，提高了主流组件的功率，提高了电池的使用效率，并确定要根据经济发展变化和科学技术的发展不断地提高"领跑者"的技术指标。③在新能源汽车积分制度的促进下，纷纷加大了对企业生产的投资比重，并对产品的质量有了更高要求。相关调查数据显示，2018 至 2020 年要求实现的新能源汽车积分比例分别需要达到 8%，10%，12%，摒弃要求以里程为依据对新能源汽车的单位积分进行量化，因此对新能源乘用车续航能力有了更高的要求。在新能源汽车快速发展的社会背景下，《新能源汽车推广应用推荐车型目录》里所包含的产品在不断增多，与此同时，汽车所使用的动力电池也有了大幅度的改进。

第三，产业投资不断升温。立足当前资本市场发展现实，我们不难发现战略性新兴产业已经成为社会经济领域社会资金投入的重要对象。主要有以下三个方面的体现：①战略性新兴产业已经成为创业风险投资的集中目标。不论是其具体投资金额的增多，还是投资案例的大幅度上升，都证实了战略性新兴产业已经成为创业风险投资的集中点；②战略性新兴产业在股市资金中所占的份额也在不断地提升。2017 年上半年，战略性新兴产业的上市公司 IPO 及增发募资分别上市公司同期IPO 及增发募资总额的 30.9% 和 24.6%；③战略性新兴产业领域的新兴技术、新兴产业及新型业态已经成为新的投资热点。例如，与我们日常生活密切相关的各种共享单车、共享汽车的市场投资不断增加。除此之外，人工智能在医疗领域的落实也体现了市场投资向新型产业的倾斜。

第四，产业创新不断涌现。在创新思维的影响下，我国具有先进水平的创新产业如雨后春笋般纷纷涌现，并且已经对全球新兴产业的竞争格局产生了一定的影响。下面我们的具体实例就是一个证明：我国太空量子技术最先实现了白天远距离（53 km）自由空间量子密钥分发，为未来构建基于量子星座的星地、星间量子通信网络奠定了基础；在浦东机场成功试飞的由中国自主生产的大型飞机 C919，不仅有助于我国民机产业整体水平的提升，也填补了我国大型客机自主生产领域的空白；南海北部神狐海域可燃冰的成功试采不论是在优化国家能源使用结构上，还是在保障国家能源安全等方面都意义深远；大数据人工智能技术的发展已经推动了"无人零售"业态的兴起；四川地区开辟了全球最大的晶硅生产线，有效推动了与晶硅相关的新能源项目的开展，同时也有助于改变我国在晶硅产品方面对国外的依赖的状况等。

## 二、细分产业发展特征

第一，新一代信息技术、生物两大产业发展稳中有进。信息技术和生物两大产业在战略性新兴产业中规模最大，同时也是创新最为密集的两个产业。当前二者均以较快的速度增长。2018 年，中国主要 IT 公司都进行了架构的调整，而调整的方向也非常明显，那就是加大对云计算、人工智能、大数据等的投入，将公司内部从事这些新兴产业的部门独立出来，提高其在架构中的地位。国内最大的被动元件制造商风华高科，主要提供 MLCC 和片式电阻器等产品，也是全球八大片式元器件制造商之一。2018 年 1-9 月实现营业收入 35.11 亿元，同比增长 53.27%，归属于上市公司股东的净利润 8.88 亿元，同比增长 386.52%。这些都是信息技术及生物两大产业积极发展的表现。

第二，节能环保、新材料和新能源汽车产业高速发展。在国家环保政策及对环保产业政策支持的情况下，2017 年环保产业上市公司的营业总额较去年同比增长38.9%，行业发展蓬勃向上，景气指数大幅度提升。在上游原材料供不应求的情况下，新材料产业迎来新的发展机遇，2017 年上半年新材料产业营业总额同比增长36.7%，已经跻身于强景气行业区间。新能源汽车逐渐进入社会普及阶段，销售量不断增长，行业发展景气度曾长时间居于国内七大领域发展景气度的榜首。新能源汽车的发展带动了锂离子电池的发展，促进其营业额大幅度提升。

第三，新能源、数字创意和高端装备制造产业就市场角度而言，上半年同比增长率均不达标，且其产业内部分化严重，企业发展面临着困境。在这种情况下，新能源产业的发展与装备生产之间的分歧越来越大。光伏新政落地，2018 年新增装机量将大幅下滑：2017 年，光伏行业处于高景气状态，由于分布式装机的高速增长，2017 年国内光伏新增装机量达到了 53.04GW，较 2016 年同比增长了 54%，其中分布式和集中式分别为 19.44 GW 和 33.6GW，同比增长了 356% 和 12%。2018 年6 月 1 日，国家能源局发布了《关于 2018 年光伏发电有关事项的通知》，严格控制了新增光伏装机规模（不要补贴的项目不控制），对光伏行业造成了沉重的打击。预计 2018 年光伏新增装机将大幅减少，保守估计新增装机量约为 30GW，同比下滑43%。2018 年 Q1 已完成新增装机约 10GW，预计下半年光伏新增装机将十分有限。鉴于光伏发电的技术进步仍在不断超预期，硅片价格也将持续下降，预计 2019-2020 年平价上网项目将越来越多，在光伏新增装机在今年断崖式下滑后，未来两年光伏新增装机量会平稳上涨，预计装机量分别为 33GW 和 40GW，增速分别为 10%、21%。数字创意产业的分化主要表现在虚拟现实等创新技术社会普及推进缓慢，仍存在难以攻克的技术难点，导致其营业额及资金投入的减少。而设计服务行业则在市场需求的带动下进入了发展的高峰期，2017 年上半年设计服务行业上市公司营业额大幅度上升。高端产业在产业周期的影响下也出现了一定程度的分化。在需求减少的情况下，海洋工程和轨道交通装备制造行业的营业额和利润大幅度下降，航空航天器装备和工业自动控制装置制造领域却在核心技术方面的突破和商业化普及的带动下迎来发展的春天。

# 第二节  国际战略性新兴产业的发展现状

我国战略性新兴产业在 2016 年上半年便在国际市场上崭露头角，特别是我国以先进技术为支撑的产业吸引的外资明显增多，高附加值产品在国外市场广受欢迎。先进制造业以良好的发展势头进军国外市场，依托"一带一路"提倡的海外项目也在稳步推进中，当前我国的对外输出中技术输出所占的比重不断增加。虽然当前国内外的总体形势仍然不明朗，但部分技术领域对外贸易呈逆势增长态势，先进制造业利用外资快速增长，海外投资布局保持快速增长，战略性新兴产业国际化发展态势总体良好。

## 一、总体发展情况

### （一）高附加值产品成为外贸增长亮点

2018 年前三季度中国一般贸易进出口同比增速达 13.5%，高于总体进出口增速 3.6 个百分点，占中国外贸总值比重比去年同期提升 1.9 个百分点。一般贸易是比加工贸易更高级的一种外贸形式，通常产业链长、附加值高。一般贸易占比提升，表明中国自主品牌产品出口在增长，自主发展能力增强，有利于外贸从"大进大出"向"优进优出"转变。同期，机电产品出口稳步增长，汽车、手机、金属加工机床等附加值较高的产品出口额同比增速均达两位数，表明中国这类产品竞争力走强。

### （二）高技术制造业吸收外资增幅明显

从行业看，2018 年制造业吸收外资额比重超过 30%，较上年提高近 5 个百分点；高技术制造业同比增长 35.1%。从吸收外资来源来看，发达经济体对华投资增长较快。2018 年欧盟 28 国对华投资额增长超过 20%，英国、德国对华投资额同比分别增长 150.1% 和 79.3%。外商投资对中国的产业结构升级，助力"中国制造"向"中国智造""中国创造"发挥重要作用。高技术制造业吸收外资增长迅速，意味着外资高技术企业及在华研发机构对中国从全球价值链的中低端向中高端攀升将发挥积极作用。

## （三）先进制造业投资呈现良好发展势头

2017 年 12 月 18 日中央经济工作会议提出"要推进中国制造向中国创造转变，中国速度向中国质量转变，制造大国向制造强国转变"。先进制造业将以吸引社会资本投入、支持重点领域和重大工程、推动信息技术和制造技术结合、促进产业升级，提高工业生产力为核心要点。我国智能制造业在 2010-2017 年间快速发展，2017 年，我国智能制造产值为 15000 亿元左右，2020 年有望超过 3 万亿元，年复合增长率约20%。我国先进制造业市场规模不断扩大，先进制作业投资情况呈现良好态势。

## （四）"一带一路"海外项目扎实推进

战略性新兴产业政策支持与"一带一路"倡议不谋而合，进一步推动了"一带一路"沿线国家经济的发展和产业链的落地。2016 年上半年，我国核电"走出去"项目取得了喜人的成绩，中广核与法国、捷克、罗马尼亚及英国等国家先后签订了能源合作项目，紧接着又与法国、埃及、巴西等 20 多个国家洽谈了核工业产业链的合作问题。除核电"走出去"项目外，我国的高铁"走出去"项目也取得了一定的进展。印尼雅加达—万隆高铁已启动先导段建设，意味着我国第一条全系统和全产业链的对外输出高铁项目正式落地。与此同时，俄罗斯莫斯科至喀山的高铁签署谅解备忘录以及勘察设计合同并确定了工作路线图和时间表，伊朗德黑兰—马什哈德铁路高速改造项目签署商务合同，印度德里—金奈高速铁路科研工作稳步推进等等，都证实了我国高铁"走出去"项目的稳步发展。

## （五）技术标准输出获得突破性进展

在我国战略性新兴产业快速发展的社会背景下，我国在国际市场中的地位也在不断地提升。当前，我国的产品输出正在经历由以数量输出为主到以技术输出为主的转变，而且值得庆幸的是，"中国制造"在国际市场上的认可度也在逐渐上升。其中，最具代表性的事件莫过于 2016 年上半年我国自主设计并研发了多用途模块化小型反应堆ACP100，是世界上最先经过国际原子能机构（IAEA）安全审查的小堆技术，这不仅是我国在该领域的创新，还证实了我国当前技术装备已达到了世界先进水平。除此之外，中国信息通信研究院还带头提议将可信云服务定义、需求和场景等 3 个提案写入国际电信联盟发布的"云计算框架及高层需求 ed2 版本"中，这是我国在云计算国际标准领域实现的最新突破，也意味着我国的"可信云服务"标准得到了国际方面的认可。

## 二、面临的国际形势

当前战略性新兴产业的国际化发展在新一轮科技革命和产业革命不断深化的时代

背景下迎来了新的发展契机。科学技术的更新换代速度不断地刷新，新兴产业已经成为全球经济发展的重点。世界主要国家纷纷为新兴产业的发展增加资金投入，也为我国新兴产业的发展创造了机遇。《美国创新新战略》指出着重发展包括精密医疗、先进汽车、大脑计划、清洁能源、智慧城市、节能技术等在内的九大领域；日本的"新增长战略"旨在推动科技信息、医疗健康、能源环境等七大领域的发展；韩国致力开发与绿色能源相关的新兴技术，力图创造新兴成长型产业链条；德国的"信息与通信技术 2020 创新研究计划"，强调要增强其在信息通信领域的国际竞争力；英国侧重新能源的开发和环境的保护，对可再生建筑材料产业的发展比较重视。由此可见，世界上的先进国家纷纷将新兴产业的发展置于经济发展的重要地位，并竭力使其朝着规模化和效益化的方向发展。在这样的国际背景下，我国的战略性新兴产业的发展也迎来了春天。

"一带一路"沿线国家发展需求的进一步拓展，使战略性新兴产业的国际化发展有了更为广阔的市场空间。"一带一路"是西北东南走向的经济区域，经济区域中大约有 65 个国家，沿线多数国家为发展中国家，这些国家产业发展需求的增加为我国战略性新兴产业的发展提供了动力。在核电相关领域，65 个国家中有 28 个国家有进行核电开发的规划，规划核电机组数大约为 126 台，大约是全球规划组建机组的 50%，批量建造后的造价约为 17 000 元 /kW。"一带一路"1.5 亿 kW 核电装机至少需要 2.5 万亿元的投资，这对于我国来说无疑是一个大的发展契机。在电力设备发展方面，截至 2020 年，"一带一路"沿线地区非经济合作与发展组织的国家平均每年在进口电气设备方面要投入的资金至少是 1 396.06 亿元，也可以看作我国电气设备出口的发展空间。"一带一路"沿线每年消耗在基建上的资金或达 1.05 万亿元，对我国对外工程承包施工企业的对外输出有很大的吸引力。总体来说，"一带一路"沿线国家的建设与发展为我国战略性新兴产业的发展提供了广阔的空间。

## 第三节　发达国家战略性新兴产业发展的现状与启示

进入 21 世纪以来，各国综合国力竞争（科技竞争和产业竞争）日趋激烈，全球形势发生了深刻地变化，随着产业变革加速推进，需求结构深入调整，世界多极化、经济全球化也在深入发展。同时，国际金融危机仍旧影响深远，气候变化等全球性问题更加突出。在当前的国际背景下，为更好地应对经济危机，更好地实现经济的可持续发展，各国竞相出台相关发展战略，加大政府扶持力度，以抢占新一轮经济科技发展的制高点，构建全球经济新优势。

新兴产业成为带动全球经济复苏的重要引擎，并随着全球经济复苏日趋规模化、效益化。2016 年，世界各地的新兴产业发展均维持了良好的态势，各个国家均不断地调整战略，以期形成并巩固具有本国特色的产业优势。

从发展态势角度看，世界上主要国家纷纷抓紧机遇，积极部署，积极落实各项战略计划，不断攻克优势领域的技术难题，进一步形成和巩固本国的产业优势。

从技术发展方面看，科技创新是新兴产业发展的源泉，全球新兴技术发展迅猛，成果显著。生物技术、新能源技术、信息技术等在全球新兴产业中以傲人的势头飞速发展，科技创新方向引导着全球未来的新兴产业发展方向。2016 年 6 月，世界经济论坛发布了 2016 年十大新兴技术报告，评选出 2016 年十大新兴技术，分别为纳米传感器和纳米级别物联网、下一代电池、区块链技术、二维材料、无人驾驶汽车、器官芯片、钙钛矿型太阳能电池、开放的人工智能生态系统、光遗传学、系统代谢工程。这些技术在 2016 年已达到成熟水平，在改善人们生活、推动行业变革和维护地球生态等领域已有突出表现，并将继续产生重要影响。2016 年 9 月，Gartner 公司预测了 2017 年重大技术趋势，包括人工智能（AI）和高级机器学习、智能应用程序、智能物件、区块链和分布式账本、会话系统、格网应用程序和服务架构、数字技术平台、自适应安全架构等内容。Gartner 公司大力强调人工智能（AI）和算法的未来影响力，并指出这项技术将是 2017 年最具战略性和潜在颠覆性的技术之一，未来三到五年，将有数以亿计的事物运用数字孪生模型呈现。

从资金投入方面看，各国持续平稳地对产业发展进行预算投入，增加对未来影响行业发展的新技术领域的预算投入，其特征主要体现为数额更加明确，总额大幅提高，领域更加集中，全球新兴产业更加有效益、有规模的发展等等，进一步提升新兴产业在拉动经济复苏方面的作用。

下面从分析几个发达国家 2016 年上半年战略性新兴产业发展的态度出发，从政策支持、技术研发、预算投入等 3 方面入手，对其采用的不同措施、实施路径进行梳理和比较分析，以此得出对我国战略性新兴产业发展的几点启示。

## 一、主要国家战略性新兴产业的发展态势

### （一）美国：以前期部署为基础，持续创新，大力发展重点领域新兴产业

美国于 2015 年 10 月发布了《美国国家创新战略》，提出维持美国创新生态系

统的新政策。此战略提出了美国创新战略的六个关键元素，认识到联邦政府在投资建设创新区块、推动私营部门创新和武装国家创新者方面扮演的重要角色，阐述了基于以上三点创新元素制订的三套战略计划。三套计划分别关注了"创造高质量工作""持续的经济增长"和"催生国家重点领域的突破"三个方向，立志为人民提供一个创新型政府。继此之后，为保障美国"作为世界上最具创新能力的经济体保持领先地位"，美国政府又于 2016 年 1 月颁布了"抗癌登月计划"，希望可以在癌症的研究与治疗方面取得新的进展。美国前总统奥巴马指出，当前有关癌症的研究正处于关键时期，因此应该在国家政策方面予以支持，加速推进在癌症预防、诊疗及治愈等方面的进展对国家至关重要。美国抗癌"登月计划"的主管人是副总统拜登，拜登曾经说过美国追求的是在癌症预防与治疗领域的新突破。为了积极推进"抗癌登月计划"的实施，美国政府积极加大资金投入，对癌症相关的研究项目予以重点支持。

美国商务部、国家科学与技术委员会、先进制造国家项目办公室、总统行政办公室于 2016 年 2 月 19 日集体向国会提交了有关国家制造创新网络的年度报告及战略计划，这是美国首次将网络创新提升到如此的高度。他们在《国家制造创新网络计划年度报告》中对制造创新网络的历史背景及发展现状进行了准确地报告，并将与创新项目相关的机构进行了仔细地介绍说明，不仅对其年度发展目标的具体战略进行了详细地部署，还将其最终奋斗目标归结为以下几点：一是提高创新网络的市场竞争力；二是缩短网络技术的转化周期；三是加速制造劳动力；四是确保稳定且可持续的基础结构。国家制造创新网络的内容与各方利益的反馈和建议密切相关，展现了美国多部门对网络创新计划的发展共识，并对尽快实现这些目标的方法与手段进行了鉴定，同时其评价标准也在不断地完善。

2016 年 6 月，在第三届美国投资峰会上，奥巴马宣布，将总部位于加利福尼亚的财团正式命名为智能制造创新研究所。

新的智能制造创新研究所由 SMLC 主导并同美国能源部合作，是美国唯一一个由政府牵头并与社会各界合作创建的研发促进机构。正因如此，其在社会上拥有众多的合作成员，创新研究所创建的目标在于在促进传感器、数字过程控制技术进步的同时，提升美国新进制造业的生产效率。SMLC 提出的相关智能制造概念、路线图和行动计划反映了美国官方对智能制造的见解以及业界发展的典型路线。

智能制造创新研究所是当时的奥巴马政府颁布的第 9 个制造中心，其总部位于加利福尼亚州洛杉矶，其发展目标是在美国建立 5 个地区相关的制造创新中心，且创新中心建立的初衷在于推进地区劳动力的开发和相关技术迁移工作的开展。加利福尼亚州地区的创新中心的主导权在加利福尼亚大学洛杉矶分校（UCLA）；墨西哥湾海岸中心（一个化学、石油和天然气区域）的主导权在得克萨斯A&M大学；东北部中心（玻璃、陶瓷和微电子制造区域）的主导权在伦斯勒理工学院（RPI）；西北中心的主导权属于太平洋西北国家实验室；东南部中心的主导权属于北卡罗来纳州立大学。为了确保所有美国企业，不论其规模或潜在的资源限制如何，都有机会受益于智能制造创新研究所的进步成果，该研究所还将借助先进的传感器、控制器、平台和建模技术集成，用开源的数字平台和技术市场建立民用的智能创造体系。制造社区存在的意义便在于向有关部门提供对实时分析工具、基础设施和工业应用的简易性和可承受性使用。通过美国国家制造创新网络，新的智能制造创新研究所也将同现有的3个制造创新研究所合作，推动它们的独特能力、技术融合发展。

另外，数字创意产业也已发展成为美国经济增长的主要驱动力。2016年美国创意产业产值达到7 000亿美元。当时，航天航空工业的利润高居第一，电影及音像等产品出口紧随其后；美国400强公司中，与文化产业相关的企业有72家；美国的文化创意企业年收入不菲，在世界500强企业中占据重要地位；从事创意产业的人员近500万。

技术研发方面，2016年美国陆军公布了《2016—2045年新兴科技趋势报告》，该报告对美国过去5年内由政府机构、咨询机构、智囊团、科研机构等发表的32份科技趋势相关研究调查报告进行了提炼，并经过严格的综合对比分析，最后确立了与科技发展趋势密切相关的20项数据。既帮助了美国陆军及相关部门对影响国家的核心技术进行了总体的评估，又为国家及社会经济的发展指明了方向，为美国军队未来的战略优势提供了强有力的保障。

预算投入方面，在美国2016年财政预算案中，重点关注了投资创新研究，加强制造业基础，保持美国的技术领先，该预算对先进制造、研究与开发、清洁能源和能源效率技术的创新进行了重点投资。2012年，美国政府拨款10亿美元成立了由15个制造业创新研究所组成的国家制造创新网络。在此基础上，2016年美国政府又额外提供3.5亿美元的自由资金帮助7家新兴制造业创新机构，并将在未来持续投资，在预算案中还加入了一个强制性的经费提案，即为余下的29家未开始建设的创新机构提供19亿元的基金资助；预算案中对研发、基础与应用研究的经费总额高达2 130亿美元，以保持美国科研世界领先的地位，预算增加了能源部对清洁能源技术的投入。除此之外，政府还提出了对"抗癌登月计划"未来两年持续投入10亿美元的建议。美国政府还通过金融创新支持市场的发展，吸引各方机构的参与及投入，通过保护和利用知识产权等方式，吸引工业界的资金，为新兴产业发展创造一个良性循环的资金发展系统。

（二）德国：以传统产业为基础，科学务实，高效协同，以科技创新促进新兴产业发展

德国经济一直以来持续稳定发展的关键原因在于德国坚持发展实体经济和生产性服务业，并与时俱进，不断创新，走专业化、技术型道路，牢牢守住全球产业链中的高端地位。德国树立了象征优质、高效和创新的金字招牌"德国制造"，保持产品的竞争力，持续发展汽车、机械制造、化工医药、电子电气四大传统支柱产业，大力发展新能源、环保技术等优势产业。早在 2013 年 4 月，德国政府就提出了"工业 4.0"战略，力图推动信息技术与工业技术的深度融合，力争在新一轮工业革命中抢占先机，该战略在实施过程中遇到了较多困难和阻力。尤其是与美国、中国等国家相比，德国对数字化时代的到来准备不足，在技术、人才供给、制度支持、社会心理接受能力等方面都表现出明显的不足。为防止"工业 4.0"战略的落空，解决如何推动"工业 4.0"更好地适应数字化趋势，更有效地提升德国制造业的核心竞争力这一道难题，德国政府在 2014 年发出"数字议程"倡导的基础上，部分借鉴了《中国制造 2025》的提法和思路，于 2016 年 3 月，通过联邦经济与能源部正式发布《德国数字化战略 2025》，此战略被称为"工业 4.0"战略的进阶版。这一战略是德国探索"自下而上"智能制造模式的一个新路标，将对德国制造业加快数字化转型产生积极而深远的影响。

该战略聚焦千兆光纤网络、新创业时代、智能互联、数据主权、新商业模式、政策框架、数字教育等关键词，重点提出了十大行动步骤：①构建千兆光纤网络；②开拓新的创业时代，支持初创企业的发展；③建立健全与投资和创新相关的监督管理机制；④加快推广智能互联在基础设施领域的扩展，为经济发展蓄力；⑤推进数据保障，保护数据安全；⑥加快促进服务业、手工业及中小企业的商业模式转型；⑦大力推进德国企业"工业 4.0"的实现；⑧加速科研领域创新实践工作的推进，推动数字技术发展达到顶尖水平；⑨实现数字化教育培训；⑩成立联邦数字机构。

技术研发方面，2016 年 4 月，世界上规模最大的工业技术博览会在德国汉诺威举办，并将主题命名为"融合的工业——发现解决方案"。此次展览展示了一百多项"工业 4.0"的具体应用方案，明显地让世界感知到，在数字化概念的统领下，从德国政府到企业，都在探索如何让"工业 4.0"越来越具象化。来自德国的企业分别推出了包括智能机器人、3D 打印机、工业自动化信息技术、能源和环境技术、动力和控

制、工业产品的生产工艺及服务以及产品研发方面的前沿产品、技术和解决方案等创新成果。

预算投入方面，德国政府在 2014 年推出《新一轮高技术战略——创新德国》时，遴选出 15 个尖端集群进行特别资助，由德国政府出资 4 000 万欧元，企业等比例筹资 4 000 万欧元，用于联合研发项目。地方政府负责随后出资建设公共服务平台的基础设施、职业教育机构等。这一预算支持政策既解决了联合研发项目平台的资金和科研人员问题，又减少了企业尤其是创业企业的负担。此外，企业必须等比例筹资，也避免了企业假借科研项目，以欺骗的手段获得国家资金支持的事情发生，提高了公共资金的使用效率和管理水平。随后有相关评估报告表明，这些尖端集群在 2014 年内就获得了 900 项创新、300 项专利、450 篇博士论文和教授资格论文、1 000 篇学士和硕士论文以及 40 个新创企业，成果产出很显著。德国智库欧洲经济研究中心于 2016 年 1 月 13 日发布报告称，2016 年德国企业对创新活动的投入预计达 1 581 亿欧元，同比增长 5.7%，并将主要在汽车制造、机械制造、金融服务、交通运输等领域增加创新预算。2016 年 5 月中旬，德国政府发布的《2016 联邦研究与创新报告》表明德国联邦政府当年用于科研开发的资金预算为 158 亿欧元，约是 2005 年的 1.76 倍，研发领域从业人员数量也创下历史新高。

**（三）日本：以本国需求为目标，着重优势领域，建设"超智能社会"**

日本的产业发展及技术创新长期以来以本国需求为导向。为迎合国内实际需要，日本很早就开展了智能制造战略研究，并始终保持智能工厂建设与机器人研发等领域的优势。日本政府于 2015 年 1 月 23 日公布了《机器人新战略》，确定了"世界机器人创新基地""世界第一的机器人应用国家""迈向世界领先的机器人新时代"这三大核心发展目标。该战略认为要想在物联网时代继续保持其在产业机器人生产方面具备的优势，就必须积极顺应时代发展要求，进行机器人革命新战略，要将机器人与当前的网络、人工智能与 IT 技术等先进科技相结合，积极创新，争取在机器人应用领域继续保持领先地位。为保障该战略顺利实施，日本制订了详尽的"五年行动计划"，旨在在主要应用领域大力推进机器人技术的创新开发、人才培养、示范考核及生产标准化等工作。通过该战略的具体实施，日本希望达到的目的是借助机器人化提升生产效率，增强综合国力和国际竞争力。截至 2020 年，日本的机器人制造业产值预计将突破 2.67 万亿日元，比 2012 年的产值翻两番。

2016 年初，日本内阁会议审议并通过了第 5 期科学技术基本计划，鉴于日本科研计划是每 5 年一个周期，因此这次的科研计划需在 2016—2021 年完成。而建设全球技术领先的"超智能社会"便是以日本具体国情为依据确定的科研计划的核心目标。人口逐渐减少、人口老龄化社会的到来、社会保障压力逐年增大、税收增长动力欠佳等等，这些都是日本面临的具体国情，因此急需借助科学技术提高社会生产力，为经济增长提供动力，为社会创造更多的就业机会。"超智能社会"的核心在于借助信息技术的力量提高国民的生活质量，为其生活提供更多的便利条件。日本坚信"超智能社会"将是继狩猎社会、农耕社会、工业社会、信息社会之后的一个全新的高科技社会，因此又被称为"第五社会"。

2016 年 5 月，日本文部科学省又提出了"人工智能/大数据/物联网/网络安全综合项目"（AIP 项目）2016 年的战略目标。AIP 项目的具体负责部门是文部科学省，顶尖的科研人员是其工作主力，该项目的目标在于创建安全、便捷的物联网。AIP 项目 2016 年的战略目标是，利用快速发展与日益复杂的人工智能技术，开发出能利用多样化海量信息的综合性技术。日本政府将 AI 视为经济增长战略的支柱。2016 年文部科学省、经济产业省及总务省携手在日本理化学研究所成立了"革新智能统合研究中心"。该中心今后将在东京站附近设立研究基地，聚集研究人员，此外，预计还将与大学开展研究合作。

技术研发方面，有资料显示，在 2016 年，日本在人工智能、网络通信、医药、智能制造、新能源、新材料等领域均有显著的研发应用成果。日本已连续 3 年摘取了诺贝尔自然科学奖，且在进入 21 世纪后已陆续有 17 位科学家获得诺贝尔自然科学奖，但这是在前期长时间投入的基础上产生的成果。目前，在人工智能研究领域，日本已呈现落后美国和中国的态势。就世界公认的权威性最强的美国人工智能学会的国际会议看，近三年我国与美国的科研成果激增，遥遥领先日本。日本在 AI 基础研究方面的进展缓慢，要卷土重来，还需要采取根本性的应对措施。

预算投入方面，日本政府及民间对"超智能社会"的研发投资预计要占到其GDP 的 4% 以上，如果政府投入大约为 GDP 的 1% 的话，以具体的市场收益进行估算，那么政府投资金额将在 26 万亿日元以上，日本政府将扶持"超智能社会"计划的时间暂定为 10 年，其间也会根据项目成果考虑延长，日本政府已在 2017 年预算申请中列入 100 亿日元左右的相关经费。另外，为积极应对研发实力相对落后的现状，日本政府还为 AI 相关研究申请了 924 亿日元预算，是 2016 年最初预算的 9 倍，并计划在日本理化学研究所建立代表日本的人工智能研究所，以加强与企业的合作，同时启动基于人工智能的新药开发计划等战略。

## 二、国外发展战略性新兴产业对我国的借鉴和启示

据资料显示，上述几个国家和地区中，美国的科技创新方向是机器人技术、大脑计划技术和人工智能技术等；日本的科技创新方向是人工智能技术、健康护理技术和信息通信技术等；欧盟的创新方向是 3D 打印技术、新能源技术及再生医学技术等。科技创新及其产业化是影响产业发展的主要因素，从引领全球技术创新走向的美日和欧洲的国家的科技创新方向看，今后几年，全球将在人工智能及智能制造产业、生物科技产业、互联网产业等新兴产业领域飞速发展。

早在 2008 年金融危机前，世界各国就已陆续推出以本国具体国情为依据制定的新兴产业发展战略。金融危机后，新兴产业更是成为全球经济复苏的重要增长力。为支持新兴产业发展，美国提出《先进制造业国家战略计划》，德国推出"工业 4.0"战略，日本出台《科学技术基本计划》，欧盟持续制订《科研框架计划》。世界主要经济体都把绿色节能环保、互联网信息、生物工程、新能源、智能制造业、新材料等新兴产业作为本国优先发展的产业。特别是绿色环保产业和智能制造业发展的步伐加快，如美国、日本、德国等国都加速推动智能制造业的发展，支持节能和新能源汽车的发展，并重视绿色创新领域和新增长领域的投资。在各国政府的鼓励及政策支持下，各主要经济体都致力推动新兴产业的发展。

鉴于当前全球新兴产业竞争日益激烈，我国战略性新兴产业发展的前景不容乐观，挑战重重，主要表现在 3 个方面：一是发达国家已抢占战略性新兴产业的制高点，给我国相关战略性新兴产业的发展造成压力，面临着在技术、品牌、资本和市场份额等方面的激烈竞争；二是金融体系仍无法满足支撑战略性新兴产业快速发展的需求，我国长期存在金融创新能力不足，金融资源配置效率不高，难以满足战略性新兴产业融资需求的现象，这成为制约新兴产业发展的瓶颈；三是缺乏核心技术，虽然我国科研实力已有显著提高，科研成果也硕果累累，但发达国家利用其主导的全球价值链分工体系，整合了全球优势资源以增强其市场控制力，并利用其关键技术垄断并控制终端渠道，对我国进行了"结构封锁"，压缩了我国产业发展的空间。

从上述发达国家发展新兴产业的经验中可以得出：培育、发展新兴产业必须坚持政府引导，加强金融支持，以市场为主导，着力提高自主创新能力，激发消费需求。

面对我国新兴产业的现状，针对实际发展需求，我国新兴产业的发展可以从发达国家汲取以下几点经验。

**（一）超前部署，持续投入，树立产业发展的信心**

从上述发达国家产业发展的历程看，各国均于 21 世纪甚至更早就开始了对产业发展的部署与扶持，其新兴产业发展能占据全球制高点，是政府前期部署并持续给予政策及资金支持的必然结果。

目前，各国已经充分认识到在当前市场经济条件下，要实现对市场资源的有效配置，光靠市场资源配置的基础性作用是不行的，还需要借助政府的宏观调控。新兴产业因其系统性、复杂性、风险性的特征，更需要借助政府的力量进行宏观的统筹和整合，以保障其正确的发展方向。从上述几个国家的具体做法中我们可以看出，政府一直在发展方向、资金流向、人才流动和舆论环境四个方面不遗余力地积极引导，特别是发展方向的引导起着关键作用。

我国的工业发展基础相对薄弱，面对目前激烈竞争的国际态势，不应盲目追赶，需沉着应对，依托我国现已取得的成就，根据国情制定新兴产业发展战略，可包括中长期发展战略和短期发展战略。

**（二）全面引导，区分重点，驱动力创新引领发展**

依托创新驱动战略，发展新兴产业，在各种危机的影响下，美国、德国、日本三个国家的经济仍然保持较好的发展态势。当前新兴产业稳步发展的重要根基在于进一步提升技术创新能力、完善产业创新机制。创新是经济发展的主要推动力，各国经济的发展也更多地依靠创新驱动力。近年来，三个国家秉持扶持企业创新研发的政策方针，在创新系统中拥有一批具有强大创新能力的企业，为今后各国发展新型产业的战略方针的实施奠定了坚实的技术基础。

各国长期以来通过制订国家层面的战略计划，通过营造创新环境、搭建中介服务桥梁、培养专门人才等各种方式为新兴产业的发展制造温床。2016 年，各国不但贯彻执行前期的各项发展方针，而且不约而同地制定了发展重点产业的战略方针。

通过技术创新引领产业发展。美国在《2016—2045 年新兴科技趋势报告》中公布了包括机器人与自主系统、社交媒体使能、气候变化技术、增材制造、量子计算、大数据分析、混合实境（即虚拟现实与增强现实）、人效增强、医疗进步、合成生物等在内的 20 项核心科技趋势。以这些技术为基础，为巩固制造地位，美国还制订了"制造创新网络计划"，新增了"抗癌登月计划"；德国制定了《德国数字化战略2050》，以期用信息化建设增强德国制造业的优势，创造智能制造新优势；日本在其人工智能技术研发持续进步的基础上，仍将发展重点集中在之前就曾有部署的"超智能社会"建设上。

科学技术是实现现代产业快速、合理、有效发展的重要推动力，也是保障产业活力、产品市场、产出效益的重要因素。科学技术的发展和重大科技创新成果是战略性新兴产业得以发展的基石，正因如此，只有持续不断的创新驱动力才能推进企业的可持续发展。

我国的经济发展正从要素驱动和投资驱动向创新驱动转变。近年来，我国研发投入增长迅速，整体的研发投入现在已位居世界第二位。在此支撑下，我国在科学技术领域取得了越来越瞩目的成绩，已经有很多领域的科学技术领域已逐步从"跟随"向"同行"和"引领"跨越。受我国科研机制及科研关卡方面存在弊端的影响，科学技术转换成现实生产力并不能百分百的实现。因此，积极推动创新，努力冲破不良关卡的限制，从"政、产、学、研、用、介、经"产业发展的七要素出发，发挥科研院校、中小企业的创新力量，力争关键技术的创新突破，以创新驱动全面引导产业发展及升级。

（三）细化措施，重点培养，以技术提升拉动产业发展

美国在制订"抗癌登月计划"的同时，制定了预算投入方案，圈定了重点发展领域。美国在制订《国家制造创新网络计划战略计划》中明确列出了计划目标，同时识别了实现目标的方法及考核标准。德国制定的《德国数字化战略2050》中，也详细地阐述了战略目标及实施措施。日本在发布《第五期科学基本计划》后，综合科学技术创新会议依据该计划制定了年度"综合战略"，并根据计划中提出的主要指标和数值目标，灵活落实了计划中的各项政策措施。

德国通过打造产、学、研三位一体的科研创新共同体，促成多方利益达成共赢的良性循环，制定合理的科技创新成果转化方案与激励政策等实施途径，成功完成了高校科技创新推动产业发展的战略部署。

美国之所以成为数字创意产业的全球引领者，是因为其高度重视数字技术在创意产业中的应用以及对原创的重视和知识产权的保护，健全的版权保护法律体系也促进了数字创意产业的繁荣。美国国会相继出台《版权法》《半导体芯片保护法》《跨世纪数字版权法》《电子盗版禁止法》《伪造访问设备和计算机欺骗滥用法》等一系列有关版权保护的法律法规。

我国发展新兴产业，不仅要制订长远的战略规划，还要制订较为具体的行动计划及与产业发展有关的法律与协议。要重点培养装备制造、新能源、新材料、电子信息、航空航天、石油化工、生物医药、轻纺和国防等优势产业，要以世界最前沿的科学技术为引导，重点着手核心和关键技术，有步骤、有计划地实施，在产业竞争中力争上游，为我国经济的发展营造美好的未来。同时，我国发展新兴产业要避免两种错

误的发展方向：一是避免走入"高端产业、低端环节"的生产怪圈；二是避免产品生产和技术开发过程中出现高不成、低不就的尴尬局面。因此，要解决"政、产、学、研、用、介、经"7个要素产生的制约问题，通过政、产、学、研相结合的政府采购等方式制造市场用户，搭建中介服务平台以提供科研项目管理服务，为中小企业提供与政府之间的桥梁服务、职业培训服务、政策及信息咨询服务，为研发机构提供技术转移服务。除政府给予的预算投入及优惠政策外，还要为产业发展制定优良的金融支持体系，完善金融资本及民间投入的管理机制，充分发挥市场机制，促进新兴产业的发展。

# 第五章　基于全球价值链的战略性新兴产业集群发展的理论基础

## 第一节　全球价值链理论

### 一、全球价值链理论的发展

全球价值链理论是一个新兴理论，该理论是指通过对国家产业发展的宏观和微观两个方面的系统进行分析，使产业升级的问题得到全面解决的一种理论。和其他理论的形成一样，全球价值链理论的形成也经历了漫长的过程。它曾经被各国的研究者分别称作全球生产网络、价值网络、价值链、全球商品链和产业链等。早在 20 世纪 80 年代，波特就创建了著名的"价值链理论"，他认为在企业的价值创造过程中，不管是生产、运输、营销、售后，还是研发、采购、财务、人力，都像是链条一样密切联系着，因此就把这种关系链称作价值链。到了 20 世纪 90 年代，格里芬发现价值链条既可以是生产者驱动的又可以是购买者驱动的，现有的全球商品链理论正是在原来的价值链理论的基础上，通过对这两种视角的对比衍生出来的。步入 21 世纪后，全球价值链理论的发展更加迅速和全面。2001 年，Suirgeon 提出了产业链的概念，并认为产业链完全可以从三个方面（地理区域分布、组织规模、生产性投资主体）区分、定义。从组织规模方面看，他认为各个产业部门之间必定存在技术和经济的关联。从生产性投资主体上看，他认为处在产业链上游的企业和下游的企业之间也有密不可分的关联，存在价值交换。2004 年，我国经济学家龚勤林提出"产业链的产生是必然的，当在有限的系统环境中，各产业链上的产业部门由于自身产业的需求和特性，会和其他产业有所联系，各产业互相交叉串联形成一个空间上的区域联系，即产业链。产业链的建立方式不是唯一的，既可以通过接通的方式又可以通过延伸的方式。2011 年，曾祥效开始将产业集聚与产业链结合在一起进行分析研究，他发现产业链的不断延伸和完善，更有利于产业聚集整个过程的进行，使其更加专业化。

## 二、全球价值链理论的聚焦视角

当前，全球学者对全球价值链的理论研究热度依旧不减，而研究者们的视角也各有不同，主要有三个视角：第一，如何治理全球价值链。价值链上各个经济主体间有着错综复杂的关系，如何协调、组织、分配这些关系就显得尤为重要，这是研究的重点所在。例如，2000 年 Kaplinsky 和 Morris 认为应从立法治理、执法治理和监督治理这三个方面治理价值链，即"三权分立"的治理方式。2002 年，Humphrey 和 schmitz 则把治理模式分成网络型、市场型、层级型和准层级型四类。2004 年，Gereffi 把治理模式分成模块型、领导型、关系型、市场型、层级型五类。这五种类型是按交易信息的制度化程度、交易信息的复杂程度与供应商能力这三个指标组合的高低加以区分的。第二，对全球价值链的升级特性（类型、机制及路径等）加以研究。例如，2005 年，张向阳等人结合发展中国家现有产业的实际情况站在全球价值链的视角分析了产业升级的特点，并指出了产业升级的必要性。因为产业升级不仅可以帮助发展中国家突破发达国家购买者的锁定，还能推进制造业的功能升级。同年，任家华等人提出可采用战略收购与联盟的方式代替以往嵌入全球价值链中的方式与国际产业转移的发展趋势接轨，借以快速的升级国内现有的高新技术产业。2009 年，张国胜指出企业应发挥全球价值链内产业升级的传递机制的作用，这个传递机制是企业独特的内部技术优势，企业若能较好地发挥该优势的特点，必然能使技术能力大幅度提升。本地产业的升级不仅要靠内部的技术优势，还要学会充分运用全球价值链内局部知识的外部性，内外优势互补结合，只有如此本地产业的升级才会持续有效地进行下去。第三，认识全球价值链中经济租的产生与分配。经济租是由组织、技术、营销等关键能力形成的。2003 年，Kaplinsky 和 Morris 认为内生经济租、外生经济租两大类完全可以代表经济租的分类情况，并对两大类进行了详细的分类。内生经济租一般分为五类，即"技术经济租""人力资源租""组织—机构经济租""关系经济租""营销—品牌经济租"，即企业内部追求的是稀有的技术、高于竞争对手的优秀技能、完善的组织机构形式、与客户和供应商间结成的稳定关系、富有价值的商标品牌和营销竞争力。而外部经济租则分为四类，分别是"政策经济租""基础设施经济租""自然资源经济租""金融租"。其中，"政策经济租"是指在一个高效率的政府发展环境中，设置壁垒以阻止竞争者进入；"基础设施经济租"是指获取优质基础设施的投入；"自然资源经济租"是指可以通过开采好的资源获得利益；"金融租"指比竞争者取得更优质的金融支持。在全球价值链的治理之下，价值链的治理目的就是为了获取不同形式的"经济租"，而不是为了企业家的回报。

在市场经济的机制下，全球的资源配置必然会导致世界经济关系的表现形式多种多样，具体可分为三点：第一，受世界各国自身政治、经济、文化等因素的影响，它们在全球价值链上所处的位置也是不同的；第二，不同实力的企业竞争能力的不同也决定了它们在全球价值链上的等级差异；第三，一些国际政治因素也限制了国家和其内部企业在全球价值链上的发展。国家具备的实力决定了它在全球价值链上扮演何种角色和处于何种等级，这些角色和等级也制约了国家和企业的发展。因此，单纯从企业的角度研究全球价值链就显得不够全面，必须从整个价值链和全球化的角度研究。专家学者意识到这一点后，逐步开始进行全球价值链的治理方式和创新方式的研究，以提升各自国家在全球价值链上所处的位置和加快现有企业产业转型的进度。

# 第二节　产业发展理论

产业发展是一个具有内在逻辑性的客观的历史过程，它不以人的意志为转移，从低级向高级不断演进。产业发展是指产业的生产、成长过程，单个产业的进化过程代表不了整个产业发展的规律，还要看产业总体的发展规律，即整个国民经济的进化过程。产业发展的这种从低向高演进的变化趋势，刺激产生了各种新型的消费方式，也促使产业为迎合消费方式的改变进行变革和创新，包括产业结构方面的新内容、产业技术、产业组织方面的新动向。

产业政策是一个国家为了其长远的利益，主动干预产业活动的各种政策的总和，包括产业组织、产业结构、产业布局和产业技术四个方面。产业政策的目标是实现经济振兴和经济赶超，实现产业结构优化和高度化，增强本国的产业竞争力。产业政策的手段分为直接干预、间接诱导和法律规制。而产业升级就是在产业发展过程中，通过要素的合理流动，使各部门在更高层次上协调发展，即以产业结构协调为基础的结构高度化的动态过程，通过政策、制度、机制、技术、管理等创新机制推动产业升级。

1992 年，我国改革开放后正式建立了战略性新兴产业，并于 2002 年重组。战略性新兴产业由战略产业、新兴产业构成。战略产业是国家为了实现高级化的产业结构选定的最有利于国民经济发展的具体产业部门，它具有技术性、扩张性、关联性、渗透性以及经济效益的长期性等特点。战略产业是一个相对的概念，即战略产业系统不是固定不变的，在特定经济发展阶段有可能有产业部门的进入和退出。因为各国经济技术发展水平不同，对未来经济技术发展的预期也不同，所以各国的战略产业也有所不同。而新兴产业是指为了新的科研成果、技术发明和应用的相关需求应运而生的部门和行业。战略性新兴产业的选择是非常重要的。一方面，它在国民经济战略中占有举足轻重的地位，持续地影响着国家的安全和社会经济发展的方向；另一方面，它赋予国家产业发展更多的可能性，甚至能成为国家经济发展的支柱产业。因此，要谨慎地选择战略性新兴产业。选择战略性新兴产业有三个依据：一是产品的市场需求必须要充足且稳定，有良好的发展前景；二是经济技术效益要优于现有的产业；三是要有带动性和号召力。除此之外，战略性新兴产业还要能够配合政府的引导工作、响应政府政策、参与市场化运作和刺激税收，能够成长为区域内、行业内的标杆产业。战略性新兴产业的发展不局限于升级传统优势产业，现代服务行业也可以加入战略新型产业中，尤其是生产服务业有着较大的发展空间，战略新兴产业的发展可以带动整个产业结构的升级，其产业要素也由传统转变为现代、由低层次升级成更高层次。

## 一、罗斯托的经济成长阶段论

20 世纪 60 年代，美国著名的经济学家华尔特·惠特曼·罗斯托依据社会经济发展的阶段性规律提出人类社会发展可划分为"起飞"准备阶段、"起飞"阶段、成熟阶段和高额群众消费阶段四个阶段。20 世纪 70 年代，罗斯托发现已有的四个阶段难以体现人类社会经济发展到更高层面的情况，于是在现有的四个阶段的基础上加上了"追求生活质量"的阶段，这点在其著作《政治和成长阶段》中第一次正式提出。罗斯托认为，经济起飞是指在工业化初期的较短时间内，社会经济不再是停滞状态，出现持续、稳定的高速增长的现象。经济起飞阶段会产生一些能够导致社会和经济大规模进步的结构上的变化。确定经济是否处于起飞阶段需要三个相互关联、缺一不可的条件：一是生产性投资率由国民收入的 5% 或不到 5% 增长为 10% 以上；二是有一种或多种重要制造业部门成为主导部门；三是迅速出现一个有助于国内筹集资金的政治、社会、制度结构，以保证发展的持续性。罗斯托在解释现代经济增长的历史和本质时发现，经济增长总是先发生在某个产业部门，这个产业部门最快、最多的吸收新的技术成果，利用新的资源降低生产成本，增加利润，对其他部门产品或服务的需求也会产生直接和间接的扩散效果，从而带动整个经济的发展。1998 年，罗斯托提出主导产业的概念，认为一个或几个新的制造业部门的迅速增长是经济转变强有力的、核心的引擎，经济增长的过程其实就是新旧主导部门连续更替的过程。

现阶段中国正处于经济成长的"起飞"阶段，战略性新兴产业不仅科技含量高，还具有成为国内经济中流砥柱产业的潜力，符合上文提到的四个经济成长阶段中对"起飞"阶段里主导部门的描述。因此，可以借鉴罗斯托经济成长阶段论指导现有的极具潜力的战略新兴产业，通过培育战略新兴产业带动国内的经济发展，加快经济建设的步伐，推动战略性新兴产业的升级。

## 二、贝恩的产业结构优化理论

美国的贝恩是提出产业组织理论的第一位经济学家，1966年，在其《产业结构的国际比较》一书中，已经对产业结构进行了阐释、定义，将产业经济系统的内部构成称为产业结构，认为产业结构优化是产业结构的升级，是采取一系列措施实现产业结构合理化、高度化的发展过程。结构优化是一个动态化的过程，一般具有高知识、高技术、高加工度和高附加值的特点。而将这个过程中动态化的特性趋于合理的过程，我们称之为产业结构合理化。产业结构高级化是指产业结构系统形式的转变，由低级转变为高级，使产业素质得以提升，这也是技术创新带来的必然结果。

## 三、产业演化和产业生命周期理论

产业演进是一个动态变化的过程，依据产业周期变化可以将产业演进的动态过程分为四类，包括单一产业的生命周期、产业时序的作用周期、不同产业或产业综合体在地位上演进的阶段性与周期性和产业结构高度化的演进过程。学者们通过对这四个方面的深入研究取得了许多研究成果，因此要研究产业演进的过程必然要对这四个方面深入分析探究。从成果看，产业生命周期理论研究的成果最多。其中，斯蒂格勒产业生命周期的假设最为显著，这个假设是在斯密定律的基础上研究的。在他的模拟分析过程中，在产业新生期，企业的规模、市场和生产环节等都相对狭小，企业大多是全能型，各生产环节分化程度不够明显。当企业逐渐发展壮大，内部各环节的分工就逐渐转化为社会分工，各环节就会有更加专业化的企业承担。企业进入衰落期后，生产规模和市场开始缩小，为了降低生产成本，各环节的社会分工又转变为企业内部分工。由此可见，产业各环节的分工变化与企业的发展、市场紧密相关，而且产业的劳动分工、厂商功能和产业周期等也与市场容量的变化息息相关。这些都是斯蒂格勒提出的产业生命周期的假设的体现。

1982年，Gort和Klepper正式提出产业生命周期的概念，并创立了G-K产业生命周期理论，该理论从通过观察个别产品分析产品生命周期转变为通过产业组织方法分析内生的产业演化。他们的这一理论引起了广大研究者的共鸣，随后许多产业生命周期相关的理论相继出现。20 世纪 90 年代，Klepper 和 Graddy 的 K-G 模型、Agarwal 和 Gort 的产业生命周期理论逐步完善。

产业中产业生命周期曲线比产品生命周期曲线长，产品生命周期是属于产业生命周期曲线的一部分。根据产业发展规律可以将产业生命周期分为形成期、成长期、成熟期和衰退期四个阶段，产业在各阶段的特征如表 5-1 所示。

早期产业的生命周期分成了早期、成长期和成熟期三个阶段，1997 年 C. Freeman 和 L. Soete 发现产业发展要素受产业生命周期所处的阶段影响，不同阶段的产业发展要素是不同的。比如，在生命周期的早期，科技因素和外部经济因素是对产业发展比较重要的因素；而到了成长期，厂商管理因素和资本因素就更为重要了。

表 5-1　产业发展各阶段特征

| 阶　　段 | 企业数量 | 集中度 | 技术成熟度 | 需求增长 | 进入壁垒 | 利润率 |
|---|---|---|---|---|---|---|
| 形成期 | 少 | 高 | 低 | 快 | 低 | 低 |
| 成长期 | 多 | 低 | 较高 | 较快 | 低 | 较高 |
| 成熟期 | 较少 | 高 | 高 | 慢 | 高 | 高 |
| 衰退期 | 少 | 高 | 技术转换 | 下降 | — | 低 |

战略性新兴产业是高新技术产业化的结果，也是满足新兴市场的结果。与其他产业相同的是它们都需要经历不同的发展阶段，不同的是战略性新兴产业具有特别的发展阶段和特征。例如，新兴产业的形成期可简单分为种子期、创建期，而当新兴产业进入成熟期则变成具有较完善经济系统的产业，甚至是经济系统的支柱产业；当步入衰退期时，新兴产业很可能没落消失或者被其他新兴产业替代，不再属于新兴产业的范畴了。因此，我们只能从种子期、创建期和成长期这三个阶段区分新兴产业的发展阶段。从严格意义上看，产业进入成熟期也不属于新兴产业，但它可以作为投资资金的出口阶段，在某种程度上算是战略性新兴产业的延续期。

## 四、主导产业理论

产业对国民经济的贡献程度受多种因素影响，既与经济发展所处的阶段和产业结构系统相关，又与各产业的结构地位和发展速度相关。我们一般将具有较完善的经济系统，发展速度快，能够带动产业结构系统发展，并对国民经济增长做出较大贡献的产业称为主导产业。美国经济学家赫希曼是第一个在理论上提出主导产业概念的人，而后由罗斯托明确、系统地阐述了这一概念。罗斯托指出正是因为一些"主要成长部门"快速扩张的带动才使经济增长有了持续的"前进的冲击力"，这些部门"具有很高生产率的新生产函数性质"，部门的发展必然会引起一系列的外部经济效应以及对其他制造品的一系列需求。这个现象就是我们所说的主导产业的扩散效应，它包括前向效应、旁侧效应和后向效应三个方面。前向效应影响上游原料、设备部门的发展；旁侧效应影响现有的周边就业、基础设施建设；后向效应影响后续产业。主导产业的扩散效应如图5-1所示。

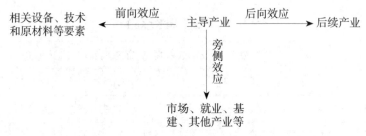

**图5-1　主导产业的关联、带动效应**

主导产业不仅驱动了经济的发展，同时促进了合理、有效产业结构的形成，而产业结构的高度化发展必须以主导产业为核心。因此，选择何种产业作为主导产业这一问题就尤为重要了。早在20世纪50年代，日本经济学家筱原就针对其所在国家的产业结构问题提出了"筱原基准"，这一基准被研究者们广泛接纳，它包括以需求为变量的"收入弹性基准"和会被新技术刺激的"生产率上升基准"。之后，赫希曼又提出了关联度基准，他认为应以投入产出为出发点选择关联效应较高、产业延伸链较长的产业作为主导产业，这个基准也被后人称作"赫希曼基准"。罗斯托通过对这一基准的进一步研究，又提出了在选择主导产业时应以前向联系效应、后向联系效应和旁侧效应为标准。21世纪初，Keizer对选择主导产业又有了新的见解，他认为既然主导产业是区域经济发展的核心动力，那么在选择主导产业时，就应该把选择重心放在该产业是否具备较强的发展前景，是否与其他产业有较大的产业关联性，是否能够促进就业上。后来关于对主导产业的选择基准还有很多，对主导产业的选择也提供了很多有益的参考。例如，动态比较优势基准、过密环境基准、丰富劳动内容基准、短缺替代弹性基准、增长后劲基准、"瓶颈"效应基准等。

# 第三节　产业集群理论

产业集群首先于 19 世纪下半叶产生于欧洲大陆，从此众多经济学家和经济地理学家就开始对其进行系统地研究。对产业集群的研究最早可以追溯到马歇尔。而后，韦伯、克鲁格曼、波特等人都通过不同的角度对产业集群进行了研究、探讨，包括其形成和内在机理。产业集群理论在人们对产业认识不断加深的同时逐渐趋于完善。

## 一、马歇尔的规模经济理论

1890 年，马歇尔在他的《经济学原理》一书中提出了"内部规模经济"和"外部规模经济"的概念。其中，外部规模经济指的是由于某种产业聚集发展引起的在特定区域内的生产企业整体成本的下降。通过对英国传统工业企业的集群现象的考查，马歇尔发现外部规模经济和企业集群之间存在密切联系。他还指出企业集群是在外部规模经济基础上形成的，并且外部规模经济同内部规模经济一样具有产业组织效率。这些都证明了外部规模经济的重要性。马歇尔还提出"这种经济往往能因许多性质相似的小型企业集中在特定的地方——即通常所说的工业地区而获得"。马歇尔将这些专业化产业聚集的特定地区命名为"产业区"。

1992 年，马歇尔指出企业区位聚集的存在有三个原因：①几个企业集中在同一地区，该区域便形成了特定产业技能的劳动力市场，这样在保证工人较低失业率的同时也保证了企业劳动力的充足（劳动力市场共享）。②非贸易的专业化投入品在这些地方性产业之间可以流通（中间投入品的规模效应）。③人与人之间的交流加速了技术的扩散与创新，从而促进了聚集区内企业生产效率的提高（信息交换和技术外溢）。因此，后续研究者就把劳动力市场共享、专业性附属行业的创造及技术外溢，总结为马歇尔产业集群理论的 3 要素。

## 二、阿尔弗雷德·韦伯的工业区位理论

继马歇尔从经济学角度对产业聚集做出解释后，德国经济学家阿尔弗雷德·韦伯于 1909 年在《工业区位论》中，又从工业所在的地区及各影响因素分别对产业集群形

成的各种原因进行了论述，并首次提出了聚集经济这一概念。

他指出只有费用最小的区位才是最好的区位，而聚集在这个区位内能在一定程度上节约企业的成本。

韦伯把产业集聚分为两个阶段：一是低级阶段，即兴建阶段，这时主要是单个企业规模的扩大，产业集中化也出现在企业内部的各部门之间；二是高级阶段，即发展阶段，这时企业也发展成了内部组织较完善的大企业，这时的产业集聚就是同类企业集中在同一区域，促进了大规模的生产，给该地区也带来巨大的经济效益，这就是地方性聚集效应。韦伯还总结出产业集群的四个因素：第一，技术设备的发展。随着技术设备的专业化、功能强大化，它们之间的相互依存关系也变大了，这促进了地方工厂的集中化。第二，劳动力组织的发展。韦伯认为新颖的、充分发展的、综合的劳动力也是广义上的设备，也存在"专业化"，并能促进产业集群化。第三，市场化因素，这也是最重要的因素。产业集群可以使购买和出售的规模得到最大程度的提高，使成本更为低廉，甚至不再出现"中间人"。第四，经常性开支成本。这种集聚有利于煤气、自来水等的基础设施建设，使经常性开支成本降低。另外，韦伯还分别从运输指向和劳力指向这两个方面分析了产业集群能够达到的最大规模。

## 三、保罗·克鲁格曼的新经济地理理论

克鲁格曼分别从区域经济和规模经济这两个方面对工业活动的集中性进行了解释，强调了聚集效应对规模经济的重要性，特别是对外部规模经济的影响很大。因为聚集可以有效降低产品的平均成本进而产生递增的规模效应。

1991年，保罗·克鲁格曼发表了《递增收益与经济地理》的论文。在这篇论文中，克鲁格曼建立了一个"中心—外围"的模型。克鲁格曼力图通过这个简要的模型证明地理或区域在要素配置甚至在竞争中至关重要。如他所愿，通过这一模型证明了产业聚集在制造业中心区的形成方面发挥了重要作用。

这个模型的中心是制造业地区，外围是农业地区，这种模型的形成及效率由运输成本、规模经济和制造业聚集程度共同决定。可以说，克鲁格曼是在马歇尔之后能把区位问题、规模经济、竞争和均衡等经济学问题结合在一起研究的第一人。另外，他还把注意力大量地放在对产业聚集的研究上，他认为经济活动聚集和规模经济存在密切联系并能推动收益递增。

克鲁格曼于1995年发表他的经济地理学代表著作——《发展、地理学与经济地理》，进一步补充了他对产业集群理论的见解，尤其是建立了一种可以应用于产业集

群的新模型——聚集经济。而后，克鲁格曼又于 1999 年同另外两位学者共同发表了《空间经济：城市、区域与国际贸易》一书，系统地阐述了产业集群和聚集经济的成因，并非只是单单用经济学方法分析了产业集群和经济聚集的现象。但克鲁格曼并不认同马歇尔关于技术外溢因素对产业聚集影响的普遍性，指出这个因素只对高技术产业领域的产业集聚有影响。

克鲁格曼将经济区位论和贸易论结合起来分析，通过建立数学模型的方式，在深层次上揭示了产业的聚集与区域经济的增长之间的相互关系及其内在机理，弥补了马歇尔和韦伯理论的不足。

## 四、迈克尔·波特的产业集群理论

哈佛大学教授迈克尔·波特（Michale Porter）率先提出全球经济下的产业集群理论，从一个全新的视角——竞争力的角度看待和分析产业集群现象。波特认为，在一个国家的经济体系中有竞争力的产业在空间上呈集群式分布。国家的竞争优势来源于优势产业，而优势产业的竞争优势来源于产业集群。波特认为，集群是指在某一特定区域下的一个特别领域中一组相互关联的公司、供应商、关联产业和专门化的制度和协会。简单地说，集群是在某种产业领域里相互关联的公司和机构在地理上的集中。

波特提出的这种独特的集群理论含有 4 个要素，它们之间相互关联，连接起来是四面体结构，像一个钻石一样，故而又被称为"钻石理论"。集群中的企业为了提升自身竞争力不断地降低成本，提高了生产率以实现最大的经济效益。这种良性竞争促使企业加大宣传，创造更多的集体财富，同时促进了新企业的形成。

波特的整个理论分析框架包括四个方面：①生产要素条件，指一个国家将基本条件转换成特殊优势的能力；②需求状况，指这个国家的市场对该项产业需求量的大小和提供服务的成熟度；③支持性产业和其他相关产业，指具有非常优秀的供货商，并获益于相关产业的企业竞争，形成一批这样的创新产业群；④战略结构和竞争对手，企业都会受到所在地历史状况和环境要求的影响。如果当地政府鼓励创新，这个企业就会有竞争力。如果当地有强劲的竞争对手，也会刺激企业的改进与升级。这四方面是一个有机的整体，它们之间的相互影响和制约，组成一个国家的竞争环境，使厂商相互作用，产生竞争力。完整的钻石模型还有两个附加要素，即机会和政府。战略性新兴产业可以为国家的未来发展提供竞争优势，而政府的行为（国家的政策法规、扶持手段、激励机制等）在增强国家竞争优势方面至关重要，具有举足轻重的影响，更是对战略性新兴产业的发展起着必不可少的推动作用（图5-2）。

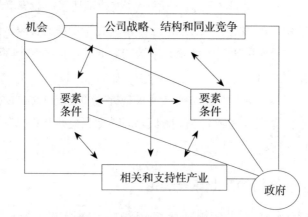

图 5-2　波特的"钻石模型"

## 五、佩鲁的增长极理论

20世纪中期，法国经济学家弗朗索瓦·佩鲁为了更清晰地分析经济增长的规律，首次提出"推动性单位"和"增长极"的概念，发现经济并不是均匀递增的。佩鲁建立了后来的增长极理论，指出增长极与产业集群的形成有密切关系。所谓"推动性单位"就是在经济增长中有一定导向性的经济单元，即它的增长会引发其他的经济单位跟着一起增长。这个推动性单位可以是一个工厂，也可以是一个部门，还可以是存在一定关系的一组工厂。这种推动性单位往往是拥有新技术或者占有绝大部分市场需求的产业，只有这样才能带动整个产业链的发展。"增长极"则是这些推动性单位汇聚在一起后的一个特定区域。此外，"极化效应"和"扩散效应"也是增长极的特征。

## 六、熊彼特的技术创新理论

1912年，美籍奥地利经济学家熊彼特认为，创新就是一种生产函数，这个函数有五种组合方式，即产品创新、工艺创新、市场创新、供应链创新和组织的创新，这几乎囊括了所有影响企业创新发展的因素。所谓创新就是将新技术引入经济组织，用新的方式使用现有的资源或者直接利用新能源，创造新的生产能力。熊彼特对创新理论主要有3点见解：第一，对创新的基本判断。他认为创新才是经济发展的基本推动力。熊彼特指出，存在经济周期是正常的，创新导致旧均衡破坏，促使经济主体向新均衡过渡。经济发展是一种变化，这种变化产生在其内部而不能通过经济外部力量强加。第二，发明与创新的辩证关系。熊彼特认为只有新工具或新方法才是创造新价值的有效途径。第三，创新的主体是企业家。熊彼特认为企业家的核心职能并不是经营或管理，而是能有效提升企业的创新执行力。一个社会阶层的企业家群体的存在，可以促进创新发展并推动社会进步，即企业家是创新活动的人格化。由以上对创新的阐述可以看出，战略性新兴产业不但符合创新的发明性，而且还符合经济发展的内在要求。创新性更是战略性新兴产业的一个重要特征，战略性新兴产业的各个方面都存在创新，如技术、新能源的利用，新的发展方式等，都为经济社会带来了利润，而且这些创新为战略性新兴产业的发展提供了源源不断的动力，保证了其持续的增长。技术创新及扩散促使具有产业关联性的各部门的众多企业形成集群。创新不是孤立出现的，也不是排队均匀出现的，而是成簇地或趋于集群的发生的。一方面，在创新成功后，先是一些企业，接着便是大多数企业会紧随而来；另一方面，创新不会随机地、均匀地分布在整个经济系统中，而会倾向或集中于某些部门和其邻近的部门。这两方面的影响是，在创新产生后，其周边会有大量的创新不断涌现出来，形成技术创新的群集现象。

## 七、斯科特的交易费用理论

自 1937 年科斯特提出交易费用的概念后，许多人开始尝试从交易费用的角度解释产业集群的成因。斯科特是将这种分析方法具体应用到区域产业集群中比较成功的学者。他认为，在企业进行内部和外部交易成本选择时势必会促使产业集群的迅速发展。产业集聚是企业垂直分离的空间经济结果。因此，一旦企业进入垂直分离阶段，相应的经济中外部交易活动就会比之前频繁得多，从而促使集群区域中具有强烈愿望和经济联系的生产企业数量变多。换言之，生产企业大规模集聚使彼此之间的交易更加频繁，区位的成本得以降低，使交易的空间范围和对象相对稳定，在一定程度上使环境的不确定性逐渐降低，会极大地降低外部交易的空间成本。他还认为，在现有的社会劳动分工日益加深的情况下，企业之间的交易次数逐渐增加，所需的交易费用也在逐步上升。交易的成本与地理距离呈正相关，因此企业更倾向于就近寻找交易伙伴，从而促进了地方产业集群的形成。

## 第四节　基于全球价值链的产业集群升级理论

### 一、产业集群升级与全球价值链理论的相关性研究

2000 年，研究全球链理论的学者希望将产业集聚和区域集聚融入全球生产网络中，并分析融入之后对地方产业集聚升级的影响。而眼下最重要的问题之一在于如何实现全球价值链理论与地区产业集聚理论的融合，进而带动产业集聚地的发展。事实上，我们把全球价值链理论作为一个分析工具，通过这个分析工具我们可以观察在全球一体化大环境下产业集聚升级的情况，而且在区域经济发展中需要借助价值分析方法。通过对全球生产网络、全球商品链、全球价值链等各种典型的理论论点的分析研究也可以发现，产业集聚采用"闭关锁国"式的发展是绝对行不通的，要想实现可持续发展，与全球产业网络相融合是大势所趋、是必经之路。耶鲁大学学者 Jennifer 将地区产业集聚放在全球价值链条中研究本地产业的集聚状况，目的是以全球视角将地区产业集聚更好地嵌入全球供应商、营销链条中去，促进相关产业和地区产业的集聚发展。

产业集聚升级的焦点是分析价值链治理，部分研究学者提出产业集聚的动力之一是全球价值链。Dicken（1998）通过研究全球产业转移、产业链及产业地理集中过程，发现全球产业地理集中的根本原因在于产业链的存在，并且当产业集聚形成后，会按照累积因果的规律起到产业链自我强化的作用。Amdt 和 Kierzkowski（2001）认为如今全球经济生产必然呈现一种片段化生产的新形势，全球价值链可以将产业集聚像珍珠链一样串联起来，全球价值链和产业集聚密不可分。Humphrey Wood A 和 Schmitz H 等学者都认可并延续波特价值链的概念，他们认为分析全球竞争中产业集聚的发展前景必须要借助全球价值链理论这一研究工具。Humphrey 和 Schmitz（2002）仔细研究了全球价值链对产业集聚升级的影响和作用，要想实现有差异环节间及经济活动的非市场化协调必须依靠价值链中企业间的制度机制和相互关系。价值链治理模式一般分为层级型（Hierarchy）、准层级型（Quasi-Hierarchy）、市场型关系（Market-Type Relationship）、网络型（Networks）四种。其中，层级型的股权操纵方式像跨国企业的分支机构一样相对简单，主导企业直接对价值链的某些环节进行控制；准层级型则是主导企业制定规则流程和产品特性，其他企业遵

循制度，主导企业只需控制规则即可；市场型关系是价值链中各环节的企业没有任何隶属关系，其交易关系不受约束相对自由；网络型体现的是优势互补，企业之间公平竞争，对关键环节施以控制，也可以交易双方协商制定。通过这几种治理模式可以发现价值链的一些特点。例如，企业更多的是集聚在价值链的交叉点上，可能会出现知识的溢出和转移行为。

通过对全球价值链和产业集聚升级的研究可以证实一个基本逻辑，即产业升级的层次受不同类型的全球价值链的影响，也就是说不同的价值链治理模式对应不同的升级含义。全球 IDM 公司对浦东信息产业集聚升级有一定的影响，文嫣等人（2005）通过研究这些影响对价值链的作用，提出价值链是推动还是阻碍产业集聚取决于其升级行为是否侵犯了价值链治理（即全球领先公司）的核心利益。武建强（2008）指出全球价值链就是将产品价值创造体系的不同环节片段化并重组到不同空间中完成，在价值链环节空间重组过程中，与产业集聚的相互影响取决于不同价值环节企业的相对收益或成本。梅丽霞、王缉慈（2009）也认为嵌入全球价值链对发展中国家本地企业生产率的提高有促进作用，但需要意识到的一点是由生产能力到创新能力的产业升级过程是被动的，一般需借助八种基本的价值链市场权力（其中技术能力和品牌能力最为核心），使全球价值链生产片段化，从而带来创新过程的垂直分离和整合，并认为发展中国家产业升级的核心在于当地企业的吸收和学习能力，以及是否能较好地吸收外来的新事物。张庆（2013）通过搜集北京五大高技术制造企业和两大高技术服务行业的集聚指数，分析了高技术产业的集聚水平，通过研究产业贸易所属的类型得到其全球价值链中所处的地位。W. Y. Lai（2013）指出进入全球价值链后最大的受益者是当地企业，可以获得更多的机遇、提升生产能力，甚至可以了解全球利益的分配情况，这在一定程度上使产业集聚网络更加完善，扩宽企业的视角，学习更好的技术和管理能力，进而提升企业实力。

综上所述，产业聚集与全球产业网络相融合是有较大益处的，为产业集聚带来竞争和挑战的同时，也为产业集聚带来更多的机遇。在融入全球价值链的过程中，产业集聚常常通过核心环节提高自身的竞争力，然后通过扩散与延伸进入附加值更高的环节中。要想在全球竞争中生存下去，产业集聚企业要认清在价值链中所处的位置，顺应当前经济结构和产业发展的大趋势，进而实现产业结构的升级。胡大立（2013）则认为低端产业集聚创造的价值只会是低端的，因此要实现产业集聚升级，必须提高产业集聚在全球价值链中所处的位置，改变"贫困式"增长模式，由低端产业集聚向高端产业集聚发展。因此，必须做到以下几点：第一，改变参与全球价值链分工的方式，由单纯依赖自然资源、廉价劳动力等低级要素转变为高级生产要素。高级生产要素一般包括产品设计、技术研发、品牌运营所需要的人力资本、专利技术、市场渠道开拓、管理经验、信息网络等；第二，要具备与全球价值链上各种企业博弈的实力，通过构筑龙头企业在资本、技术、人才、知名品牌、管理技能、信息网络等方面的优势，形成强大的引领和整合能力，对上下游企业产生大规模的集聚和拉动作用，加快转变为合作型治理模式的速度；第三，建立有效的知识产权保护机制，在有限的区域内可以进行知识共享即"专利共享联盟"，实现知识适度外溢，使产业集聚收益和社会福利实现最大化；第四，改变原有的"国际代工"的生产经营角色，不再是低端的"代工"，而是将经营方式逐步向高端的模式（原始设计制造商模式和自有品牌经营模式）转变；第五，懂得合理利用国内市场的优势，我国国内市场巨大，完全可以自主开发一条与全球价值链保持平行的国内价值链（NVC），在升级国内价值链的过程中推动全球价值链的升级，这样既可以实现产业升级，也避免了与国外企业的冲突。

## 二、产业集群升级的新视角：链网互动机制理论

链网互动机制理论的根本在于区域创新网络理论和全球价值链理论的融合，两者合理有序地融合可以加快产业升级的步伐。"链"就是通常所说的全球价值链，"网"则指的是区域创新网络。需要明确的是，全球价值链理论和区域创新网络理论虽然是产业升级的重要理论，但两者仍然有许多不足之处。两者实现产业集聚升级依托的方式不太一样，区域创新网络理论一般是依靠内部力量实现产业集聚升级，全球价值链理论则更倾向于依靠外部力量，二者一内一外。倘若只是依靠其中一种理论指导产业集聚，当地的产业发展极其容易进入误区，可能会一直处于"贫困性"增长的局面。因此，要使发展中国家贫困地区的产业能较好地发展，必须从更全面的视角观测、审视，研究者也应致力于这方面的研究工作。内外结合、相互促进才是实现产业集聚升级最合理、最科学的方法和视角。换言之，要实现产业集聚升级不仅要借助全球价值链的发展和机遇，还要能较好地开发区域创新网络。

Grossman 和 Helpman（1995）指出，区域内各行为主体的发展模式和创新行为随着全球经济一体化和信息技术的高速发展变化着。任何范围限定都阻隔不了产业与区域外部的联系，即使是基于保护行为主体的技术产权和产业的发展安全而对网络的链接范围加以限定也无法完全封闭区域内外的联系。盖文启（2002）就对产业的空间集聚与网络的创新活动进行了较为详细地分析，不同的是他构建了一个相对系统

的地理空间创新网络体系（采用规模效益、交易费用、创新思维等经济理论构建），进而在这个层面上加以分析。

潘利（2007）首次在国内提出，产业集聚可以借助链网互动机制理论升级视角，他强调产业集聚升级必须要内外互动，即产业集聚不仅要依靠全球价值链的外力去推动，还要发展区域内的创新网络。具体有三种情况：第一种，通过吸纳跨国企业在产业集聚区内设立生产机构，或者吸引购买者将全球采购中心设立于产业集聚区内，或者引入研发机构，甚至是采用代工生产（Original Equipment Manufacture，OEM）的形式替代原有的国外企业生产厂，无论何种方法均是要与生产者和购买者之间的价值链挂钩，借助价值链实现创新网络的完善；第二，不依赖外部力量在区域内形成网络（可以自由组合也可以由政府牵引），尽快发展集聚区内包括培训机构、技术研发机构、金融机构及其他中介机构在内的各类机构，完善区域创新网络平台；第三，通过低等级产业集聚逐步向高等级产业集聚发展，促进人才引进、研发、企业往来、合作交流，吸纳高端企业经验，最终实现产业集聚升级。王国顺等人（2009）也认为，区域集聚产业在发展到一定程度后，原有的区域会逐渐难以满足产业发展的资源需求，若想更好地发展产业创新网络必将要获取更高的资源，此时就需要主动地与全球价值链连接，随着嵌入全球价值链程度的加深，区域产业网络主体会不断吸收国际先进技术、知识、资源的频繁移动，使产业创新网络进一步优化提升，由此可以看出主动嵌入全球价值链对产业集聚创新网络的发展具有积极的作用，这也是一个相互促进、相辅相成的过程。胡静（2009）详细阐释了链网互动治理的意义在于通过产业内的龙头企业和部分参与升级的机构共同协调，推行全球化的标准，维护创新环境，也可以采用以龙头企业为接点、中小企业融入全球生产网络的治理模式，形成创新能力与生产能力互动的机制、集聚成员战略联盟的机制，最终使全球化标准的执行有一个较好的评价方式。孟月皎（2010）认为集聚内部和外部联结的根本在于企业，并提出解决价值链困境和网络困境最为有效的方式就是链网互动治理模式。张奕芳（2013）则借助链网互动理论视角研究了陶瓷产业集聚的情况，得出链网互动理论可以较好地指导陶瓷产业集聚升级，为陶瓷产业集聚提供路径和模式，最终扩大区域创新网络的范围，使其可以覆盖超网络层面（社会网络、创新网络和知识网络等）。

## 三、全球价值链中地方产业集群的升级方式

所谓升级就是通过创新由低技术、低附加值状态向高技术、高附加值状态演变，最终实现价值增值。结合前面价值链的研究可以确定，对嵌入全球价值链中的产业集

群来说，其升级就是在全球价值链中获取价值增值，即在不断变化的全球价值链治理背景下，地方产业集群要与全球其他经济行为体保持沟通，始终处在同一层面上，两者在同一价值链的各环节中和不同价值链之间互动产生的复杂动态结果。产业集群的升级表现为，成功区域的产业集群懂得利用自身产业集群的特性，扬长避短，顺应全球产业网络的大趋势，并融入全球价值链流程中，在价值链中发现某些价值间的关系，然后加以利用，创造、保持和发掘更多的价值。同时，产业集群通过改变自身所处的价值链的位置来改变价值活动间的关系，带动效率和成本的改变，实现产业集群能级的提升，从根本上获取更高的价值能力，增强竞争优势。根据英国Sussex大学创新研究小组的学者们的观点，嵌入全球价值链中的产业集群升级的方式有四种：产品升级（Product Upgrading）、流程升级（Process Upgrading）、功能升级（Functional Upgrading）和交叉升级（Inter-Sectional Upgrading）。

其中，产品升级是指通过引进和研发新产品，改造旧产品，比竞争对手更快地提高产品的更新能力，强调产品范围和宽度的拓展，其表现形式是新产品、新品牌、改进产品市场份额的扩充和增加；流程升级是指通过对工艺、生产流程的改造提高生产效率，强调生产效率的提高，其表现形式是降低成本、增进传输体系、引进流程新组织方式；功能性升级即进入产业的高附加值环节，如设计、研发和营销，把低价值增加的活动放弃或者外包出去，提升在价值链中的位置，强调获得新的更高的附加值功能，从OEM(Original Equipment Manufacturer)到ODM(Original Design Manufacturer)再到OBM（Own Brand Manufacture）的转换常被视为功能升级的路线；交叉产业部门升级也叫链升级，即把一个特定产业环节中获得的能力应用到新的产业领域中或转向一个新全球价值链。

实践篇

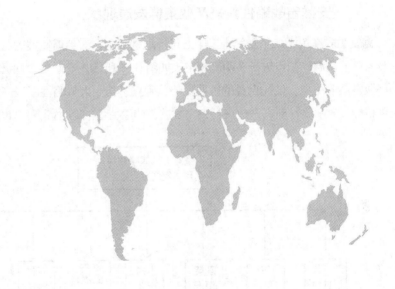

# 第六章　安徽省战略性新兴产业发展的现状

## 第一节　当前安徽省战略性新兴产业发展概述

### 一、安徽省战略性新兴产业集群发展现状

安徽省在第十二个及第十三个五年规划纲要中，对当前发展的七大战略性新兴产业及各产业发展的重点进行了明确规定，如图 6-1 所示。安徽各个地级市围绕战略性新兴产业发展的重点，依托自身的发展优势，确立了与七大战略性新兴产业相对应的新的发展目标，对战略性新兴产业进行大力发展，构建特色战略性新兴产业集群的发展基地。

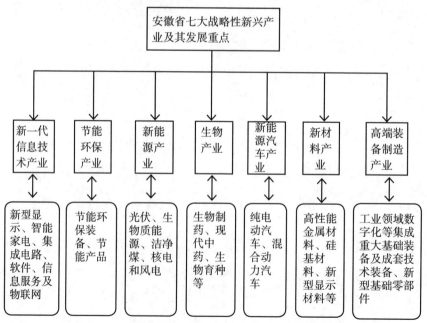

图 6-1　安徽省七大战略性新兴产业及其发展重点

在"一带一路"倡议下，中部地区经济迅速崛起，国家越来越重视和支持战略性新兴产业集群的发展，大部分地区的经济都有了很大的提升。战略性新兴产业集群已成为安徽省经济发展的重要力量，也是安徽省经济发展的强大动力。此外，安徽省战略性新兴产业集群近年来发展速度较快，发展效益不断提高，对我国的经济发展贡献较大。随着经济全球化趋势的发展和推进，安徽省战略性新兴产业集群仍具有巨大的潜力和上升空间，具体表现为以下几点。

### （一）发展总体态势增速稳定，效益较好

安徽省战略性新兴产业是未来经济增长的支柱产业，近年来的发展趋势和效率是非常乐观的。根据调查分析，从 2012 年到 2015 年，安徽省战略性新兴产业总产值分别为 5 094.1 亿元、6 863.4 亿元、8 378.9 亿元和 8 921.5 亿元，发展速度较快。在保持稳定增长的同时，产值也在不断扩大。与上一个五年相比，总产值分别比上一个五年增长 33.1%、23.4%、22.5%、17.6%。各行业的产值全面增长，其中电子和信息产业、新材料产业和高端装备制造业规模较大，产值较高，工业发展基础较好，在八大产业产值中居前三位 (2015 年为七大产业 )，其次是生物、节能、公共安全、新能源和新能源汽车产业。值得注意的是，虽然新能源汽车产业起步较晚，产值相对较低，但近几年来，随着环保意识的提高，国家开始高度重视绿色生态环境的保护，不断加大对新能源产业的投资力度，新能源汽车产业不断增加。2015 年与 2014 年相比，该行业的产值显著增加。

安徽省战略性新兴产业集群的对外贸易随着安徽省对外贸易的不断增加而迅速增长。根据安徽省商务厅的相关调查数据，2015 年安徽省拥有进出口经营权的企业数量达到 22 000 多家，与 220 个国家和地区建立了贸易关系。安徽对东盟国家的进出口比重也从 6.7% 上升到 12.1%。此外，机电、高科技等战略性新兴产业的进出口比重高达 70%。

在利用外资方面，安徽在质量和效益上取得了全面提高。"十二五"期间，安徽省利用外资 519.1 亿美元，其中以战略性新兴产业最为突出：引进外商投资，如日芯光伏、京澳新能源、联宝电子等战略性新兴产业，使其落户安徽；还吸引了许多境外世界五百强企业在安徽投资，如达能、加拿大庞巴迪、3M 等 21 家企业，累计在安徽投资多达 120 个项目。

在安徽省各个地区的战略性新兴产业发展中，除了淮南市负增长外，其他地区的发展整体来说比较迅速，在产值和增速上都呈上升趋势。2015 年，三大战略性新兴产业带总产值达到 6 513.1 亿元，总比占全省的 73%。其中，合肥战略性新兴产业产

值为 2 788.8 亿元，占 31.26%；芜马铜经济带战略性新兴产业产值为 2 434.6 亿元，占 27.29%；蚌滁经济带为 1 289.7 亿元，占 14.46%。

此外，安徽省战略性新兴产业发展速度不断加快，产业总量不断扩大，对全省的经济贡献也在不断增加。2015 年，规模以上工业原产值由 40.3% 增加到 58%，带动了全省 3.5% 的工业产值。与此同时，优势产业的规模也在不断扩大，重点项目进展良好，发挥了龙头效应，各个地区都在竞争中发展。

**（二）战略性新兴产业集群示范基地（经济带）建设初见成效，集群效应逐步凸显**

产业集群是区域经济增长的重要推动力，也是战略性新兴产业发展的重要组织形式。两者之间的关系是不可分割、相互促进的。近年来，随着产业集群的发展，安徽省战略性新兴产业得到了突飞猛进的发展，产业集群已成为安徽省经济发展的主导力量，不可或缺。目前，已形成了合肥、芜马铜经济带、蚌滁经济带三大战略性新兴产业带，加上合肥、芜湖、蚌埠、铜陵、淮北五市，它们在战略性新兴产业集群形成上具有明显的相对优势。安徽省战略性新兴产业集群的发展规模初步形成，进一步凸显了集群效应，例如，合肥电子商务工业园区、芜湖国家机器人产业试点园区、蚌埠硅基新材料产业集群、合肥和芜湖新能源汽车产业集群等都体现了集群的快速发展。

为了使战略性新兴产业集群得到更好的发展，安徽省各地级市确定了战略性新兴产业发展规划的产业范畴，并在此基础上界定了产业目标，即"从龙头企业到大项目到产业链，再到产业集群再到产业基地"，不断引进多家企业，打造特色产业集聚区。2015 年 9 月，安徽省政府确定了第一批省战略性新兴产业集聚发展基地 14 个，并在 2016 年 8 月中旬对第二批战略性新兴产业集聚发展基地进行了确定，一共 10 个，其中包括 8 个基地和 2 个实验基地。到目前为止，安徽省已经形成了 24 个战略性新兴产业集群发展基地，如表 6-1、表 6-2 所示。

表6-1　安徽省第一批战略性新兴产业集聚发展基地

| 序　号 | 基地名称 |
|---|---|
| 1 | 合肥新站区新型显示产业集聚发展基地 |
| 2 | 合肥、芜湖新能源汽车产业集聚发展基地 |
| 3 | 合肥高新区智能语音产业集聚发展基地 |
| 4 | 合肥高新区集成电路产业集聚发展基地 |

| 序　号 | 基地名称 |
|---|---|
| 5 | 滁州市经济技术开发区智能家电产业集聚发展基地 |
| 6 | 蚌埠硅基新材料产业园硅基新材料集聚发展基地 |
| 7 | 阜阳太和经济技术开发区现代医药产业集聚发展基地 |
| 8 | 亳州谯城经济技术开发区现代中药产业集聚发展基地 |
| 9 | 马鞍山经济技术开发区先进轨道交通装备产业集聚发展基地 |
| 10 | 芜湖鸠江经济技术开发区机器人产业集聚发展基地 |
| 11 | 芜湖三山经济技术开发区现代农业机械产业集聚发展基地 |
| 12 | 宣城宁国经济技术开发区核心基础零部件产业集聚发展基地 |
| 13 | 铜陵经济技术开发区铜基新材料产业集聚发展基地 |
| 14 | 安庆高新区化工新材料产业集聚发展基地 |

表6-2　安徽省第二批战略性新兴产业集聚发展基地

| | 序　号 | 具体名称 |
|---|---|---|
| 基　地 | 1 | 合肥市高新技术产业开发区生物医药和高端医疗器械产业集聚发展基地 |
| | 2 | 合肥市包河经济开发区创意文化产业集聚发展基地 |
| | 3 | 淮北市濉溪经济开发区铝基高端金属材料产业集聚发展基地 |
| | 4 | 宿州市高新技术产业开发区云计算产业集聚发展基地 |
| | 5 | 淮南市高新技术产业开发区大数据产业集聚发展基地 |
| | 6 | 六安市霍山高桥湾现代产业园高端装备基础零部件产业集聚发展基地 |
| | 7 | 池州市经济技术开发区半导体产业集聚发展基地 |
| | 8 | 黄山市现代服务业产业园文化旅游产业集聚发展基地 |
| 试验基地 | 1 | 芜湖市新芜经济开发区通用航空产业集聚发展试验基地 |
| | 2 | 马鞍山市博望高新技术产业开发区高端数控机床产业集聚发展试验基地 |

此外，安徽省还以皖江城市带（主要包括合肥、芜湖、铜陵、安庆、宣城、池州、滁州、马鞍山等）作为新工业的"示范基地"（如汽车产业——安徽芜湖的经济

技术开发区、铜及铜材加工——安徽铜陵的经济开发区等）和"国家高新技术产业化基地"（如芜湖——国家节能与新能源汽车高新技术产业化基地、合肥——国家智能语音高新技术产业化基地等），以及"国家火炬计划产业基地"（如芜湖节能环保汽车及零部件高科技基地、安庆汽车零部件高科技基地、合肥软件业基地等）。除了皖江城市带外，安徽省蚌埠、亳州等城市也在大力发展战略性新兴产业，形成了具有特色的战略性新产业集群发展基地，如蚌埠国家玻璃新材料（硅基新材料）产业基地、亳州现代中药产业基地等。

## 二、安徽省战略性新兴产业集群在全球价值链上的地位

通过对安徽战略性新兴产业集群发展现状的定性、定量分析，可以看出目前推动安徽经济发展的一大特色就是战略性新兴产业发展，安徽省在生态资源环境、区位、政策、人才等要素上都具有一定的优势，这给战略性新兴产业集群的发展提供了极大的发展空间及发展潜力。此外，战略性新兴产业因其知识密集型的特点，无论是哪一种战略性产业，要想实现长期的持续健康发展，就需要大量资本、高技术人才的投入及核心技术的研发突破。然而，这些核心技术和高科技人才大多掌握在欧美等国家的手中，因此在产业发展过程中仍有必要引进外国的产品，体现出"两头在外"的典型产业特征。安徽省虽然在技术、人才、资金等方面也在不断创新和突破，但仍处于发展初期，战略性新兴产业集群后期的优化发展必须借助全球价值链来突破发展。

在安徽战略性新兴产业集群的全球价值链中，一些技术领先、资金雄厚的外国企业垄断了附加值高的研发或者设计环节，可以获得价值链的最高价值，也会成为价值链的治理者，而价值链的低端 —— 生产、制造、装配、物流、销售等环节获得的价值分配较低。由于安徽战略性新兴产业集群融入全球价值链的时间非常短，虽然核心技术研发能力也在不断提高，但是仍然处于弱势地位，实力不够强，大多数战略性新兴产业集群与国际知名企业在核心技术和生产环节上仍存在较大差距，集群产业关键零部件国产化比率较低，与国外相比也存在一定的差距。除此之外，在新一代信息技术、新能源汽车、节能环保、新材料、生物等战略性新兴产业的发展过程中，集群形成了一些龙头骨干企业，具有一定的优势，但具备核心技术的龙头企业数量不多、规模不大，集群在全球链上的竞争力也不强。通过上面的分析可以看出，安徽省战略性新兴产业集群在全球价值链上仍然处于价值链的中低端，可以用一条"全球价值链微笑曲线"（GVC 微笑曲线）来描绘，如图 6-2 所示。

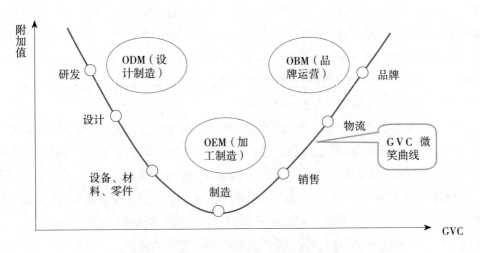

图 6-2　安徽省战略性新兴产业集群"全球价值链微笑曲线"

## 三、安徽战略性新兴产业集群战略重点具体内容

5 年（2016—2020 年）之内，要立足市场前景、技术储备和产业基础，加快发展新一代信息技术、高端设备和新材料、生物保健、绿色低碳、信息经济等产业。

### （一）新一代信息技术

面对网络化、智能化和集成化的趋势，要不断加快突破关键核心技术，加大集成电路、新型显示器、智能语音、智能终端、软件和信息服务等方面的推广力度。加强对电子基础产品的支持。到 2020 年，新一代 IT 产业产值将超过 5 000 亿元。

1. 集成电路

积极建设"中国集成电路之都"（合肥），以存储、驱动、射频芯片和 MEMS 等专用芯片为依托，以设计和制造为核心，同时重视包装检测、特种设备和材料行业的发展。到 2020 年，计划建成 3 条 12 英寸（30.48 厘米）晶圆生产线和 3 条 8 英寸（20.32 厘米）特色晶圆生产线，综合生产能力超过 200 000 片 / 月，形成多家特定行业的集成器件制造公司，产值可达 500 亿元。

扩大芯片制造业的规模。在驱动芯片领域，加快建设 12 英寸（30.48 厘米）驱动芯片生产线，适时扩大生产能力，创建"国内唯一、国际领先"的 12 英寸（30.48 厘米）生产线。在存储芯片方面，合理引进国际团队，积极合作，争取尽快在技术和产品上取得突破，力争进入国家存储产业发展布局。在射频芯片方面，积极推进 4 英

寸（10.16 厘米）、6 英寸（15.24 厘米）和 8 英寸（20.32 厘米）化合物半导体生产线的建设，以实现氮化镓(GaN)、砷化镓(GaAs)、磷化铟(InP)、碳化硅(SiC) 等射频功率器件的大规模生产。在新的传感器方面，应加快建设一条大于 6 英寸（15.24 厘米）的可控增益固态微光图像传感器生产线，并规划和建立国际先进水平的 8 英寸（20.32 厘米）微机电系统(Mems) 生产线。

大力发展芯片设计行业。积极设计北斗导航、移动通信、数字处理器等集成电路芯片，开发显示控制与驱动、电源管理、变频控制等专用集成电路芯片设计。培养引进设计企业 100 多家，培养 1 ~ 2 家国家级集成电路设计中心。

提升包装检测行业的水平和能力。积极引进包装检测线，配合 8 英寸（20.32 厘米）或 12 英寸（30.48 厘米）晶圆生产项目，优先发展新型封测技术，如系统级封装(SIP)、芯片级封装(CSP)、圆片级封装(WLP)、三维封装等。

突破关键的特种设备和材料。重点开发光刻、包装、检测设备，大力开发硅片、铜箔、引线框架、高性能光刻胶、电子化学试剂等相关材料及配套产品。

2. 新型显示

要抓住大尺寸、超高清液晶显示和中小尺寸有机发光半导体（OLED）柔性显示的发展机遇，不断巩固自身的领先优势，不断完善产业配套体系，加快突破关键共性和前瞻性技术，提升发展质量和效益。到 2020 年，建成具有国际竞争力的世界级新型显示产业集群，产值超过 2 000 亿元。

做大做强显示面板。完善京东方 6 代、8.5 代、10.5 代高世代面板生产线布局，推动企业加速掌握大尺寸、超高清、低功耗、窄边框、曲面显示等核心技术，突破有源矩阵有机发光二极体（AMOLED）背板、蒸镀和封装等关键工艺技术。超前布局柔性、量子点、全息、激光等显示技术。

提升配套能力。支持企业突破高世代玻璃基板和掩模板、偏光片、光学膜、OLED 发光材料等关键技术，开发 5.5 代及以上关键设备，如蒸镀、成膜、激光退火、印刷打印等。鼓励面板企业与配套企业不断加强多样化合作，结合 AMOLED 等新一代显示技术工艺研发，对关键设备和材料进行共同开发。

建设高水平产业研发平台。依托京东方合肥研究院、合肥现代显示研究院、安徽新型显示创新中心、打印 OLED 研发平台等，建设国内领先的新型显示技术创新平台，筹建国家级新型显示创新中心，抢占未来显示技术制高点。

3. 智能语音

不断扩大智能语音产业发展规模，提高其发展水平，打造"中国声谷"。到

2020 年，建成智能语音产业集聚发展基地，提高国际影响力和国际竞争力，产值达到 1 000 亿元。

加强语音及人工智能核心技术研发。加快突破新一代感知智能语音交互核心技术，如基于深度神经网络的感知智能机器学习、高表现力拟人化语音合成、多方言多场景个性化语音识别等，不断提高以自然语言理解为核心的认知智能核心技术，如口语表达及交流能力评测、纸笔考试全科学智能阅卷、中英文口语翻译等，争取达到国际领先水平。

推进语音及人工智能核心技术成果的规模化应用。大力引进智能语音产业链各环节的骨干企业，推动语音与人工智能技术融合，实现语音技术在各个领域的应用，如智慧教育、智能家居、智能汽车、智能终端、智能机器人、信息安全等。

4. 智能终端

提高移动智能终端核心技术研发及产业化能力，大力发展智能手机、车载智能终端、智能电视、可穿戴设备等多模态人机自然交互终端产品。鼓励发展支持智慧家庭、智慧城市、智慧工厂、智慧农业应用的物联网智能终端产品，还有面向金融、交通、医疗等行业应用的专业终端设备。支持华米等龙头企业积极开展差异化细分市场需求分析，提升用户体验，做大高端移动智能终端、智能物联终端产品和服务的市场规模。到 2020 年，智能终端产业产值达到 500 亿元。

5. 软件和信息服务

加快推进合肥"中国软件名城"的建设，大力发展支撑信息化和工业化深度融合的工业软件、智慧城市专项业务操作系统软件及基于软件即服务（SaaS）模式的行业应用软件。充分发挥全国教育信息化试点省优势，以建设"三通两平台"为抓手，大力发展教育管理和教学应用类软件，积极推进智慧班级、智慧校园、智慧教育建设，为实现教育现代化提供强有力支撑。加快培育网络身份认证、网络支付、位置服务、社交网络服务等新兴服务业态，大力推动信息系统集成、信息技术咨询、网络中介服务、信息安全等服务业的发展。到 2020 年，软件和信息服务业收入超过 1 000 亿元。

（二）高端装备和新材料

不断顺应和符合制造业的发展趋势——智能化、绿色化、服务化，加快突破关键技术与核心部件的速度，推进重大装备与系统的工程应用和产业化进程，使新材料的支撑能力不断提高。计划到 2020 年，高端装备和新材料产业的产值将达到甚至突破 4 000 亿元。

1. 机器人

为了推进机器人的应用，要不断突破机器人整机、关键零部件和系统集成设计制造等技术方面的瓶颈。到 2020 年，建成具有重要影响力的国家级机器人产业基地，产值达到 400 亿元。

（1）推进机器人整机向中高端发展。重点突破高性能工业机器人运动控制、精确参数辨识与补偿、协同操作与调度、教学等关键技术，着重发展弧焊机器人、真空（清洁）机器人、全自主编程智能工业机器人、人机协作机器人、双臂机器人、重型AGV、智能公共服务机器人和智能护理机器人。

（2）大力发展机器人关键零部件。重点提升高精度减速器、高性能伺服电机和驱动器、高性能控制器、传感器、末端执行器等 5 个关键零部件在质量上的稳定性和批量生产能力，从而打破长期依赖进口的局面。

（3）有序推动机器人规模应用。实施"机器换人"计划，在汽车、家电、轻工纺织等劳动强度大的工业企业和化工、民爆等危险程度高的行业，还有医药、半导体、食品等生产环境洁净度要求高的行业，有序推进中高端机器人的规模应用。

2. 通用航空

抢抓国家加快发展通用航空产业的重要战略机遇，坚持开放合作和自主创新，逐步健全航空产业体系，实现整机产品系列化、配套产品国内领先化。到 2020 年，通用航空产业产值达到 300 亿元。

（1）集中力量开发整机。积极对接和吸纳国内外通航优质资源，大力引进高层次技术团队，开展军用和民用技术双向转化研究，重点突破通用飞机系统设计、制造、测试、取证和集成开发的关键技术，开发 2 座至 40 座的系列产品。

（2）构建通用航空装备产业链。重点推进通用飞机活塞发动机、中小型涡轮螺旋桨发动机、涡轮轴发动机、涡扇发动机的研发和制造，大力发展航空显示、无线电导航、航空电子测试设备等相关产业。积极推进高性能复合材料、高温合金材料、高端轻质高强度金属材料等的研发和产业化。

（3）扩展通航服务空间。支持建立航空俱乐部、航空教育培训机构、飞机租赁等经营服务机构，推动通航运营服务企业集群发展。发展航空维修产业。推动通用航空与互联网、创意经济融合发展，拓展新业态。

3. 智能制造

加快推进新一代信息技术与制造技术的深度融合，加快突破增材制造关键工艺，构建一个具有信息深度控制、智能优化决策、精准控制自执行等特性的智能制造系统，它将贯穿于整个制造过程和产品生命周期。在重点领域建设一批高水平的智能工厂。到 2020 年，智能制造产业产值达到 300 亿元。

（1）突破增材制造关键工艺。大力发展粉末冶金技术，积极研究熔融沉积成形（FDM）、激光净成形（LENS）、分层实体制造（LOM）、电子束熔丝沉积（EBF）等选择性沉积技术，还有光固化成形（SLA）、选择性激光烧结（SLS）、选择性激光熔化（SLM）、三维打印（3DP）、电子束熔炼成形（EBM）等选择性黏合技术，研制复杂零部件复合成形、金属喷射复合沉积、金属构件修复与再制造、生物医疗打印制造等新型装备。

（2）积极推进智能工厂建设。面对汽车、家电、冶金、化工等传统产业转型升级和新能源、消费电子、节能环保等新兴产业的发展需要，应在骨干企业中推广数字化技术、系统集成技术和智能制造成套装备技术，建设智能工厂和数字车间，重点开发离散型智能制造、流程型智能制造、网络协同制造、大规模个性化定制、远程运维服务等新模式。

4. 现代农机装备

依托现代农业装备国家地方联合工程研究中心、省级企业技术中心、院士工作站等研发平台，加强产学研合作，突破大功率拖拉机、复式保护性耕作机械、精密高效植保设备、智能谷物联合收获机等关键技术的瓶颈。大力发展插秧机、拖拉机、收获机械、烘干机械、园林机械等多种农机装备，为水稻、小麦、玉米、大豆、油菜等农作物在土地耕整、种植、田间管理、收获及收获后处理等环节提供全程机械化方案。到 2020 年，现代农机装备产业产值达到 500 亿元。

5. 轨道交通装备

提升轨道交通"材轮轴架"系统制造集成能力，加快 250 千米 /小时和 350 千米 /小时的高速轮轴运行试验，力争早日实现国产化。开发制造先进的城市轨道交通弹性、降噪车轮。积极推进传动齿轮箱、转向架、减振装置、牵引变流器、绝缘栅双极型晶体管（IGBT）器件、大功率制动装置、供电高速开关等关键零部件的研发和制造。建立国家轨道交通轮轴系统工程技术研究中心，不断提高高端车轮、轴系及关键零部件产品的整体研发水平和创新能力。到 2020 年，轨道交通产业产值达到 500 亿元。

6. 新材料

把握主要设备和重点产业的发展方向，顺应高性能、多功能、绿色新材料的发展趋势，积极发展高端金属材料、新功能材料、先进结构材料和高性能复合材料，加强前沿材料布局。到 2020 年，新材料工业产值达到 2 000 亿元。

（1）引导金属材料高端化发展。加快发展高纯化、微合金化、复杂多元合金化、复合材料化等高端铜合金制造技术，推动高精度电子铜带、HDI 板用超薄电子铜箔、海洋及电力工程用高效换热铜管、轨道交通用特种线缆（杆），还有集成电路引线框架、高密度互联印制电路板、新型电子元器件封装材料等延伸产品的发展。推进铁基新材料的高端化发展，大力研发高速轮轨用钢、激光拼焊汽车板、变频电机和发电机用高效节能型硅钢等高性能钢材和合金材料。以轻质、高强、大规格、耐高温、耐腐蚀、耐疲劳等为目标，研制出高性能铝合金、镁合金和钛合金。加快发展稀土永磁、稀土涂层、稀土耐磨等稀土应用材料。

（2）鼓励开发新的化学材料。重点发展新型高分子材料、高性能纤维、工程塑料、合成树脂等石化产品，积极开发新型结构材料、膜材料、塑料合金材料、可降解塑料，加快汽车热塑性复合材料产品的开发。加快以煤制烯烃为基础的高分子材料及其产业链的发展，实现煤基化工原料向新型煤基原料的转化。

（3）加快有机硅新材料的发展，优先发展甲基、苯基氯硅烷单体、环体等。积极发展碳纤维和高强高模 PVA 纤维，加快推进碳纤维在相关领域的应用。

（4）大力发展新型无机材料。为满足建筑节能、平板显示和太阳能利用的需要，应着重研发平板显示玻璃，鼓励低辐射镀膜玻璃、覆膜玻璃、真空节能玻璃和光伏电池透明导电氧化物镀膜超白玻璃的发展和应用。加快发展高纯石英粉、石英玻璃及其制造品，推动高纯石英管及光纤预制棒的产业化。开发高性能玻璃纤维、连续玄武岩纤维、高性能摩擦材料和绿色新耐火材料等产品。

（5）布局前沿新材料。以石墨烯材料批量制备以及基于石墨烯的各类功能材料制备关键技术为指导，鼓励骨干企业与相关高校、科研院所协同合作，开发材料规模化制备技术，促进关键工艺及核心设备的同步发展，提升产业化水平，推进石墨烯材料在新产品中的应用。

积极推进纳米材料在新能源、节能减排、环境治理、功能涂层、电子信息等领域的研究应用。积极推进铁基高温超导材料的研究和超高温隔热防护氧化锆纤维的产业化进程。

### （三）生物和大健康

把握生命科学深入发展的新趋势，广泛应用新生物技术进行整合创新，努力构建新的生物医学体系，使医疗器械向高端化发展，积极发展移动医药、远程医疗等智能医疗产业。继续大幅提高生物农业和生物制造业的发展水平。到 2020 年，生物保健产业产值将达到 2 000 亿元。

1. 生物医药

在癌症、心脑血管疾病、糖尿病、精神疾病、免疫疾病高发传染病、罕见疾病等领域，应重点发展针对性强、选择性强的新的药物治疗机制，加快新型抗体、蛋白质、多肽等生物药物和医药中间体的开发和产业化发展。加快发展手性合成、酶催化、结晶控制等化学药物制备技术，促进大规模细胞培养纯化、抗体偶联、无血清无蛋白培养等生物技术的研究和工程化，提高长效、缓控释、靶向等新型制剂技术水平。为提高药物检测水平，构建基于细胞模型和动物模型的高效药物筛选检测系统。到 2020 年，生物医药产业产值超过 500 亿元。

2. 现代中药

以中药标准体系建设为核心，加快规范化中药材基地的建设，加强中药制药业关键技术的开发和推广，建立从原料到药品的中药标准化示范产业链，培育现代中药大品种。加快中药生产、流通、使用追溯体系的建设，并在质量和安全上提供保障。发展现代中药提取纯化技术，根据中医药特点，开发黏膜给药等制剂技术，促进质量控制、自动化、在线监测等技术的应用。到 2020 年，现代中药产业产值突破 500 亿元。

3. 高端医疗器械

为了在医学成像、超导质子治疗系统、数字 X 线机、外科导航系统、医用机器人等方面取得突破性进展，我们应开发高性能诊断设备、外部诊断设备、高端植入干预产品等，并加快合肥离子医学中心、肿瘤医学中心、区域细胞制备中心的建设，支持关键共性技术研发、检测等公共服务平台和医药行业创新中心的建设。到 2020 年，力争实现高端医疗器械行业产值 300 亿元。

4. 智慧健康

加快发展网上医疗、养老等新兴服务，鼓励发展第三方网上健康市场调查、咨询和评价、预防管理等应用服务，支持社区养老信息服务网络平台的建设。支持第三方影像设备应用示范中心建设，加强医学影像分布式存储架构、广域网医学图像即时传递、网络化医学影像三维后处理分析等关键技术研究，鼓励运用计算机断层扫描（CT）、磁共振成像（MRI）、彩超等影像设备，为基层患者提供医疗诊断服务。到 2020 年，智慧健康产业产值突破 100 亿元。

5. 生物农业

以产出高效、产品安全、资源节约、环境友好为目标，开展基因编辑、分子设计、细胞诱变等生物育种关键核心技术研究，打造具有核心竞争力的"育繁推一体化"现代生物种业企业。大力发展动植物病虫害防控新技术，开发新型动物疫苗、生物兽药、新型植物农药、绿色饲料、绿色肥料等主要产品，推动农业转型发展。到2020年，生物农业产业产值突破200亿元。

6. 生物制造

紧盯市场需求和技术变革方向，加快生物基材料产业的关键共性技术攻关，重点发展聚乳酸（PLA）、聚丁二酸丁二醇酯（PBS）、聚羟基烷酸（PHA）、聚有机酸复合材料及椰油酰氨基酸等生物基材料及生物助剂。持续加强非粮原料转化、生物气化、生物酶解等关键技术研究，不断提升柠檬酸、燃料乙醇、富马酸、苹果酸等大宗精细化学品和工业酶制剂产品的规模水平。到2020年，生物制造产业产值超过400亿元。

**（四）绿色低碳**

不断顺应能源改革总趋势，把握绿色转型和产业结构发展的要求，注重创新和绿色低碳技术的应用，重点提高新能源车辆和新能源应用的比重，全面推进节能环保、资源循环利用等产业的快速发展。争取到2020年，绿色低碳产业产值达到4 000亿元。

1. 新能源汽车

以纯电动汽车和插电式混合动力汽车为主体，鼓励发展燃料电池汽车，将产业发展与推广应用相结合，整车引领和加强配套相结合，加快新能源汽车的推广、应用和产业化。到2020年，全省新能源汽车年产量预计达到300 000辆，建成具有较强的核心竞争力、领先的产业基础和完善配套设施的新能源汽车产业基地，新能源汽车产业产值超过1 000亿元。

（1）大力推进动力电池和电机驱动系统的技术创新。对高比能动力电池的新材料、新系统、新结构和新工艺进行重点开发，加强对电机驱动系统、电机控制器、制动器等关键零部件的研究和开发，争取电机和电池、电子控制研究开发和生产技术达到国际先进水平。

（2）加快充电设施建设。鼓励社会资本进入充电设施建设领域，推进充电设施建设，加快形成布局合理的充电服务体系，保证充电设施建设用地的安全。鼓励建设集停车与充电功能于一体的停车场，逐步推广充电桩在城市公共停车场和住宅区的建设。

（3）加大新能源汽车推广力度。在城市客运、卫生、物流、机场、车站通勤、公安巡逻、风景名胜区等领域积极推广新能源汽车的使用。探索并开通城际新能源汽车客运专线，增加运营路线并扩大规模。积极推进党政机关、事业单位、企业事业单位对新能源汽车的使用。

2. 新能源

加快发展太阳能光伏、生物质能、风电、储能等新能源产业，推动关键光伏技术的研究与开发，促进高效、低成本光伏技术的应用。到 2020 年，新能源产业产值超过 1 000 亿元。

加快发展高效率、低成本的光伏技术。推进高效等晶硅电池、新型薄膜电池、电子级多晶硅、高端切割机、自动丝印机、高纯度关键材料等的研究和产业化进程，提高光伏逆变器和智能电网技术及设备水平。加强光伏新能源领域的标准化研究，完善公共服务平台建设，提升产品认证和服务运营水平。

积极有序推进光伏应用。推进光伏电站与配套电网的规划和建设，实施若干光伏发电工程。在合肥、蚌埠、芜湖、六安、安庆等城市实施光伏建筑一体化应用示范工程。按照"自发自用、余量上网、电网调节"的方式，推广小型分布式光伏发电系统。到 2020 年，全省累计并网光伏发电装机容量超过 8 GW。

3. 节能环保

开发推广面向工业、交通、建筑等重点领域的高效节能技术与装备，推动合同能源管理、节能诊断改造等节能服务产业的发展，提升能源利用效率。面对水、大气、土壤、重金属、城市垃圾等，应开发和推广先进的环保设备和产品。发展源头减量、资源化、再制造等新技术，提高资源综合利用水平和再制造产业化水平。到 2020 年，节能环保产业产值超过 2 000 亿元。

（五）信息经济

以互联网为依托，不断增强网络基础设施建设，并对电子商务、云计算、数字创意等新兴产业进行积极发展。到 2020 年，信息经济产业产值达到 4 000 亿元。

1. 电子商务

以打造"电商安徽"为突破口，培育电商龙头企业，积极推动农村电子商务和跨境电商的有序发展。到 2020 年，网络销售额超过 2 500 亿元。

（1）鼓励电商企业做大做强。大力培育本土电商品牌企业，支持中小电商企业的发展。全面普及工业企业电子商务的应用，积极推进新技术、新成果、新模式应用转化，加快建立与我省产业特色相适应的工业品网络零售和分销体系，推动产品质量和企业效益不断提升。

（2）加快发展农村电子商务。改善农村电子商务发展环境，加强农村电子商务市场主体，引导电子商务企业与新型农业经营者、农产品批发市场、大卖场连锁等建立多种形式的合作，培育发展一批电子商务特色小镇和电商村。

（3）加快完善电商物流体系。合理布局物流仓储和快递装卸中心，支持快递物流园区建设，降低流通成本，提高流通效率。鼓励安徽省快递企业总部建设快递配送（中转）中心或后台服务（呼叫）中心，加快快递区域总部经济发展。

2. 云计算和大数据

充分发挥合肥科教资源和淮南、宿州能源基地优势，加快建设合肥云计算大数据生产应用中心和淮南、宿州大数据存储基地，构建"一中心两基地多园区"的产业空间布局。到 2020 年，云计算和大数据产业产值达到 500 亿元。

（1）加快云计算核心技术的研发。重点研究云服务体系结构、云计算网络均衡、分布式数据存储、数据交换、大规模数据管理等关键技术。加强信息安全保障技术研究和体系建设，进一步提升网络信息安全监测、预警、控制和应急处置能力。

（2）培育龙头企业。依托数据感知、传输、处理、分析、挖掘、应用和安全等大数据产业链，引进和培育 20 多家云计算企业、大数据领域的龙头企业和 500 家应用服务企业。在国家建设中，打造 2～3 家具有重要影响力的云计算和大数据产业聚集区，积极发展新兴业态。大力发展公共云计算服务，引导专有云有序发展。支持有条件的企业建设高水平数据中心和云计算服务平台，提供弹性计算、云存储、分布式数据库、企业经营管理、研发设计等应用服务。

（3）推动政府数据资源开放。按照"按需共享、统一交换、授权使用"的原则，加快建设"政务云"，建立全省政务信息资源目录体系和交换体系，推动政府部门数据开放共享，引导和规范社会力量对政府数据资源进行增值开发利用。

3. 数字创意

创新数字文化创意技术和设备，丰富数字文化创意内容和形式，提高设计服务水平，逐步形成文化领先、技术先进、产业链完整的数字创意产业发展模式。到 2020 年，数字创意产业产值超过 1 000 亿元。

（1）提升文化创意内容和形式。挖掘地方特色文化，创作具有鲜明特点的戏曲、音乐、美术等数字创意内容产品，推动徽派文化走出去。支持传统文化单位向互联网新媒体的方向发展，加快建设内容集成和数字传输的综合平台，推动传统媒体和新兴媒体的融合发展。支持数字创意产品原创能力建设，提升技术装备水平，发展网络内容服务新业态，引导影视、动漫游戏、音乐制作、新媒体艺术等的创新发展。

（2）鼓励设计服务业创新发展。支持设计服务与制造业、建筑业等领域融合发展，打造一批具有较强竞争力的设计龙头企业。加强设计服务企业与工业企业对接，开展基于新技术、新工艺、新装备、新材料的设计服务。促进数字技术在人文景观、园林绿化、楼宇建筑等领域的应用，不断提高城乡规划、建筑设计、景观设计水平。

## 第二节　安徽省战略性新兴产业集群发展融入全球价值链遇到的困难

近年来，安徽省战略性新兴产业集群得到了较好的发展，并实施"走出去"的向外发展战略，积极融入全球价值链，突破低端锁定的瓶颈。然而，仍存在以下问题。

### 一、发展不平衡，产业、区域间有较大差异

由于安徽省各城市在地理位置、资源等方面的不同，安徽省战略性新兴产业集群的发展也呈现不平衡的状态，不同区域间的产业差异较大，这使其在全球价值链中处于不同的环节。产业、区域差异分析如下。

在产业方面，虽然新一代信息技术产业、新材料和高端装备制造战略新兴产业在发展速度上不断提高，规模不断扩大，但其他战略性新兴产业的发展仍处于初级阶段。据安徽省统计局调查显示，2015年，在七大战略性新兴产业中，新一代信息技术、新材料、生物节能和环保产业的发展速度明显快于其他产业，产值超过1 000亿元，分别达到2 293.5、2 064.5、1 002.3和1 623.3亿元，增幅分别为24.4%、14.5%、13.2%、13.8%。此外，新能源汽车产业产值达到368.6亿元，增长28.1%，居7个战略性新兴产业之首。在区域方面，合肥、芜湖、铜陵等作为产业转移和发展新格局的地区，为战略性新兴产业集群的发展奠定了良好的基础，是安徽省战略性新兴产业集群的主要分布区，而皖北各城市发展基础薄弱，发展差距较大。就总产值而言，2015年安徽省战略性新兴产业总产值为8 921.5亿元，仅皖江示范区产值就占全部新兴产业的76.5%（6 825.4亿元），其中合肥和芜蚌产值分别为2 788.8和4 928亿元，分别占全省的31.3%和55.2%，而皖北六市总产值1 774.2亿元，仅占全省的19.9%。

### 二、产业大都处于全球价值链中低端环节，产品附加值较低

全球经济一体化进程不断加快，分散在全球价值链中的企业从事产品设计、研

发、制造、营销、品牌创造和售后服务等一系列增值活动。研究表明，全球价值链中的研发和创新可以达到总利润的 40%，而制造业只能获得 10%。总体而言，安徽省战略性新兴产业的核心技术不足，许多核心技术依赖于发达省份或国外，大多数产业处于全球价值链的中低端，即产品的制造加工环节，而产品设计、研发、品牌建设等高端环节薄弱，这使安徽在全球价值链上只能获得较低的附加值，高附加值部分被其他发达省份或国家获取。

另外，安徽省战略性新兴产业集群的层次较低，主要依靠当地的副产品和矿产资源，缺乏产业优化升级和可持续发展的能力，这也是导致其产品附加值较低的原因之一，如合肥的食品及农副产品、安庆的纺织、马鞍山的铁矿、铜陵的铜矿等，在产品生产过程中只能获取较少的附加值。这主要是由于：第一，安徽战略性新兴产业集群缺乏有效的创新机制，集群内企业的创新能力较为薄弱，使整个集群处于全球价值链的中低端环节；第二，创新动力不足，缺乏创新和研发经费的投入，专业的研发机构和专业人才队伍建设不到位，导致安徽战略性新兴产业集群只能停留在全球价值链的中低端水平，无法获得高附加值。

## 三、集群的区域产业文化发育不够，专业化分工机制尚未形成

区域产业文化是区域发展的灵魂和精神支柱，对一个地区的健康快速发展具有重要意义。安徽战略性新兴产业集群形成在 20 世纪 90 年代，发展时间较短，产业集群区域的产业文化发展薄弱，而集群的形成主要是通过吸引投资的方式。集群地区地方企业的文化特色不明显，缺乏特殊的产业文化机制。而且，依靠招商引资的驱动力形成的集群，外商投资企业大多受到当地优惠政策和低要素成本的吸引，极容易随着投资环境的变化而发生转移。

此外，安徽省战略性新兴产业集群的发展还处于初级阶段，企业分工和专业化程度不高，信息、人才、技术等要素不能充分地流动，企业内的学习交流、创新能力、分工合作不能得到有效的管理和普及，无法形成集群产业链，使企业缺乏专业化分工动力和竞争提升动力。

对融入全球价值链的安徽战略性新兴产业集群来说，由于未能形成良好的区域产业文化和专业化分工机制，在突破低端锁定，从全球价值链的中低端环节迈向高端环节方面，受到了极大的阻碍和困难。

## 四、集群市场结构不合理，核心企业不多

在安徽省战略性新兴产业的发展过程中，集群的市场结构存在一定问题，市场细分也不合理，同一集群企业之间的产品市场细分程度不高，同类产品的市场地位也比较类似。省内龙头企业不多，重点核心大企业对当前战略性新兴产业的参与程度不高。同时，起主导作用且规模超过 10 亿甚至数百亿美元的核心龙头企业非常少。大型企业往往拥有充足的人力、物力、财力，也会具备较强的技术创新能力和扩散风险的能力，缺乏核心企业的战略性新兴产业集群如同缺乏了"主心骨"，会使集群的整体组织不合理。由于缺乏龙头企业，集群发展有限，战略性新兴产业集群无法更好地跨越全球价值链，发挥以点带线、以线带面的集群联动效应，只能停留在价值链的中低端，甚至被踢出全球价值链，很难实现集群的优化升级，也难以实现健康可持续的发展。

## 五、政府、行业协会、企业协同不够，缺乏向集群升级的有效动力

政府、企业和行业协会是战略性新兴产业集群发展的三大集群要素。在政府"看得见的手"的正确支持和引导下，集群中的企业在自身发展的同时还能促进整个战略性新兴产业集群的有效发展。

战略性新兴产业集群的优化升级和发展是一个需要政府、行业协会和企业协同作用的合作过程，这种合作通常建立在三者相互信任和有效协调的基础上。安徽省战略性新兴产业集群在发展过程中，政府、行业协会和企业之间的沟通交流不够，相应的专业支撑能力较弱，缺乏向集群升级的推动力。首先，在同样的市场环境下，同一产业的企业之间，尤其是在同一集群中的企业，存在着或多或少的竞争。在没有第三方协调的情况下，企业要积极自觉地相互合作，发挥集群效应，更好地推动集群向全球价值链的高端发展。其次，政府和行业协会在促进集群内企业间的沟通，为企业提供所需的市场和技术信息方面，远远没有发挥其协同服务功能，集群企业无法全面获取相应的信息，使企业没有动力将自身提升到全球价值链的更高环节。最后，政府、行业协会和企业之间协同的欠缺使集群企业的技术难以得到创新。技术创新可以使企业突破瓶颈，走出低迷的状态，从而实现产业集群升级，跨入全球价值链高端，所以技术创新是企业发展的有效动力。然而，技术创新需要大量的资金投入，政府和行业协会要在技术人才和研究平台的支持下与企业合作，制订相关的方案和措施，实行优惠政策，有效整合企业资源，为战略性新兴产业集群的发展创造良好的集群环境。

# 第七章　芜湖新能源汽车产业集群发展分析

## 第一节　芜湖新能源汽车产业集群发展现状

### 一、整体情况

国家将芜湖作为首批对新能源汽车进行推广应用的城市，先后获批国家新能源汽车创新型产业集群、省新能源汽车产业专利联盟、省新能源汽车产业集聚发展基地。近年来，芜湖坚持创新驱动，搭建创新平台，加快人才集聚，推广应用模式，新能源汽车产业保持高速发展，形成了以奇瑞、宝骥等整车企业为龙头，以安川电机、天弋锂电等核心零部件企业为支撑，以恒天易开、金玺新能源等应用企业为线上、线下服务支持的产业格局。

从 2017 年奇瑞能源发布的最新消息看，汽车的销售量达 28 628 辆，销售收入实现 10.3 亿元，销量同比增长达 65％，收入同比增长 19％。多年来，该企业将研发新能源汽车的关键技术放在首位，加大自主研发平台建设，掌握 7 大核心技术以及 5 大通用子系统，发明专利授权量在全球居第三位。2016 年 11 月，奇瑞已经建成全国首个纯电动乘用车专用生产平台，获得了国家发布的第 4 张新能源整车的生产牌照；同时它在新平台开发的全铝车身骨架纯电动汽车在同年录入了第五批中华人民共和国工业和信息化部新能源汽车的推荐目录。

作为国内最早从事新能源产品开发的汽车企业之一，1999 年以来，奇瑞已累计承担 30 多项国家 "863" 计划的节能与新能源汽车重大专项研究项目，20 多项省市级重点科技攻关项目，取得了一系列核心技术的突破和产业化发展。近年来，奇瑞建立了国际标准的 "V" 字型正向开发流程，致力打造符合全球标准的研发和生产体系，在超轻量化车身技术、平台、动力、智能互联、新能源等前沿科技领域实现全面突破，产品品质甚至超越了主流合资品牌的水平。在 2017 年全国企业专利运营许可百强榜上，奇瑞汽车居第 7 位。

芜湖新能源汽车产业集聚发展基地坐落于高新区，在龙头企业的带动下，有近

60家汽车企业，其中包括整车及关键部件企业，通过精细地谋篇布局，已经产生了新能源汽车的全部产业链。以新能源汽车、机器人等为代表的高新技术产业，已成为创新驱动、转型升级道路上的"主力军"。截至2017年底，基地已申请发明专利7730多件，同时获得授权发明3320件，累计申请专利16120件。芜湖还有机器人、现代农机、通用航空等类似于新兴能源汽车产业这样的战略性新兴产业发展基地。初步预计到2020年，芜湖新能源汽车产业产值将达400亿元。

近年来，芜湖市形成了以天弋能源、天亮电池系统、杰诺瑞大洋电机、安川电机等关键部件企业为支撑，以奇瑞股份、奇瑞新能源、宝骐汽车等整车企业为龙头的产业集聚群，加上达尼特科技，金玺实业，旗翔新能源等配套企业，高效整合产业链条，全力推进高新区新能源汽车产业园建设，以便更好地加快形成集聚效应。

得益于芜湖的快速发展，安徽省已经形成以合肥和芜湖为中心，奇瑞、江淮、安凯等骨干整车企业为龙头，国轩高科、天康集团等核心零部件企业为配套，构筑了从电池、电机、电控直到整车研发制造，再到充电设施与新能源汽车运营服务的完整产业链，包括研发、产业化、示范运营三位一体的新能源汽车产业体系和发展格局，逐渐成为全国行业内的一面旗帜。2017年，安徽省生产推广的新能源汽车数量是2014年的8倍，销售量居全国前列。根据此增幅，2018年安徽省将计划推广生产新能源汽车3万辆以上。

预计在未来的5年里，全国新能源汽车将会从现有的30多万辆增至300万辆，呈10倍的增长速度，而从2020年到2030年，在十倍增长的基础上，还要有5倍的增长，即从300多万辆到1500万辆。作为新型能源汽车产业的龙头，安徽省具有巨大的发展空间以及发展优势。

## 二、动力电池隔膜材料领域

芜湖的达尼特材料科技有限公司，重点研发动力电池隔膜材料，其生产的薄如蝉翼的电池隔膜能分为3层，在电池异常时可以快速断电，防止热爆，这是由于具有双面涂层的复合隔膜破膜温度大于200℃。2016年第一季度，该企业高端隔膜产品的产值达到了过去5年之和。虽然绝对值并不大，但已经充分反映新能源汽车产业的蓬勃发展态势。

## 三、新能源汽车车身轻量化

新能源汽车发展的重要条件是轻装前行，即车身一定要轻量化。芜湖市一期工程于2016年9月份建成投产，投产的首款车型为一款小型纯电动suv。该项目基于"奇

瑞全铝空间架构 + 全复合材料外覆盖件"这一理念及全新超级轻量化技术平台的开发，全程贯彻轻量化的目标，使新能源汽车在工艺材料、成本减重、节能性能等方面具有独特的先天性优势。自 2000 年国家启动新能源汽车研发以来，奇瑞新能源汽车逐步在整车合成技术方面形成了一套自己的开发体系，同时参与一系列节能与新能源汽车重大专项项目，取得了一系列核心技术的突破和产业化的发展，获得了国家的认可。至 2015 年年底，发明专利已达 300 多项，申请专利共 500 余项，位居汽车企业前列。

众所周知，车身轻量化的实现得益于铝合金车身的使用，由铝件代替钢件，车身重量减轻 40%，刚度提高 20%。芜湖市奇瑞新能源汽车作为在汽车车身制造方面掌握核心技术的企业，全铝车身连接技术已达到世界先进水平。

事物的发展不能离开整体，也不能离开部分，尤其是新能源汽车产业，要在依托电池电机、汽车电子等相关零部件产业链协同发展的基础上，注重整车开发。统筹兼顾。

芜湖天弋能源科技有限公司在动力电池研发中，十分重视现实环境模拟，注重进行日常分析以及结构受力分析，力图用设计保证产品的质量和使用安全。企业也十分重视隔膜特性，隔膜特性影响着电池容量、安全和寿命，电池的好坏得益于隔膜特性，而电池又影响着整车，因此芜湖天弋能源科技有限公司特别注重零部件的使用。

## 四、新能源汽车动力总成系统项目

2018 年 6 月 19 日上午，芜湖鸠江区政府就新能源汽车动力总成系统项目与上海电驱动股份有限公司签约。协议表明，上海电驱动股份有限公司要租用芜湖大洋电机新动力科技有限公司的厂房，投资建设新能源汽车动力总成系统项目，总投资额不低于人民币 5.4 亿元。

新能源汽车动力总成系统项目产品包括：商用车牵引电驱动系统、乘用车牵引电驱动系统、氢燃料电池发动机系统、新能源汽车核心电器系统等。项目全部建成投产后，会使生产能力突飞猛进，将大幅提升芜湖市新能源汽车产业的整体水平，完善产业链布局，提升芜湖新能源企业的影响力。

上海电驱动股份有限公司作为业内领先的新能源汽车驱动系统解决方案供应商，其电驱动系列产品的成绩是有目共睹的，国内市场份额占比超过 30%。位于广东省中山市的中山大洋电机股份有限公司，是微特电机及新能源车辆动力总成系统的专业研发制造商和提供商，是广东省高新技术企业和百强民营企业，其下辖包括芜湖杰诺瑞汽车电器系统有限公司在内的 22 家控股及参股公司。

## 五、新能源汽车免税政策实施

2018 年第一季度，芜湖市共办理免税车辆 849 台，免征税款 518.61 万元，分别是同期免税车辆的 12.3 倍和 2.28 倍。免税车辆中，办理新能源汽车免税车辆 818 台，占免税总量的 96.3%，免征税款 394.87 万元。与同期相比，新能源汽车免税车辆增加 807 台，免征税款增加 387.70 万元，免税车辆数量和免税数额大幅增加。

芜湖市新能源免税车辆激增的主要原因如下：一是国家对新能源汽车的政策扶持。新能源汽车免税政策从原来的 2017 年底延续至 2020 年底，同时新能源车辆实行绿色牌照，不受单双号限行约束，还可享受免费停车等优惠政策，激发了消费者的购买欲望。二是芜湖市新能源汽车产业发展强劲。芜湖市已形成了以奇瑞股份、奇瑞新能源和奇瑞商用车等新能源企业为代表的产业集群，成为芜湖市经济发展的"新引擎"。在第一季度办理的新能源免税车辆中，芜湖市本土制造的新能源免税车辆占到 99.5%。三是由于国税窗口等部门不断优化纳税服务。针对免税车辆增多的状况，服务窗口积极整合办税资源，实行全职能窗口，同时采取开通绿色通道、集中预约、延时服务等服务举措，为纳税人提供高效、便捷的办税服务，为助力奇瑞等芜湖市新能源企业发展提供了良好的税收营商环境。

## 六、新能源汽车分时租赁"芜湖模式"走向全国

近日，易开出行与国内知名在线旅行服务企业携程签署战略合作协议，在平台入驻、车辆共享及用户资源共享等方面达成战略合作，共同开展新能源汽车分时租赁业务。这意味着今后人们可通过携程的租车入口，在天津、芜湖、宣城、池州、湖州、北海等 23 个城市直接预订易开出行新能源分时租赁汽车自驾出行。借力细分市场平台，新能源汽车分时租赁的"芜湖模式"正在加速走向全国。

作为国内唯一具有"车桩位一体化"综合运营管理能力的新能源汽车共享出行平台，易开在车辆运营管理、智能调度及大数据处理技术上具有核心优势，能对车辆、充电桩、停车位等出行资源进行高效整合运用，提高车辆的使用效率。自 2015 年正式运营以来，易开出行分时租赁共享出行业务已经覆盖芜湖、天津、徐州、湖州、宣城、池州、淮南、北海、鄂尔多斯、雅安等 14 省 23 城，已经签订分时租赁运营协议的其他二十多个城市也将陆续投车运营。

## 第二节　芜湖新能源汽车产业集群的影响因素

### 一、全球价值链动力机制对芜湖新能源汽车产业集群发展的影响

芜湖新能源汽车产业集群是一个集研发设计、制造、组装改装、销售、相关人才培训、汽车会展、物流为一体的综合性现代汽车产业集群，同时涉及价值链购买者和生产者驱动，属于两者驱动的有机结合，即全球价值链混合驱动。根据全球价值链动力机制相关理论，购买者驱动的全球价值链条比较注重营销、产品销售渠道的拓展、加强信息等软件环境方面的建设，而生产者驱动的价值链条则强调技术的研发、生产工艺的不断完善、产品的不断更新、基础配套设施等硬件环境建设的加强。作为全球价值链混合驱动型的新能源汽车产业集群，芜湖在新能源汽车研发上投入了大量的资金，并取得相关技术上的突破，奇瑞新研制的"小蚂蚁"纯电动车就是典型代表，但在核心技术的掌握上仍有待提高。集群虽然会产生一定的品牌，但在品牌实际运作、营销等方面较为薄弱，因此在发展过程中既要注重全球价值链生产环节（即价值链中的生产加工、产品设计等）的提高，也要加强全球价值链流通环节（即价值链中的品牌运作、营销、物流及售后服务等）的完善。同时，要加强新一代动力电池、驱动电机、电控系统等关键核心技术的发展，在自主品牌及运作等方面寻找突破点。混合驱动的全球价值链条的生产、流通环节如图 7-1 所示。

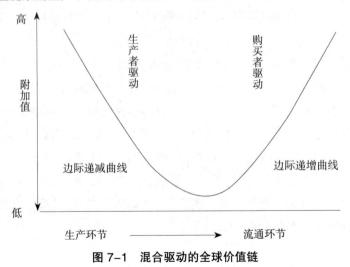

**图 7-1　混合驱动的全球价值链**

## 二、全球价值链治理模式对芜湖新能源汽车产业集群发展的影响

新能源汽车产业不仅属于技术、资本密集型产业，还属于新兴产业，目前，发达国家新能源汽车产业领域的大企业在技术方面有一定的优势。然而，不论是发达国家还是发展中国家，在新能源汽车的技术研发上都大致相同，没有相对成熟的技术创新模式。世界各国的相关企业在平等的基础上相互交流、探索与合作，最核心的是在关键技术方面得到突破。目前，芜湖市新能源汽车产业集群，如奇瑞等，在新能源电动汽车亟待破解的问题就是其核心的关键技术突破方面，同时是特斯拉等在该领域的国际领先企业亟待攻克的技术难题。安徽芜湖新能源汽车产业集群凭借自身良好信誉和企业形象与国外相关领域核心企业进行合作，积极嵌入全球价值链，并在核心企业奇瑞、宝骐的带领下，使双方都具有一定的核心能力，这是典型的关系型价值链治理模式，不存在单独领导或者单独控制的局面。从奇瑞的发展看，企业积极引进该领域尖端专业技术人才，不断地向国外学习，大力加强与国际新能源汽车领域大企业的合作，不断提升研发能力，开拓创新。奇瑞还派专家学者到国际知名研发机构学习新能源技术，同时与国外企业进行深入合作，取得了重大的进步。在相互合作中，能够更好地促进价值链下集群的发展，使企业的科技研发水平达到更高层面。芜湖新能源汽车产业集群在该价值链治理模式下，应积极地与国外相关核心企业建立巩固的合作关系，争取在技术开发和品牌创新方面获得突破，努力增强创造价值和创新能力，实现产业集群整体不断向全球价值链高端环节攀升，达到理想的效果。

## 三、全球产业分工对芜湖新能源汽车产业集群发展的影响

芜湖新能源汽车产业的发展尤其是在其融入全球价值链发展过程中，受到了全球产业分工的重要影响。新能源汽车产业作为新兴创新型的产业，在各方面发展尚未成熟，决定技术发展的关键因素是集群企业的技术创新能力以及集群企业的生产效率等。而芜湖新能源汽车产业的发展，得益于其参与了全球产业分工，并能够通过产业集群实行专业化分工生产、整合优化资源、降低生产工本，从而获得规模经济，提高生产效率。同时，产业集群能够在嵌入全球价值链，参与全球化的分工，与国际化相关领域的企业进行合作的过程中，通过产生的技术溢出效应获得相应的技术，进一步在产业集群的基础上对技术进行改善，吸收借鉴外来的技术，自主研发出新的技术，从而推动集群的技术创新。

## 四、企业对芜湖新能源汽车产业集群发展的影响

芜湖新能源汽车产业集群的发展，和集群龙头企业的带动是不可分割的。从发展状况看，奇瑞新能源汽车技术有限公司作为该集群的龙头企业，虽然成立时间较短，但是该公司在专业人才的培养方面，积极吸收和借鉴外国的先进教学经验。在技术研发上，引进先进技术，加大资金投入以支持科学研发，形成了较高层次的文化知识团队，并带动集群内其他企业不断自主创新、自我完善。在自主创新方面，具备了研发整套关键汽车部件的实践能力，并陆续推出了奇瑞QQ、瑞麒MI-EV、QQ3-EV、EQ电动汽车、艾瑞泽7插电式混合动力车及"小蚂蚁"纯电动车等多个自主创新品牌。在新能源汽车的销售方面，集群内的成员通过举办不定期会展，提升知名度及信誉度。此外，还形成了联合集群外安徽新能源汽车产业知名企业的战略联盟，如江淮、国轩等，将自身品牌和芜湖市紧密结合，形成一种高度合作的经营模式，以更好地适应全球价值链下的优化升级。

## 五、政府对芜湖新能源汽车产业集群发展的影响

芜湖新能源汽车产业集群的发展，离不开政府的支持。首先，在新能源汽车产业发展的初期，政府作用体现在安徽省政府和芜湖市政府在政策制度方面给予了支持。例如，《加快新能源汽车产业发展和推广应用的实施意见》对使用各市停车场等场所的公共用电设备进行了明文规定，《芜湖市新能源汽车推广应用实施方案》明确了芜湖新能源汽车产业集群发展的总体思路、工作目标及相应的推广计划，在应对芜湖新能源汽车购置以及财政方面也出台了相应政策。其次，体现在关于新能源汽车租赁方面的补贴，即在归还所缴税款的同时对消费者租赁购买方面进行相应的补助，将以从事新能源汽车租赁为主的企业所缴的税作为奖励金额退还企业。最后，着重体现在人才培养方面。市政府大力扶持该企业，在发展期间，加大资金投入，注重人才战略培养，在引智项目上按照1∶1的比例给予集群企业配套资助，对一些在人才培养方面有突出贡献的企业给予高达50万元的配套奖励。正是由于政策的鼓励支持，芜湖新能源汽车方能体现出其发展的积极性。

## 六、行业协会对芜湖新能源汽车产业集群发展的影响

芜湖市新能源汽车企业的发展，离不开安徽省汽车行业协会芜湖办事处、中国国际商会芜湖商会、芜湖市汽车零部件行业协会以及中国国际贸易促进委员会芜湖市

支会等芜湖新能源汽车产业集群行业协会的支持。由于新能源汽车产业集群属于创新型产业集群，与之相关的技术、集群品牌运作等仍处于摸索阶段，因此行业协会积极地联合了国内外实力企业以及国内外科研院所进行高新技术平台的建设，推动产学研协作，帮助集群内的企业进行新能源汽车展览，有力促进企业创新和技术创新。此外，协会与国外该领域相关实力企业的友好关系为该集群嵌入全球价值链起到了重大作用。除了进行良好的沟通，协会还积极组织企业家考察国内外有关新能源方面的展出，以提升整个企业的知名度，使该企业能在全球价值链下进行国内外市场的开拓，推动集群的优化和发展。

## 第三节　芜湖新能源汽车产业集群未来的发展路径

### 一、核心企业加强自主研发能力，注重新能源汽车的开发

对任何企业而言，自主研发都是重要环节，尤其在国内新能源汽车发展方面。改革开放初期，以让出巨大的国内市场份额为代价，采用"技术换市场"的策略，直接引进国外投资，使我国的汽车市场得到发展。但是从长远的角度看，这种战略会导致我国的汽车产业受到多种因素的控制，不利于我国汽车产业的直接发展。奇瑞汽车若想能够长久保持自主自立，就必须立足于自主研发，拥有自己的核心技术以及知识产权专利，才能够提高芜湖汽车产业集群的相关竞争力。自主研发并不意味着闭门造车，完全不借鉴国外先进的技术。在经济全球化下，奇瑞汽车应该整合国内外所有的先进资源，在拥有核心技术和知识产权的条件下，与国外汽车企业进行深入的合作。在合作的过程中要取其精华、去其糟粕，进一步提升自己的竞争力。例如，奇瑞公司和美国 Analog Devices Inc（简称 ADI）在汽车研发成果向实际生产力转化方面合作建成了奇瑞－ADI，并成为合作的典范。

由于能源供给矛盾和环境污染问题的加剧，人们越来越意识到新能源汽车和节能技术对于解决当前世界环境污染以及能源匮乏的重要性。

众多国家都已经认识到，将来汽车产业发展的制高点就是新能源汽车和节能技术的应用。例如，我国制定的《节能与新能源汽车产业发展规划(2011—2020)》，已经确定汽车产业转型的重要战略方向是电动汽车，并且计划要将我国的节能和新能源汽车的生产总规模达到世界第一。虽然我国的传统汽车产业在很短的一段时间内难以超

越发达国家，但是在新能源和节能技术这个新兴产业中，我国和发达国家的差距并不是特别大，因此我国在注重传统汽车产业开发、不断提高技术研发能力的同时，还要在新能源和节能技术领域加大投入力度。奇瑞公司要牢牢地抓住机遇，通过对新能源汽车的探索和发展，改变我国的汽车技术长期落后于西方国家的局面，力争实现我国从汽车大国向汽车强国方向的转变，争取在新能源和节能技术方面赶超发达国家。

在技术方面，要加强技术创新，实现芜湖汽车产业的跨越式发展。例如，在2008年北京奥运会上备受关注的奇瑞旗下新能源品牌旗云3-ISG，它是利用1.3升发动机和10千瓦电机扭矩叠加方式进行动力混合的新型能源汽车。

新能源和节能技术的研发与应用需要政府、企业和社会的联动和支持，而不是仅靠一个核心企业或者一个汽车产业集群来实现。政府要积极配合新能源和节能技术的宣传，通过提高公民的环境保护意识，使之从意识和心理上接受新能源汽车，从而实现环境保护的目的。在现实生活中，电量补给问题是新能源汽车不被大众接受的问题之一，因此政府需要发挥职能，大力加强基础设施的建设，这就不仅需要电力公司在居民住宅区和公共场所大力建设充电设施以及电力更换站点，还要在顾客购买方面加大补助力度，如发放津贴和购车补助等。通过上述方式，可以有效地减轻顾客的顾虑，促进新能源汽车的开发研究，从而促进新能源汽车的发展。此外，由于新能源汽车市场规模尚未形成，在此类项目的开发方面收入抵不过支出，因此需要政府加大支持补贴，有效地减少企业财政方面的负担。另外，在政府帮助的基础上，企业应该加强新能源的研发和节能技术的开发，如研发快速充电装备和充电置换装备。总之，要在环保方面大力宣传，提高公民的环保意识，使公民从本质上认可节能技术并且能够自觉爱护公共设施。

## 二、汽车零部件企业加强创新能力，提升产业结构

从芜湖的零部件企业看，相较于大型汽车零部件企业，小型零部件企业具有绝对性的优势，且其专注于单一的零部件以及工艺环节方面的开发，以有效的措施取得竞争优势。芜湖面临的主要问题是在整车企业的发展中，零部件企业的发展相对落后，因此应高度重视零部件企业的发展，努力提高零部件的质量。与此同时，还要在产业集群内部将低附加值产品逐渐发展为高附加值产品，促进企业从劳动密集型向资本密集型转变。尤其是在薄弱的零部件开发环节，要充分利用芜湖市产业集群的后发优势，联合外资，掌握核心技术并且充分调动各方面资源，进行技术的开发以及尖端技术的突破，或者可以将出发点定为较为广泛的电子技术运用和关键材料方面，力图达

到新能源汽车生产关键零部件的本地化，从而增加收入效益，使芜湖市的关键零部件企业具有本该拥有的核心技术以及自身的知识产权。

## 三、通过兼并和重组、企业联合等方式提高规模经济效应

从整体看，芜湖市汽车产业集群的规模相对国外的产业集群规模较小，而汽车产业是典型的规模经济型产业，这不利于整个芜湖市汽车产业集群的发展，因此要提高芜湖汽车产业的集中度和规模经济，可以从政府机制和市场机制两种路径实现。

从政府机制方面看，我国的市场经济尚未完善，因此在市场经济中需要政府充分发挥其引导作用。政府要引导重点企业进行企业兼并或者企业重组，从而提高芜湖汽车产业集群的规模经济。同时，企业之间也要按照市场经济体制下的相应手段，提高芜湖市汽车产业集群的集中度以及规模经济。我们从欧美国家借鉴的经验就是通过强强联合，或者优势企业兼并劣势企业，即企业吞并，必要时可以弱势与弱势相结合，达到"1+1＞2"的效果。还可以找准时机利用海外资源，降低生产成本，选择适当的时机直接投资或进行海外并购，如奇瑞公司早在伊朗、马来西亚、巴西等国家建厂，为公司的国际化发展奠定了一定的规模基础。

## 四、加强政府在汽车产业集群发展中的作用

政府在市场经济下起调节作用，政府需要对汽车产业的快速发展和赶超先进国家提供一定的财政支持和足够的政策引导。这就要求芜湖汽车产业集群在发展过程中遵循市场经济发展的规律，同时要时刻注意政府政策的动态，即在此过程中不仅要坚持紧握"软环境"的原则，也要确保"硬环境"的进展。

在"硬环境"建设方面，要寻找适合芜湖发展的方向，时刻跟随相关的政策，如建立配套的教育设施及生活设施等。还要积极促进本地已有的汽车产业集群共同发展，吸引外来优势企业的入驻，为企业的发展提供良好的基础条件。

"软环境"是指，政府对汽车产业集群实施的相应财政税收政策及相应优惠政策，这为维护芜湖市汽车产业集群的内部市场秩序，规范竞争提供有力的合作基础。例如，国家对新能源汽车的发展极其重视，不仅给予政策支持，还使新能源汽车成为各汽车制造商的竞争焦点。《节能与新能源汽车产业发展规划（2012—2020年）》的出台就是对此的最大支持。芜湖市必须抓住此次机会，加强在市场经济条件下的优势。通过政策的引导和调控，使新能源汽车在相关领域取得先天性的优势，不断为该产业注入大量的人才，提供优质的服务以及优质的基础设施，并在此基础上建立健全

产业集群发展的评估机制，定期进行研讨和评估。这样才能为整车和零部件的发展提供前景预测，还能预防现阶段集群发展存在的一些问题。

国家的宏观调控作用极其重要，尤其是在一些具有前瞻性和战略发展性的相关技术研究方面。单独的企业会由于各类风险而放弃有关方面的研究，因此才需要国家发挥调控作用，给予财政方面的帮助以鼓励支持其发展，或者在必要的时候直接下拨技术性科研人才进行科学研究。

## 五、加强品牌战略和市场战略

优秀的汽车品牌具有先天的竞争优势，这是一种无形资产。我国汽车产业从改革开放以来，在传统汽车尤其是高级轿车品牌方面落后于西方国家，并且很难和发达国家的汽车品牌进行竞争，因此更加印证了拥有一个自主品牌才是长远之计。奇瑞作为中国第一个自主品牌，本就在国内竞争中占据优势，因此就更要抓住机遇，利用积累的资源和中低端市场的高占有率进行曲线式渗入，积极建立合资企业，开创以奇瑞为主导的海外战略品牌。在拥有一定的实力之后转向高档汽车品牌。奇瑞国际化的开端则体现在它在伊朗建立的 CKD 生产线，这是奇瑞在海外品牌战略中最重要的一步。

目前，奇瑞可以通过挖掘现有的产品优势，培养新的销售点进行市场开发，以解决所缺少的品牌和技术问题，吸引更多的消费者。在加大宣传的过程中，要结合公民的习惯开发出适合的产品并且自觉完善售后服务体系，努力发挥地缘优势，开发新的市场份额。在如今汽车厂商激烈竞争的环境下，奇瑞也可以通过与政府协商，让政府通过采购的手段进行宣传，带动市场的发展，吸引消费者，这种效果要比政府直接干预更显著。例如，奇瑞可以通过争取政府公务用车、专用车、商务用车以及特种车的采购订单，加强市场战略。

# 第八章 铜陵经济技术开发区铜基新材料产业集群发展分析

## 第一节 铜陵经济技术开发区铜基新材料产业集群发展现状

铜陵，有"中国古铜都""当代铜基地"之称，以生产铜而成名，又因铜而发展至此。铜文化是该市的强市之基，也是核心文化元素。新中国第一炉铜水、第一块铜锭、第一个铜工业基地以及第一支铜业股票都出自铜陵。有历史记载，采冶铜始于商周，盛于汉唐，共延绵 3 500 余年。

铜陵市发展至今，已形成了集采矿、选矿、冶矿、铜拆解、铜加工和铜贸易等一系列完整的铜基材料产业链，具备相关的材料生产研发能力，为形成铜基新材料高技术产业链的区域特色提供了雄厚的基础，是国家最重要的铜产业基地之一。经过不断地发展完善，铜陵市已经形成了集合所有铜工序为一体的产业集群。其中比较出色的有在电解铜生产排名为全国第一、世界第二的铜陵有色金属集团股份有限公司，还有在特种电磁生产企业排名中占全国第一、世界第三的铜陵精达特种电磁线股份有限公司。

安徽省计划进一步推动铜陵铜产业的发展，使之成为全国最大的产业基地，但这一过程会面临许多突出问题，因此改革势在必行。铜基新材料产业作为战略性新兴产业，不仅要引导铜产业的转型升级，还要促进战略性新兴产业的发展，因此要创立一个政府、企业以及科研院所可以相互交流的平台。在 2012 年举办的中国铜基新材料产业发展论坛会集产学研于一体，并且铜陵市决定每两年举办一次该论坛会。铜陵还搭建起铜产业招商招智的平台，促进企业来铜陵投资。

2015 年，全市铜产业集聚了海亮集团、全威铜业科技有限公司以及精达电子等国内外知名企业，产品涉及电子信息和装备制造等高端应用领域，占全市战略性新兴产业产值的 84.3%。在大数据中，全市铜产业累计实现主营业务收入 2 113 亿元，规上工业总计 62 户，占全市规上工业的 83.7%。其中，铜基新材料产业实现产值 527 亿元。2017 年，战略性新兴产业产值增长 30%，高新技术产业产值增长 29.2%，铜陵升级铜基新材料基地实现产值增长 25.1%。

近年来，铜陵市将"世界铜都"作为战略定位，发挥本地优势，建立健全铜加工体系，推动铜基新材料的产业发展和集聚。

铜陵市出台《关于促进铜基新材料产业加快发展的若干意见》等多项政策，有力引导、扶持企业实施技术改造和创新，推动铜产业结构不断优化升级，提升铜基新材料产业发展水平。大力实施"千百十亿元"工程，浙江海亮、盾安集团、深圳五株等一大批国内外知名铜行业企业落户铜陵，40 万吨铜冶炼"双闪"、22.5 万吨高导铜材、60 亿元的电解铜有色"奥炉"项目等一批重大项目成功实施，铜产业集聚态势日益凸显，形成了铜—铜杆—电线电缆、铜—铜板带—集成电路引线框架、铜—铜合金棒—铜五金、铜—铜管、铜—铜粉、铜—铜艺术品、铜箔—覆铜板—PCB 等多条门类齐全的铜精深加工产业链。

铜陵市积极采取债权、补助等方式，加快基地承载力建设，不断增大规模。分区建设了电子信息、新能源汽车及零部件产业、装备制造等产业基地，具备较强的铜基新材料产业承载力。铜陵经济技术开发区成为全省首批战略性新兴产业（铜基新材料）集聚发展基地。在产学研合作方面，积极与中国科技大学和合肥工业大学等开展工作并建立长远的合作关系，在通过举办两届中国（铜陵）铜基新材料产业发展论坛的基础上组建创新联盟，进一步营造发展铜基新材料产业的氛围，促进铜产业招商引资。设立铜陵欣荣铜基新材料产业发展基金，积极投资铜基新材料等领域成长性企业，推进企业上市。

铜陵市提供全方位跟踪服务，不断引导铜陵精达铜材集团有限责任公司加快通信工程建设步伐，支持铜陵有色金属集团股份有限公司所有制改革，深耕铜材精深研究领域。时刻注重强化关键要素支撑，开展领导干部结对帮扶企业活动。例如，通过银企战略合作平台对铜基新材料企业给予资金支持，减缓企业的资金压力，目前新增贷款已超过 8 亿元。

铜陵市经过多年的努力，逐步实现了向终端生产材料的最终转变。在未来的规划中，铜陵市将继续以提高自主创新能力为重点，以结构调整作为主线，并且将国家政策作为指导方向，紧抓国家发展战略，逐渐成立一条包括铜杆（线、缆）、PCB、铜板带、铜棒、铜管、铜粉、铜艺术品等与铜相关的精深加工产业链，争取拓展一系列铜产业关联产业链，力争将铜陵打造成"世界铜都"，使其不仅是中国最大的铜冶炼、铜拆解以及铜基新材料的产业基地，还要建设成为世界的铜商品交易中心以及铜文化中心。

2018年以来，铜陵市铜基新材料产业集聚发展基地围绕板、箔、线、管、合金5大产业向高端延伸，2018年一季度基地实现产值165亿元，同比增长33.1%，规模居全省第一。

目前，铜陵市铜基新材料基地正在建设国内首个以分类收集、集中处理、达标排放为清洁生产模式的PCB产业园，形成"铜箔—覆铜板—PCB—电子整机"产业链，年产200万平方米线路板、400万台手机，预计全部建成后总产值可达200亿元。一直以来，铜基新材料基地坚持科学招商，与专业机构深度合作，精选IC封测及材料、机器人等13个细分领域，编制产业和技术路线图，推进项目谋划与招商，成立18个招商"尖刀连"，创新"基金+项目+园区"招商模式，盘活各类存量资源，利用创新联盟等平台，分赴京津、长三角、珠三角等地精准招商，还引入北大青鸟陶瓷基板和氮化镓、海亮高效节能环保精密铜管等一批重大项目。

同时，建立创新驱动"1+6+24"配套政策，组建运营科技型企业贷款风险池，获批高新技术企业28家，建立创新平台16个，滚动实施30项科技重大专项，获授权专利109项；出台"人才强企"实施意见，引进10个高层次科技人才创业团队。打造强企集群，开展金融超市等金融平台服务，扶持壮大基地企业，建立"龙头+骨干+中小型企业"的发展梯队。目前，该基地产值亿元以上企业有28家，超10亿元7家，超百亿元2家。

# 第二节　铜陵经济技术开发区铜基新材料产业集聚的重点工程

## 一、铜陵经济技术开发区铜基新材料产业集聚发展基地的特点

铜陵市依托现有铜产业，按照安徽省委、省政府的部署，全面提升铜基新材料的产业发展能力，努力建设成为国内一流、国际有影响力的铜基新材料产业集聚发展基地。

### （一）基地产业特色鲜明

1992年，安徽省首批省级经济技术开发区铜陵经济技术开发区创建完成。经国务院批准，于2011年4月升级为国家级经济技术开发区。，经过多年建设，铜基新

材料产业集聚发展基地逐渐形成了鲜明的产业特色，先后获批国家循环经济工业试验园、国家新型工业化产业示范基地以及国家专利产业化试点基地，也被列入安徽省高新技术产业开发区。

（二）规模大、集聚效应初显

经过不断地发展，铜陵市新材料总体生产能力显著提高，已达 85 万吨。高精度铜板带产量达 6 万吨；特种电磁线产量达 20 万吨，居世界第三；PCB 产业综合技术水平已达到国内领先水平，成为我国 PCB 领域产品种类最齐全、产业链最完整的PCB 产业。2014 年，铜陵市的铜基新材料产业总产值达到 550 亿元，总利润达到 7.23亿元，整体税收达 6.46 亿元，其中的战略性新兴产业总产值为 382 亿元，占据全市的 80%。

（三）产业体系完善

铜陵铜基新材料产业链已基本建成，该产业链主要包括铜板带、铜基电子材料、电线电缆、铜及铜合金棒线型粉、铜文化产品以及铜再生资源循环利用。产品已基本实现全部的铜产品形态，被世界铜加工协会称为"我国铜材加工领域品种最全、产业链最完整、配套体系完善、最具竞争力、独一无二的铜材精深加工产业基地。"

（四）企业实力雄厚

铜陵经济技术开发区内具有 22 家 10 亿元以上的铜材精深加工企业，其中包括安徽省省内第一制造企业——铜陵有色金属集团股份有限公司、国内最大电磁线生产商——铜陵精达集团公司、安徽省第一大民营企业——全威（铜陵）铜业科技有限公司以及全球最大谐振器外壳生产商——铜陵市晶赛电子有限责任公司等一批国内行业领头企业。

（五）产品市场领先

铜基新材料产品市场领先率高，电磁线水平位于世界前列。其中，铜线和铜铝合金在国内市场占有率分别为 40% 和 60%。此外，与铜相关的其他产品也具有相当的市场规模，如高精度铜板带、覆铜板、PCB、磷铜球、铜基合金粉、电子铜箔等。

（六）自主创新能力强

企业内拥有一批享受国务院特殊津贴的国家千人计划的权威专家，并且有 27 个国家及省级研发机构，如国家铜铅锌及制品质量监督检验中心等。

（七）配套体系完善

铜基新材料产业的配套体系正不断完善，该配套体系主要围绕铜产业的有色金属进行认证、交割、融资等。

## 二、铜陵经济技术开发区铜基新材料产业集聚发展基地建设意义

首先，高度符合国家发展战略。"中国制造2025"中新材料铜基早已经成为十大重点发展领域之一，推动了电子信息、海洋工程装备等重点领域的发展。

其次，可以使长三角和珠三角在铜陵产业自身的优势下加强周围配套设施的发展。其中，华东地区每年铜材使用量占全国前列，逐渐成为铜材产品的主要消费基地。

再次，有利于安徽省的战略转型。在安徽省列举的八大战略性新兴产业中有六项与铜产业息息相关。因此，铜基新材料将能直接促进安徽省在节能技术与信息技术方面的发展。

最后，有利于铜陵市资源型城市转型发展。铜基新材料的发展，为资源型城市转型提供更好的示范带动作用。

## 三、铜陵经济技术开发区铜基新材料产业集聚重点和目标

目标：争取到2020年，铜基材料产业产值实现全方位的跃升，达到1 200亿元，在创新能力发展的基础上，争取税收累计增长超过100%。

重点领域：主导铜基新材料的4个基本发展方向。将航天领域的探索以及微电子行业和海洋能源领域作为发展的重点。

重点项目：以铜基新材料产业链的延伸方向、产业配套项目和铜资源综合利用项目为辅助，重点推进总投资的41个重点项目。

通过上述措施，推动与铜有关的所有领域向高精尖方向进展，加快铜基产业链建设，争取将铜陵经济技术开发区建设成为拥有世界影响力的铜基产业创新基地。

## 四、铜陵经济技术开发区铜基新材料产业集聚龙头企业

### （一）铜陵有色金属集团控股有限公司

铜陵有色金属集团控股有限公司（以下简称铜陵有色）是全国300家重点扶持和安徽省重点培育的大型企业集团之一，其进出口贸易总额连续14年保持全国同行业首位，主产品产量居世界第5位，先后获得国家及省级诸多试点开发项目。在2012年成为安徽省首家千亿元集团，2014年的销售收入位于中国500强的第110位，销售收入达1 332亿元。

铜陵有色拥有国家级技术中心和国家认可的实验室，是国家创新型企业、全国技

术创新示范企业。其主产品"铜冠"牌高纯阴极铜在伦敦金属交易所注册，成为国际知名品牌。铜陵有色的《地下矿山连续开采工艺及装备》和《常温变量喷射——动力波洗涤闪速炼铜技术》均获得国家科技进步一等奖，可以说其矿山、冶炼技术是国内最高的水准，也是国际最先进的水平。

铜陵有色包含6家铜基新材料生产专业的子公司，分别为专业研发高精度铜板带的全威（铜陵）铜业科技有限公司；生产能力较强、引进世界上最先进的生产工艺及装备的黄铜棒公司；目前生产能力已达每年3.5万吨的安徽铜冠铜箔有限公司；多项产品填补国内空白的中科铜都粉体新材料股份有限公司，也是我国生产铜基粉体材料最早的企业；专业生产集成电路用磷铜球和高档电磁线的芜湖铜冠电工有限公司；低氧铜杆年生产量为22.5万吨的铜陵有色股份铜冠铜材有限公司，是一家全套引进连铸——连轧设备的公司。

综上所述，铜陵有色是我国重要的铜基新材料大型生产企业，其总体水平已达到国内领先水平、国际生产前列。

## （二）全威（铜陵）铜业科技有限公司

全威铜业科技有限公司（由深圳正威有限公司、正威国际集团有限公司和中国铜业集团有限公司共同出资组建）在采用世界最先进的德国SMS Meer公司生产的连铸连轧生产线的基础上，又引进世界最先进的德国尼霍夫公司的MM-85连续拉伸退火生产工艺和生产设备，使光亮铜线杆年产量达到25万吨，铜线材的生产量达到年产11万吨，成就显著。

安徽省"861"工程的开展使该公司的低氧铜线杆年产达到25万吨，这一数据成功地填补了中国这一项目的空白。同时，该公司拟加快经济技术开发区建设，加大铜加工系列项目的投入力度，成为技术先进、跨国经营的世界一流公司。在2013年，全威铜业科技有限公司被评为"中国民营企业制造业500强"，位列第82位。2015年，被安徽省工商联合会评为"安徽省营收百强"，位列第一位。

## （三）铜陵精达集团公司

作为中国500强企业之一，铜陵精达集团是一家新兴的高新企业，由多家公司组合而成，包括铜陵精达里亚特种电磁线有限公司、铜陵精工里亚特种线材有限公司、广东精达里亚特种电磁线有限公司、天津精达里亚特种电磁线有限公司，江苏精达里亚阿尔岗琴工程线有限公司、广东精工里亚特种线材有限公司、铜陵顶科镀锡铜线有限公司、铜陵精迅特种电磁线有限责任公司、铜陵精远线模有限责任公司、铜陵精选线材有限责任公司、铜陵精达供销有限责任公司以及铜陵精达物资贸易有限责任公司。精达集团是世界第三大电磁制造商，是国内最大的电磁线生产企业，后来一跃升为全国最大的制造企业，更在 2015 年就被安徽省工商联合会评为安徽省营收百强第六位。

该公司在全国制冷压缩机市场上覆盖率达 80% 以上，市场占有率为 35%。目前，该公司以广泛运用于家电、电子电力通信电动工具行业中的特种漆包圆铜线、特种漆包圆铝线、异形线和汽车（电子）线，以及无氧铜杆、漆包、拉丝模具等产品的制作和维修为主导。

该企业属于国家高新技术产业，其产业技术国内领先，参与过多项行业标准的起草和制定，其技术和自主开发的产品均位于国内前列，填补了国内空白，并荣获了安徽省和国家级重点新产品称号。

### （四）铜陵丰山三佳微电子有限公司

铜陵丰山三佳微电子有限公司的总产值为 3.6 亿元，是 2001 年铜陵市招商引进韩国丰山微电子有限公司的资金技术，和 3 家集团合作建立的一个合资公司。

该公司通过 ISO 16949、ISO 14001、OHSAS 18001 等国际标准认证，主要从事集成电路、引线框架、引线框架模具及相关微电子产品研发制造和销售等，是集国家高新技术产业、国家火炬计划铜陵电子产业基地重点骨干企业、安徽省两化融合示范企业等荣誉于一身的国际化企业，也是安徽省创新型试点企业。该公司是国内唯一能生产引线框架专用"硬质合金冲压模具"的厂家，其自主研发的大规模集成电路引线框架，是对引线框架技术的挑战，通过多次新工艺的生产及处理，填补了国内高端框架的空白。

近几年，该公司不断吸收国际先进的制造技术，结合市场的需求不断创新，生产技术逐步达到国内以及国际领先水平，在行业内被评为"最佳供应商"。

### （五）国家铜铅锌及制品质量监督检验中心

国家铜铅锌及制品质量监督检验中心（以下简称中心）是国家在安徽省地级市建立的第一家国家级质检中心。它隶属于安徽省质量技术监督局，是依法设立的具有第三方公证性地位的国家级质检机构，也是我国第一个专业有色金属检测机构。2009 年 6 月，中心通过国家认监委和认可委组织的计量认证、审查认可以及实验室认可的现场评审且获得授权，同年 9 月通过国家质量总局组织的国家质检中心能力建设验收。中心设立在具有 3 000 年铜文化的中国古铜都铜陵，有 4 个职能部门和 7 个检查室，还有"美国 ARL3460 直读光谱仪、美国安捷伦 5795C 气质联用仪、全进口德国蔡司 Axiovert40MAT 金相显微镜、日本岛津 HMV-2T 维式硬度计"等一批具有国际水准的仪器和一支具有专业素质的先进队伍。2015 年 7 月，该中心顺利通过安徽省级质检中心现场评估验收，申请筹建的安徽省印刷电路板质量监督检验中心也已开始使用。

## 第三节　铜陵经开区铜基新材料产业集群发展中遇到的问题及对策

### 一、铜基新材料产业发展的问题分析

铜陵是以铜为核心的重工业基地，因此在产业开发方面具有良好的区域以及资源优势，其不足之处在于企业自身以及外部环境因素，主要表现在以下几个方面。

（一）缺少政府优惠及政府落实

2008 年草拟了《安徽省铜产业发展指导意见》，同时成立铜产业小组，由省长助理任组长，但未真正实施，省推进铜产业发展领导小组也于 2011 年撤销。此外，安徽省政府也下发了一系列会议纪要，但效果不甚明显。

（二）企业税收及财政政策滞后

铜基地建设缺少政府的具体政策扶持，额度方面与省内平均水平差距较大。其根本原因是基地企业的创新能力不足且新投产项目量少，主导产品增值小，税源增长点不足。

（三）企业高层次创新型人才不足，研发能力不强

由于自身地理环境以及历史遗留问题，铜陵在吸引高精尖技术型人才方面存在不足。本地生产工艺相对落后，对人才吸引力不大，同时缺少公共研发平台，导致单个企业的研发能力弱且成本高，造成企业高附加值产品减少。

（四）产品种类单一，产业链不够完善

铜杆线产业之外的其余产业大都靠单个企业生产，产业链过于单薄，不利于产业发展。

（五）铜配套产业缺失，基地建设滞后

在废品管理方面资金不足，相关产业后续进程中的处理部分后劲不足。再加上和铜相关的生产服务方面几乎停滞不前，缺少交易平台的支撑，制约了该产业的快速发展。

### （六）金融融资困难，途径较少

铜产业是重资产行业，流动资金额度大，加上铜基地企业多是新项目，根基不稳。另外，由于投资期限长、风险大等原因，贷款之路困难重重。

## 二、铜陵经开区铜基新材料产业集群发展的对策

### （一）打造骨干企业

以铜基新材料产业集聚群为主的铜陵经济开发区要以反超国际先进技术代替进口为目标，依托铜基新材料科技创新平台和优势骨干企业，先行突破铜基新材料，打造国家级产业基地，加大自主创新投入，通过技术研发等产品延伸，重点开发和生产高性能超薄电子铜箔等高新技术材料，着重把自主创新放到产业链建设上，加强铜基新材料产业链建设，加大服务平台建设力度，着重发展周延产品以及相关高端产品，加强自主创新生产，钻研新技术，积极建设铜产业相关技术产业链，以达到饱和状态。

### （二）突出九类优势产品

一是为保持精达行业的龙头地位，要围绕边缘产品做精做强，突出特种电磁线主线；二是要扩大铜管生产规模，发展热交换管及建筑用铜管；三是开发新品种、新产品，壮大全威铜业规模产业化发展，加大科技改革和研发投入力度，发展下游产品，如集成电路引线框架以及汽车水箱等；四是着重关注市场变化，实施项目重组，出台政策，发展铜五金件等日用产品，抓好铜棒项目生产，致力形成新的产业集群；五是完善相关的配套设施，要加快 PCB 产业的发展，加大国外先进技术的引进力度；六是发挥资源优势，重视对特种电缆的研发；七是从市场角度出发，以市场的需要为向导，发展铜合金产品；八是壮大铜工艺品企业，彰显青铜文化底蕴；九是研发涉铜装备，引进消化再创新，发挥铜产业优势。

### （三）建立保障铜基新材料产业可持续发展的铜资源保障体系和平台

一是推进 B 型保税物流中心的建成，其中最重要的就是物流中心的申报，可以通过铜陵市铜化集团横港物流园向国家海关总署申报实现。二是想办法加强和国家有关部门的联系，或者使上海期货交易所将铜陵作为铜期货交易仓库，努力争取在铜陵建成铜商品交易中心。三是争取使安徽省的铜加工工程研发中心尽快上升为国家级，发挥铜陵当地特色。四是检验中心的建设，使国家铜、锌、铅及其制品能够得到有力的质量监控。

与此同时，要有的放矢，将安徽（铜陵）列入《国家再生金属产业发展推进计划》，以再生铜产业发展重点支持地区、进口废弃类集装箱转关、争取铜陵市铜拆解

园区列入园区管理为突破口，促进铜拆解园区的建成，保证解铜生产原料的供应，使企业加工生产成本降低。

### （四）加大铜基新材料产业招商引资

要使用新型招商方法，尽可能吸引更有权威和代表性的国内外龙头企业、商业大户以及专业性人才。规划如下：一是实行上门招商，抓住铜基生产与加工的各产业链，主动对接国内外的领军企业；二是引进重点项目，如在长三角以及珠三角等发达地区举行以铜基新材料为主题的大型招商活动；三是鼓励当地小型铜加工企业开展新项目，达成再投资。除此之外，还需发挥各市的领导作用，联系国内外的龙头企业，特别是宏磊铜业公司、金田铜业公司等全国五百强企业，引进和发展涉及铜材料的新兴产业。

### （五）营造加速发展铜基新材料产业的良好环境

一是发挥当地领导小组的作用。加强对铜基新材料产业发展的领导和组织，明确对未来铜基新材料发展方向的规划，发现和解决铜基新材料生产和加工过程中的问题。同时，争取安徽省政府和省委更大的支持和关注。二是推进《关于促进铜陵市铜基新材料产业加快发展的若干意见》的落实。与此同时，要帮助铜基新材料产业的骨干企业以及龙头企业得到国家和政策的更多帮扶与支持，促进铜加工产业的结构优化。三是继续推进市领导与骨干企业的联系，争取更多优秀项目。已顺利推进黄铜棒材公司 7.5 万吨黄铜棒、铜拆解园区全威铜业 6 万吨铜板带、PCB 产业园、海亮 10 万吨铜管二期等项目的完成。四是加快引进优秀的相关产业人才，为铜基新材料产业注入新鲜血液，为产业快速发展提供智力依托。五是发展同行业俱乐部以及依靠企业家协会，推动行业自上而下有纪律、有组织地发展，加强企业之间的信息交流与共享，实现共同进步。

### （六）进一步明确"加强铜基新材料发展，构筑世界铜都"的发展思路

全面落实新时期中国特色社会主义思想，以铜陵市铜产业结构的优化与升级为主线，以"控制资源，提升冶炼，优化结构，完善配套，加速集聚"为核心，大力推动"双千亿工程"，即力争在铜陵有色控股公司的带领下，其余铜加工公司主营业务亦达到千亿元。在注重产量的同时提升产品的质量与档次，围绕"科技是第一生产力"，鼓励在传统工业的基础上发展新型产业，力争将铜陵建设成中国乃至世界的铜生产和加工中心，打造世界铜都。

### （七）构建先进制造业基地的"数据网"

在大数据时代，要想快速发展和创新，必须有对大数据的掌控能力。政府要开放

大数据平台，落实数据平台的使用制度，使铜陵的铜生产企业能够在开放平台上了解最新的动态，能够及时上传和分享数据。此平台由政府统一存储、管理和运营，以保证其真实性、安全性和共享性。

**（八）把铜陵打造成长江经济带重要的先进制造业基地**

1.明确打造长江经济带先进制造业基地的"路线图"

超前布局谋划一批未来产业，抓紧申报"中国制造2025"国家试点示范城市建设的政策与机遇，加快培育和发展新动能行动，促进"1+4"产业集聚基地建设，着重发展铜基新材料以及装备制造、现代物流、电子信息等战略性产业，推动制造业与服务业齐头并进，相辅相成。预计到2020年能够实现制造业整体实力的飞跃，质量和效益双管齐下，大幅提升品牌影响力。到2025年力争将铜陵打造为具有铜陵特色的产业区，形成高端绿色的制造与销售体系，使铜陵在世界铜产业群中占有重要地位，再创铜陵铜生产业新辉煌。

2.下好打造长江经济带先进制造业基地的"先手棋"

充分利用中科大创业园平台，以铜陵经济技术开发区为载体，加强与中科大等高校的合作。完善相关体系，以良好的就业前景及发展吸引优秀人才，与高校合作建设长三角特色鲜明的科技研发中心，强化创新发展理念，加强科研成果转化为生产力的功能，推动产业的转型与升级。构建长三角城市群具备领先效应的科技成果转化基地与示范园区，以特色产业核心环节和高科技积聚区为支点，以江北港为建设中心，发挥其重要港口作用，打通合肥城市通海达江的主渠道，争取与合肥共同建设铜陵江北港。一方面，可以将江北港作为合肥的进出口贸易重要港口，另一方面，可以促进其他产业的进出口贸易，产生辐射作用。

3.布局打造长江经济带先进制造业基地的"大框架"

为进一步优化产业布局，形成新铜陵空间，将铜陵市经济开发区、义安经济开发区、狮子山高新技术开发区打造成长江经济带先进制造业基地的"金三角"。与此同时，整合三个地区的企业，集中产业集群，合理分布产业区域。建议将狮子山经济开发区的铜产业和装备制造业规划到铜陵经济开发区和义安经济开发区，重点推进光伏应用技术和阀门应用技术；将义安经济开发区的电子信息产业、铜基新材料产业整合到铜陵市经济开发区。要想进一步推动铜陵铜基新材料策略性新兴产业基地的建成，就必须不断提升基地在质量、品牌、企业、技术、创新等方面的竞争实力。基于环境保护和长期发展的需要，合肥市和铜陵市应该共同承担起环境保护的责任，将位于长江上游的污染性企业搬迁至长江下游的合铜发展带。尽快在环境资源承载能力较强的地方建立新的工业园区，这样既有利于合肥及铜陵的生态环境建设，也有利于化工产业的集中发展和管理，促进地区的环境治理与经济发展。

## 第四节　铜陵战略性新兴产业发展的困境与策略

### 一、铜陵市战略性新兴产业发展存在的问题

近几年，铜陵市在新兴产业取得的显著成果离不开市政府的一系列引导和发展战略与措施。铜陵市经济基础日益夯实，发展态势日趋平稳，首位产业、产业规模、自主研发与创新能力以及重点项目研发等方面都获得了令人瞩目的提升，但仍然存在很多有待突破和解决的问题，与省级部门所下达的目标与期望和市级部门的预估相比，还有很多不足，如产业结构、资金投入、生态环境、新能源的开发等方面都有待化解、优化、提升。如果不及时改善与解决，必将影响铜陵市战略性新兴产业的持续发展。

#### （一）产业结构待调整

总的来说，铜陵市铜基新产业在"十三五"期间保持着可观的增长趋势，每年平均以 31.1% 的速度增长，总产值已经超过了 700 亿元，占全部规模以上的工业总产值的比重也大幅度提升，从 14.6% 提高到 32.9%，但是这样也会存在一系列问题，形成"一家独大"的现象。从产业种类看，虽然铜陵市拥有各种新能源及六大新兴产业，但其中占大比重的仍然是新材料产业，长期占领 80% 以上的绝对比重且逐年递增，从 2010 年的 82.3% 增长至 2017 年的 85.4%，年均增长速度接近 32%。而其他产业所占比重相对较少，排名第二的电子信息产业仅占总比重的 8%，剩余的产业占比之和不到总产值的 7%。其中最典型的是新能源产业，虽然年产值增速维持在 11.8% 左右（年产值一直未突破亿元），但其所占比重逐年下降。目前，铜陵市共有 110 家企业被列为新兴企业，仅 2017 年全市战略性新兴产业的总产值就高达 792.16 亿元，其中 83.85% 的产值由全市十大新兴企业产出，仅全威铜业一家企业的生产值就高达 396.02 亿元，占全市生产总值的 54.3% 左右，而排名最靠后的十家企业所占比重之和仅为 1%。

#### （二）产业层次需要提升

目前普遍存在的一个问题是，很多生产企业所拥有的产品都处于中低端水准，而

掌握高端核心科技的企业屈指可数，没有完整的产业链，能够从初始延续到终端的产品少之又少。面对中低端产品生产过剩和恶性竞争不断加剧的状况，必须采取战略性措施，将产品的层次提升，走向高端。但是，目前科研经费投入不足，商业竞争环境激烈，知识产权保护力度不够，导致企业科研的动力不足，仅停留在模仿、跟随、倒卖的阶段。例如，生产总值在全市比重最大的新材料产业，其中具有铜陵特色的铜基新材料产业的铜板带，产品常用作门窗的装饰性材料，但无能力生产用于制造集成电路引线框架的铜铬锆、铜镍硅等高端合金板带，产业链有待于进一步向下游延伸。节能环保产业一直是个难题，虽然起步比较早，但是发展速度缓慢，仅在陶瓷过滤器、在线检测仪等产品中有少许突破，产品层次低、数量少、规模小，与循环经济和节能减排取得的成绩不匹配。近些年，高端产品的生产量虽然逐年上升，但是行业缺乏领军企业，同质化产品竞争太大，没有形成有效关联的发展规模，区域配套的能力较弱。例如，电子产业中主要产品多数是低附加值的基础原件，下游高端产品尤其是终端整机产品很少。产品的结构层次单一、竞争力较弱、经济框架不稳固，容易受到国内外市场变动的影响。

### （三）资金瓶颈需要化解

受多方面因素的影响，铜陵市一些中小型企业的资金状况不容乐观，如市场环境低迷、生产成本上升、信用贷款的额度减少、企业之间的恶性竞争加剧等。据相关机构调研的情况看，新兴企业及创建中的新兴产业普遍存在"融资贵，融资难"的问题。一是缺少有效的融资渠道。中小企业向金融企业贷款融资是非常困难的，由此导致资金链紧张。二是即使国家放宽政策，降低上市及债权的金融标准，积极推进由政府引导的资本市场，对中小企业来说也犹如杯水车薪。三是没有足够的备用金，成本不能及时转化成利益，向银行申请的短期贷款往往不能及时还上，需要"短贷长用"。四是高成本的财务，企业面对各种高成本，如承兑汇票占款时间长、贴现率高、担保费用过高以及银行贷款利息过高。融资的渠道少、门槛高、成本高，都会使企业生产及运营受到影响。融资环境紧缩带来的资金紧张不仅影响了已投产企业的生产运营，还导致续建、新建项目进展缓慢，投产时间退后，预期的增长点未能及时发挥作用。为了维持企业的运作，企业不得不面对贷款及融资压力，这就会导致资金链断裂的风险加大，内部结构无法稳固，容易受到外界的打击。

### （四）发展环境需要优化

一是国家财政的支持力量是有限的。2016年，铜陵市财政安排"3+5+X"专项资金3.3亿元，并拨付兑现3.27亿元。从第三方的评价结果看，国家政策有力支持了重点新兴产业，但仍存在很多的问题，如许多非重点企业并未得到有力的支持，重点产业没有得到足够的支持。此外，投入的方式不够优化，转变的方式不够灵活，环节和流程也过于烦琐，导致资金运转缓慢，未能及时转化为收益。政策的严谨性不够高，导致一些不良厂家滥竽充数。政府审核程序不够严格，不少项目的评价得分较低，动态机制有待完善整合。另外，资金的兑现效率低，一些县级的企业和厂家未能及时得到拨款，银行的资金承诺也未及时兑现，导致政策实施效果不够理想。除此之外，还存在资金需求和政府拨款金额之间的矛盾。

二是人才智力的作用有限。这些年来，高精尖人才的引进机制在铜陵市委和市政府的努力下不断优化，政府部门给他们创造了良好的环境，并给予了相关的政策支持，如家属安置、创新创业、生活居留等，积极打造"人才高地"，为经济转型发展提供人才。但是，铜陵市不是发达城市，难以吸引高端研发和管理人才，与发达的沿海城市以及合肥、芜湖等地比较，在发展前景、生活环境、薪资待遇等因素上具有很大劣势。在这样的情况下，企业被迫在别的城市建一个研发中心，虽然可以招到高端人才，但不可避免地会对研发、生产、管理产生一些负面影响。同时，企业因为产业转移以及产业升级，相应地要求产业工人的水平不断提高，但中部地区还没有及时更新产业工人培养体系，从而使那些沿海转移来的高端产业无法拥有足够多的高素质产业工人，造成了工人流动性过大的局面，给企业稳定生产和规模扩张造成了不可忽视的影响。

三是科技创新的支撑力有限。近几年，铜陵市科技局出台了一系列政策以支持科技创新。2017年，为了支持科技创新，市财政不断加大财政资金投入，预算安排创新创业资金6 120万元，比2016年多了500万元，涨幅达到11%，比同期财政收入高了6%。这些资金中，给科技研发拨款3 500万元，比2016年多了500万元，涨幅达到17%；给科技型企业贷款拨款3 000万元，此款项只能向中小型企业提供贷款。然而，自主研发方面使用了过多资金，保护知识产权方面又没有完善，商业前景变化多端，这些因素造成企业的创新不够，新兴产业企业无法真正掌握具有核心技术、产品增值率高、市场前景广阔的尖端产品，如全威铜业，即使其产值较大，也避免不了增加值低，有的甚至不到产值的2%。

### （五）发展动能需要接续

首先，新增新兴企业体量小、数量不多。2017年，新增企业有56家，其中新兴企业有25家，虽然整年新增企业累计增长22.7%，但是缺乏高质量企业。根据安徽省截至2017年3月统计的数据显示，全省的新兴产业企业有3 342家，其中铜陵市有 133 家，排全省第十，仅占全省比重的 4%，企业的数量比较少。尤其是大型骨干企业，总产值超过 10 亿元的企业仅有 8 家。三佳、华纳、铜峰、浩荣、全威、海亮等原有重点骨干企业基数已经很大，而且很少有新项目投入，所以升值的空间不大，企业的支撑作用正在逐年减弱。例如，占新兴产业总产值比重最大的全威铜业，辉煌时期一直是铜陵领头羊，占铜陵市全年总产值的 50% 以上，对全市的经济增长起着不可替代的支撑作用。然而，2017 年以来，由于全国铜的价格下降，全威铜业的生产接近饱和，增值空间有限，在全市产值增长上的作用大不如前，无力制止铜陵市的经济增速的整体下滑。

其次，重大项目的支撑作用不够。现有重点产业未能达产达标的现状没有得到改善，新增的新兴企业又没有达到盈利阶段，导致铜陵的经济增长出现断档，想要增产增量十分困难。据初步统计，铜陵大概有 80 家新兴产业投资建设，其中投资超过 5 亿元的项目仅有有色高导铜材、全威二期精细铜线、迪诺环保脱硝催化剂等 6 个，投资超过 10 亿元根本没有，仅有浩荣大功率复合基板、毅远 LED 日光灯管封装、铜冠机械技术改造等 6 家企业的总产值基本达标。铜陵市有很多家重点新兴企业虽然投产多年，但未见良好效益。由于设备简陋、技术缺乏、市场不稳定、自身定位不准确、经营机制不成熟、管理水平不完善以及宏观的市场环境不够稳定，很多企业的产能大量浪费，如全威铜板带、有色黄铜棒、海亮铜管等企业的产能利用率仍不到 60%，有色黄铜棒仅 10%。

再次，可拓展的要素空间有限。铜陵在枞阳被划转之前，地域面积非常小，现有规划内的工业用地使用率已经超过 90%，占用空间的容量几乎接近上限。目前，我国冶炼金属的工艺已经达到最先进的水平，很难进一步节能减排。同时，铜陵工业的发展越来越快，能量消耗量逐渐增大，污染物也没有明显减少，所以产业转移和寻求更好更快的发展方向是非常困难的。此外，铜陵已经获得国家节能减排优秀城市的称号，因此节能减排环保目标要更高、更严格。要素空间与发展之间的矛盾一直存在，也很突出，影响了很多大项目的发展与壮大。

最后，外来投资比较少，自我发展又很艰难。截至 2017 年年底，铜陵市新兴产业总计 110 家，除去合资企业，其余不足 62.7 %。新兴产业可利用的外力资源太少，民营企业资金不足，投资项目也偏小，除了几家具有铜陵特色的大型企业以外，其余企业的投入回报率都不高。

## 二、铜陵市战略性新兴产业发展的策略

### （一）调整产业发展结构

全面对接《中国制造 2025》等国家战略，必须坚持"发挥优势，重点突破"的原则，与实际情况相结合，大力发展具有铜陵特色的铜基新材料产业，开创新兴企业，发展相关的电子工程、光伏发电技术、精细零件的制作工艺以及精细化工等替代产业，发展产业链，避免产值爆发式增长，使环保节能产业、生物与制药产业、绿色食品加工等战略性新兴产业的实力得到综合提升。比如，将铜基新兴产业的产业层次与水准进一步提升，力争将其发展成我国最大的铜基生产基地，使产品品种越来越全，总量越来越大，技术水平越来越高，尽可能带动全市的生产结构优化升级，并逐渐转变为支柱产业。同时，在精细化工、智能制造、电子信息等产业，进一步引进新能源以及汽车精密零件的生产和加工等工艺，使产业结构加快升级，力争做大做强，精益求精，推进全市新兴产业更上一层楼。加强与各大高校、科研院所、行业协会等单位的深化合作，加深产业的发展研究，找准城市发展的定位，强抓关键环节，完善帮扶政策，攻克科研瓶颈，推动产业快速发展。

### （二）提升产业发展层次

了解产业升级的内在需求，加大力度支持重点产业、主要产业和技术关键环节的改造升级，鼓励企业引进先进的技术，用科学整体的方法提升产业链的层次和水平，加快产品架构的优化升级。利用国家工业绿色转型发展试点城市、国家节能减排财政政策综合示范市建设的有利契机，加大两化融合、节能降耗、质量提升、安全生产等领域投入，提高企业运营水平和效益，促进有色（钢铁）、化工、建材、机械等传统支柱产业向高端制造、绿色制造、智能制造方向转型，增强全市传统制造业的核心竞争力。

### （三）保障产业发展资金

积极跟进与响应国家的帮扶政策和补贴政策，引进更多社会投资，掌握股市的最新动向，主动申请国家、省级、市级各种基金，投入优质的建设项目。支持企业利用各种债权金融工具进行融资，将有限的资金充分利用。鼓励政府、银行、担保机构充分发挥各自优势，密切分工协作，即"银政担模式"，给予中小微企业良好的生存环境，加速企业的发展。推进各种项目的发展，抓好资源枯竭型城市转型，走好节能减排、循环经济、工业绿色转型发展的示范之路。在重点项目发展的同时，兼顾项目的创新。在争取上级资金支持时，一定要做到两手都要抓，两手都要稳。

首先，要精确落实每一笔已下达的资金，杜绝滥用现象。其次，以重要政策、重大项目、重点资金为项目创新的重点，规划好资金的申报工作，要有超前性与计划性。精准使用资金，必须在原有管理方式上引入财政资金资本化运作模式，从资金管理、资金效率、专项资金三个方面下手，突破资金管理方法的壁垒，做到管理程序的革新。

摒弃冗长的资金审批程序，提高扶持资金的使用效率，做到用好、管好市内专项基金。在做好管理模式创新的同时，不能忽视新资本的引进，对战略性新兴产业要适度给予政策、经济上的优惠，不但要充分做好对优质项目风投、创投的审批工作，还要主动对接国家、省级的产业基金，保证资金充足。要充分抓住股票发行注册制度改革的"顺风车"，做好优质企业的上市工作，支持战略性新兴企业通过各项债务融资工具进行融资，为其发展保驾护航，为社会资本的流入奠定基础。同时，发展经济、加大资本流动，必须紧跟金融产品创新的潮流，加强金融创新的力度，如股权质押贷款、流动资金贷款、消费贷款和商业贷款等信贷业务。我们"既要金山银山，又要绿水青山"，在经济发展的同时不忘做好可持续发展工作，争取到 2020 年能做到新兴产业蓬勃发展、战略性新兴企业上市、环境绿化工作进一步加强。

### （四）优化产业发展环境

一是推进产业载体建设。要坚定执行"园区倍增计划"，以打造新型工业化园区为中心，依托传统优势产业，充分发挥新兴企业的优势，优化资源分配策略，在保证基础产业稳定发展的同时，加快电子、金融等战略性新兴产业的建设。在园区的规划战略中，要坚持分工与统筹的一体化，不但要明确传统园区与新兴园区的职能所在，也要融合开发区与行政区的优势特点，做到基础设施发展与创新工程齐头并进，努力将铜陵市发展为产业融合示范区。园区发展要坚持可持续发展战略，将高质量发展与管理保护统一起来，鼓励引进更加完善的服务平台，坚持能耗指标的双控标准。在园区自身发展的基础上带动周边发展，将闲置土地开发成集约区，以自身的力量带动地区的资金流动，促进集约化发展。集中力量突破铜产业发展平台建设，依据"园区管理"经验，主攻质量监督，推进进口废七类集装箱转关、综合保税区、铜期货交割仓库、铜基材料以及加工技术国家工程实验室等平台的建设，这不仅是传统重点工业的一大进步，也为战略性新兴产业提供了保障。只有实体经济蓬勃发展，新兴产业才能开出美丽的花。

二是狠抓人才高地建设。优化高层次创新创业人才及团队引进政策，建立国内外人才引进绿色通道。推进高层次创新创业人才股权和分红激励试点，建立科技成果、知识产权归属和利益分享的市场化导向机制，调动重要贡献人员和团队创新创业激情。优化完善高层次创新创业人才及团队引进政策，建立国内外人才引进绿色通道。推进高层次创新创业人才股权和分红激励试点，加大对优秀职业经理人、高层次创新人才和高技能人才的股权分红激励力度。建立科技成果、知识产权归属和利益分享的市场化导向机制，充分调动科研负责人、骨干技术人员和团队创新创业的激情。推进百人计划、外专百人计划、创新创业领军人才特殊支持计划、"1155"创新创业人才培养工程等人才建设项目，为战略性新兴产业发展提供智力支持。建立高校和企业共同培养人才制度，鼓励铜陵市内高等院校结合铜陵市产业发展实际，根据需要科学设置专业，提高人才培养的针对性。建设公共职业训练基地和高技能人才培养基地，为企业输送高素质产业工人队伍。每年引进并重点支持1支以上海内外高层次科技人才团队，重点支持5名以上战略性新兴产业领军人才、10个以上创新团队。到2020年，高技能人才总量达到4万人；在省、市两级基地（集聚区）新设3家以上院士工作站和5家省级以上博士后科研工作站，建立1家以上留学人员创业园，5家以上海外引智工作站。

三是增强自主创新能力。充分发挥企业在创新过程中的主体地位，强化科技企业孵化器的作用，加强创新型企业梯队建设，培育高端产业发展。充分发挥中科院皖江新兴产业技术发展中心、合工大（铜陵）工程技术研究院等现有平台作用，围绕产业发展需求，再建设一批高水平的创新平台，配套完善众创空间、检验检测、知识产权等创新服务平台。推广将高校、院所的技术转移机构设立在企业内部的模式，促进科研成果在我市转化、项目来我市落户。加快安徽铜基新材料产业技术创新战略联盟发展，鼓励企业、院校、协会主导或参与精细化工、电子信息、智能制造等领域产业联盟建设，借助科技重大专项的力量，加速突破共性技术瓶颈。

### （五）培育产业发展动能

一是加强企业集群培育。龙头企业是企业发展的先驱者，必须大力发展龙头企业，充分发挥其在创新等方面的带动作用。在发展龙头企业时，不仅要引进外来资本，还要充分发挥自身的优势吸引优秀人才。中小企业虽然规模不及龙头行业，但也能在区域经济发展中起到重要作用。因此，要引导中小企业改革创新，向龙头企业看齐，争取做到生产专业化、管理精细化、产品特色化、技术高新化。龙头企业与中小企业的发展并不是各自为政的，必须要在政府的领导下联合进行。维持各类企业均衡向前发展，行业协会的监督是不可或缺的，因此必须大力支持龙头企业、中小企业、行业协会组建联盟，建立稳定的协作关系，使整个区域的企业融合成大片的经济区，形成一条完整的产业链和供应链。以优惠的政策与资金的支持为企业板块奠定发展的基础，以产业链中有特色的板块吸引外来投资，而对企业板块的薄弱环节则要完善计划，通过引进外来技术、外来人才、外来资本等以商引商。要多关注中小企业的成长，既要内在联合又要做到百花齐放，帮助其摆脱对龙头企业的过度依赖，逐步向大型企业发展。全力支持铜陵有色公司进入世界 500 强，铜化集团进入全省 20 强。到 2020 年，再培育形成两家以上具有全球资源整合能力的龙头企业。

二是加快新兴产业项目建设。围绕国家、省、市新兴产业领域，适应新技术、新产业、新模式、新业态发展趋势，借助院所、高校等第三方机构的力量，滚动谋划一批产业前景好、带动能力强的优质项目。做深、做细、做实项目前期工作，落实投资主体、资金来源等条件，促进更多储备项目及时转化。在深入贯彻"四督四保"制度的基础上，延伸落实"督查推进招商项目保证落地率，督查推进基地项目保证新兴产业占比"，建立完善项目推进工作机制，压紧、压实项目工作目标，着力提高项目开工率、竣工率、达产率和转化率，形成"开工一批、建设一批、竣工一批、储备一批"项目持续推进格局。深入实施"千百十亿"工程，打造铜产业、化工产业千亿级"航母"，构建先进装备制造、电子信息、新能源汽车、节能环保等百亿级"板块"，形成高端新材料、PCB、智能装备、模具、流体控制系统、铜工艺品等一批产业集群。引导行业领军企业、小微企业、行业商会合作建立产业联盟，整合产业链，加强供应链管理，建立稳定的产、供、销等协作配套关系，推动分工进一步细化，联合打造区域品牌，争创产业集群专业镇示范点。深入推进"工业强基"、智能制造和绿色制造工程，全面提升产业竞争力。实施智慧产业培育工程，积极发展网络制造等新型生产方式，建设数字车间、智能工厂、智慧企业，打造"智慧集群"。鼓励围绕产业集群建设的现实需求，建设产业和产品协同研发的平台，实现共性技术的研发和推广运用。到 2020 年，省、市两级基地（集聚区）关键材料本地配套率超过 70%。

三是加大开放合作力度。经济社会持续发展，全球经济逐渐融合成一个统一的整体，这种改变是一把双刃剑，在发展中既要规避可能带来的风险，又要牢牢把握住其所带来的机遇。通过完善产业链，引入外来资本，推动产业快速发展。完善产业链时要抓住"建链、延链、补链、强链"这几个关键点，通过招商引资建设具有较大规模、较强技术的产业项目，将其强化为地区产业板块，形成区域品牌效应。在招商引资工作中，必须完善工作程序的建设，简化繁杂的审批程序，优化招商环境，为资本引入提供温床。通过委托开发、专利授权等方式不断革新自身的产业技术，在坚持"引进来"的同时，坚持新兴产业"走出去"，借助皖南城市带承接产业转移示范区及皖南国际文化旅游示范区这两大平台与全国强企结合，与世界产业对接，开展国际合作创新，开拓更大的市场。加强企业的研发实力，支持企业与院校共同建立完整的研发链。

四是完善工作保障机制。市场的发展并不是完全自由的，而是在政府的有效领导下进行的，所以要利用好政府与市场这两只手，协调好政府机构与企业的力量。政府机构要规划好每一阶段的重点目标，明确责任分化，做好产业发展的跟踪监测，带领企业更好的发展。企业要在政府的大规划下做好自己的精细计划，加大考核力度，确保计划落实。在园区管理体制上，要加强产业区与城区的融合机制，争取使铜陵经开区成为国家产城融合示范区。在科技创新上要加强对知识科技成果的保护，设计完善的奖励机制，提高科技工作者的创新积极性。在行政管理方面，要不断推进简政放权，简化审批程序，提高审批效率。支持铜陵有色公司整体上市，推动铜化集团、普济圩农场实施混合所有制改革，着力发挥国有龙头企业在推进战略性新兴产业集聚发展中的关键作用。

# 第九章　合肥高新区集成电路产业集群发展分析

## 第一节　合肥高新区集成电路产业集群发展现状

### 一、合肥集成电路发展总体情况

集成电路是信息技术产业的核心，被称为"工业明珠"。合肥作为长三角世界级城市群副中心城市布局于此，从无到有，逐渐跃升为"后起之秀"。短短几年，这里已集聚了 129 家集成电路企业，覆盖了设计、制造、封测、设备和材料等全产业链，成为国内集成电路产业发展最快、成效最显著的城市之一。

芯片是指内含集成电路的硅片。芯片一般体积都很小，起到的作用却很大，小到手机大到飞机都离不开它。我国对芯片的需求量大，却没有自己的芯片技术，每年都要在芯片上耗费大量的资金。这对我国的制造业发展和信息安全造成了很大的威胁，芯片研发迫在眉睫。

2015 年 10 月 20 日，总投资 128.1 亿元人民币的合肥晶合在高新区正式奠基开工。这是我国芯片行业走出的伟大一步。这预示着我们也开始拥有自己制造芯片、自己设计芯片的能力，开启了我国芯片产业的新大陆。从此，我们可以逐渐脱离对外国芯片产业的依赖，创建自我设计、自我创新、自我制造、自我销售的完整产业链。

合肥晶合集成电路有限公司是安徽省首家 12 英寸（30.48 厘米）驱动芯片晶圆代工企业，是目前安徽省最大的集成电路产业项目，也是合肥首个 100 亿元人民币以上的集成电路项目。由此，合肥开启了"无中生有"之路。

2017 年 6 月 28 日一期竣工试产，7 月中旬第一批晶圆正式下线；2017 年 12 月 6 日，正式量产。

在晶合展厅，不仅展示了"合肥造"的晶圆成品，从薄膜生成、光学微影，到蚀刻、掺杂、化学机械研磨等晶圆制造工艺流程也一目了然。晶合的目标是一个厂房月产量达到 4 万，按这样的计划发展下去，到 2020 年合肥晶合有望成为全球面板驱动芯片制造业的领军人物。其实，晶合仅是合肥"芯"发展的一个开端。就在晶合 12 英寸晶圆量产的同月，也就是 2017 年 12 月，芯片封测"双子"项目落户合肥，总投资 35 亿元人民币，将设立中国最大的半导体显示芯片封测公司总部和封装 COF 卷带生产基地。不仅如此，龙头企业也在不断积聚。

在设计环节，合肥市拥有联发科技、群联电子、兆易创新、君正科技等 102 家知名企业，其中销售收入超亿元企业就达 5 家，世界顶尖的集成电路设计公司联发科技更是将其全球第二大研发中心落户合肥；在制造环节，除了晶合 12 英寸晶圆实现量产，长鑫 12 英寸存储器晶圆制造基地项目建设也在快马加鞭，项目投产后预计将占据世界 DRAM 市场约 8% 的份额，将大大弥补国内 DRAM 市场的不足，合肥市将跨入世界级存储器制造重镇之列；在封装测试环节，拥有通富微电、新汇成、COF 卷带等项目；在设备环节，芯碁微电子双台面激光直接成像设备打破了国外高端激光直写曝光设备垄断，大华半导体封装专有生产装备和精密模具实现量产销售。

数据显示，目前合肥拥有集成电路企业 129 家，其中设计企业 102 家，制造企业 3 家，封测企业 8 家，设备和材料企业 16 家，覆盖集成电路全产业链。2017 年，全市集成电路产业完成产值 235.6 亿元，同比增长 31.03%；税收 21.2 亿元，同比增长 11.58%；投资 72.5 亿元，同比增长 39.42%。

早在"十二五"时期，合肥在跨越赶超时就展现了其招商引资的强大"磁场效应"。围绕支柱产业的产业链进行招商引资，一大批上下游配套企业纷纷来肥投资。城市对项目的吸引力，不仅在于良好的区位交通、科教资源等先天优势，还在于给项目投资者提供的优质服务。宁波汇丰仅用了 3 天时间就立刻"下单"，这一点可窥视合肥的"待客之道"——重大招商项目由政府领衔服务，同时加大土地、规划、水电气等要素保障力度，精简审批环节，优化办事流程，提高服务效率，保障项目有序推进、顺利落地。

除了建立健全项目审定机制之外，合肥还出台一系列政策为企业减负，用政策红利铸就"投资高地"。值得一提的是，合肥创新招商引资大项目扶持政策，采取"一事一议"等办法为优质大项目量身定制"落地"方法。引进外来优质人才，有针对性地培养人才，充分发挥各自优势，将理论与实践相结合，建设以实践为主的高素质人才培养基地，从而提高人才的技能实践与创新能力，为企业输送高水平人才。

一直以来，国家和安徽省就高度重视合肥集成电路产业发展。早在此前，工信部将合肥列为全国 9 大集成电路集聚发展基地之一，国家发改委将合肥列为 14 个集成电路产业重点发展城市之一，部分项目已纳入"十三五"国家重大集成电路生产布局规划。

安徽省将合肥市集成电路产业基地列为省级战略新产业集聚发展基地。几载磨砺，合肥不负众望，创"芯"之路日渐清晰，初步形成了以本地市场为牵引、人才资源为支撑，与本地产业高度融合的芯片集群。其中，在面板驱动芯片领域，集聚了敦泰科技、集创北方、中电精显、宏晶、龙讯等企业；在家电芯片领域，集聚了君正科技、矽力杰等企业；在存储、汽车电子、电源芯片等领域也已经布局。

2017 年初，合肥综合性国家科学中心建设方案获批，随着这一"国字号"创新体系基础平台的呈现，将为产业发展提供更强的创新动力源，合肥打造"中国 IC 之都"指日可待。"十三五"期间，将继续发展芯片的设计业及制造业，继续完善合肥芯片产销用的产业链条，特别是在存储芯片、驱动芯片和特色芯片的制造上。

合肥的集成电路业发展趋势良好，集成电路企业种类繁多，包括集成设计企业、封装测试企业以及配套企业。设计企业以联发科技、Marvell 为首，包括 43 所集成电路设计中心；封装测试企业以泰瑞达、捷敏三菱、合晶电子、国晶微电子为首，共有 43 所代表企业；配套企业包括铜陵有色、法液空、京通电子、无线数字等企业。

### （一）综合比较优势明显

合肥作为一个现代制造业基地和综合交通枢纽，是发展集成电路产业的理想地区，尤其是其优异的地理环境、较低的消费水平、良好的工业氛围，彰显出强大的地理优势。

### （二）市场需求巨大

合肥具有良好的企业发展条件和工业底蕴，无论在家电制造、汽车或装备制造还是光伏产业都有着很强的竞争力。除此之外，合肥还拥有完整的自主面板产业链，包括合肥京东方 6 代线、8.5 代线、联想电脑生产线等。

### （三）人才科研资源丰富

中国科技大学、合肥工业大学、安徽大学等 60 多所高校为合肥提供了丰富的科研资源与人才储备。在研发方面，合肥有 300 多个研发机构，80 多所职业院校，62 个两院院士，专业技工 42 万余人，这为合肥提供了大量的科研人才，加快了合肥企业的创新性发展。

### （四）产业创新平台加快建设

产业要发展，必须要创新。合肥想要提高自己的产业创新能力，必须积极建设专业化的集成电路服务平台，重点保护知识产权，加大人才培养力度，激发企业创新能力。

### （五）各级政府高度重视

合肥作为一个拥有高技术产业的城市，是国家电子信息技术产业基地、国家"两化"示范地；是"一带一路"建设和长江经济带战略双节点城市，是具有国际影响力的创新之都。合肥市委市政府积极发展创新产业，集中力量推进高科技企业的发展，特别是电子信息产业。

## 二、合肥高新区集成电路产业的重点企业

### （一）合肥兆芯电子有限公司

合肥兆芯电子有限公司（以下简称兆芯电子）成立于 2015 年 6 月，是外商独资企业，有限责任，独立法人，经营期限 50 年。公司注册地和经营地址均在合肥市高新区创新产业园内，租赁了园区二期 F3 号楼 12、13 层，面积约 3 800 平方米的办公用房作为营运总部。

兆芯电子专业从事存储器主控芯片的研究、开发、设计、生产（外包）与销售相关的业务。经营项目主要为集成电路及系统的研究、开发、设计、生产（外包）与销售，相关技术咨询、技术服务及转让自行开发的技术成果。主要采用的经营模式是集成电路设计行业中常见的设计与代工厂相结合的方式，即兆芯电子自行采购 IC 主控芯片、Flash 闪存芯片、主板等原材料，连同自主研发设计的固件程序交给代工厂加工制造，而后由委托厂家进行封装测试，最后作为兆芯电子的产品进行销售。

### （二）合肥宏晶微电子科技股份有限公司

合肥宏晶微电子科技股份有限公司（以下简称宏晶微电子公司）在产品创新上具有很大的优势。它不但有自己的产品设计，在集成电路上也有自主知识产权产品。作为一个有将近 20 年历史的企业，宏晶微电子公司掌握了一流的技术，在产品开发、研制、实施等方面有很好的经验。如今，宏晶微电子公司不但在合肥发展势头强劲，在全国各地也有着不错的发展，特别是在深圳设立了产品技术推广中心。

成立至今，陆续完成多颗国产芯片研发，设计出多项国内外首创技术，获得知识产权近 200 项，被认定为国家高新技术企业、集成电路设计企业、软件企业，承担多项重大科研项目。面向未来，公司将不断提升自主创新能力，开发具有自主知识产权的高性能核心芯片、电子和智能控制产品，实现持续、快速、健康发展。新型平板显示设备系列芯片融视频输入、处理、转换和输出为一体，真正实现了单芯片完成整个系统功能，应用的设计技术涵盖了国际市场现有的主流核心技术，各项性能比均达到世界领先水平。

### （三）合肥杰发科技有限公司

合肥杰发科技有限公司创立于 2013 年底，是上市公司北京四维图新科技股份有限公司下属全资子公司，其前身为世界知名芯片设计公司联发科技股份有限公司、合肥高新科技创业投资有限公司联合注册成立的控股公司。总公司位于合肥，并在深圳和上海设有分公司。

成立 3 年多来，公司累计营收超过 16 亿元，利税突破 7 亿元，迅速成长为国内汽车电子芯片领军企业。目前，该公司在国内后装车载系统芯片的市场占有率超过 60%，是全球重要的车载电子芯片及解决方案的供应商，客户遍及各大车厂及 tier-1 零部件厂。公司研发创新能力出众，具有丰富的汽车电子芯片系统研发经验，研发人员占比超过 85%。

### （四）合肥知常光电科技有限公司

在激光技术应用方面，合肥知常光电科技有限公司也有着先进的技术，它坐落于合肥国家高新技术产业开发区，主要方向是激光精密加工以及检测机器制作。合肥知常光电科技公司所开发的设备广泛应用于太阳能电池、显示器等先进制造业。合肥知常光电科技公司致力创新发展，积极招贤纳士，扩大人才团队，创造了一个具有活力的年轻企业。公司在良好的发展环境中已经逐渐步入正轨，有经验老到的高管团队，有机械制造顶尖的专业团队，有成功开发复杂技术设备如高端光机电一体化设备的经验。在企业领导者与员工的共同努力下，公司成功入选安徽省"115"产业团队、合肥市"228"产业团队、合肥高新区"江淮硅谷"产业团队。公司立足于"致虚守静、知常曰明；以人为本、不断创新"的企业文化，努力专研科技创新，认真学习先进技术，争取为制造领域添砖加瓦，带动地区经济全方面发展。

公司现为"国家高新技术企业"，建有安徽省院士工作站、合肥市精密激光加工工程技术研究中心，并获得"合肥市知识产权示范企业""合肥市科技小巨人培育企业""合肥市优质小微企业"、合肥市高新区"优秀创新型企业"和"人才工作先进单位"等荣誉称号，公司项目"主动式激光红外安全检测设备产业化"入选国家火炬计划产业化示范项目。

### （五）合肥微纳传感技术有限公司

合肥微纳传感技术有限公司成立于 2015 年，由中国科学技术大学、中国科学院、美国加州理工学院、法国里昂中央理工大学等海内外优秀研发团队共同组建。公司坐落于风景秀丽的合肥国家级高新技术产业开发区内，由中国科学技术大学先进技术研究院进行产业孵化。

公司具有多项自主创新和发明专利，研发团队技术背景覆盖微机电（MEMS）系统工艺、电气工程设计、产品结构设计、催化纳米材料研发等众多领域，公司创始团队有着丰富的 MEMS 芯片及气体传感器设计、制造经验，确保能为客户提供高质量、高标准的产品和服务。

# 第二节　合肥市发展集成电路产业的问题、目标及重点任务

## 一、合肥市发展集成电路产业存在的主要问题

第一，产业规模较小。2015 年时，企业发展规模较小，创新制造方面没有明显成就。当时只有不到 30 家的集成电路企业，而专攻设计的企业甚至不到总数的三分之一，其余的企业方向也很零散，缺少有力的产业支撑。

第二，产业上下游脱节。表现为设计产业与制造产业严重脱节，分工散乱，没有融合成一个整体。这种设计与制造的脱节导致不能组成完整的产业链，不能独立完成设产销的分工，必须依赖国外进口，丧失了自主权。

第三，领军人才缺乏。一是由于企业发展前景不被看好，很多本地人才外流，而企业因为人才缺乏问题在创新方面力不从心。二是由于缺少龙头企业，领军人才缺乏，不能将市场结合起来，无法形成完整的产业链。

## 二、合肥市发展集成电路产业的机遇与挑战

### （一）发展机遇

#### 1.国家高度关注集成电路产业发展

集成电路产业如今已成为发展前景巨大的新兴产业，受到了中央的高度重视，要求"把集成电路作为战略产业，紧抓不放，实现跨越"。有关部门也在政策、经济等方面给予了大力支持，如国务院出台《关于印发进一步鼓励软件产业和集成电路产业发展若干政策的通知》（国发〔2017〕4 号），对于集成电路产业发展的意义重大，使集成电路创新到达一个新的高度。

#### 2.国内市场需求巨大

产业的发展与市场需求的关系密不可分。我国是一个拥有巨大集成电路市场的国家，2011 年集成电路市场需求额达到 8 065.6 亿元，占据了世界集成电路市场份额

的近一半。这确保了我国集成电路产业链的形成，为技术创新提供了扎实的基础。

### 3. 产业转移趋势愈发明显

我国土地资源丰富，地理位置条件好，商业需求大，有着集成电路产业发展的便利条件。因此，世界集成电路产业开始逐渐向我国转移，同时我国逐渐发生了内部的产业转移。

### 4. 摩尔定律将继续生效

摩尔定律，即当价格不变时，集成电路上可容纳的元器件的数目，约每隔18 ~ 24 个月便会增加一倍，性能也将提升一倍。若摩尔定律继续生效，那么在研发难度加大、市场更新变缓的同时，我国将有足够的时间进行工业创新、技术改良。

## （二）面临的挑战

### 1. 国内城市竞争激烈

集成电路发展前景良好，国家政策又予以优待，各省市的集成电路产业百花齐放，不仅在北上广等城市发展迅猛，西安、重庆、成都等地也有不小的发展。例如，西安的三星项目、北京的中芯国际等。

### 2. 持续投资规模大

集成电路产业具有高投入、高风险、高变化的特点，是国家战略性新兴产业，需要政府持续支持、高效和专业的服务。然而，其研发是有收益也有风险的，并不是每一次投入研发的资金都能带来现实的收益。

### 3. 设计企业受地域影响有限

虽然各地文化不同，但是集成电路之设计主归于研发，受地域影响有限。设计企业的主要影响因素为投入的资金、创新性人才的能力以及政府政策的扶持。

### 4. 晶圆制造产业形成"马太效应"

晶圆制造产业因为摩尔定律的发生逐渐萎缩。IBS 预计在 32 nm 和 22 nm 时代将分别只剩下 5 家和 3 家公司能提供相应技术的圆晶制造服务。

## 三、合肥市发展集成电路产业的发展目标

### 1. 总体目标

初步计划在 2020 年拥有 12 英寸（30.48 厘米）的晶圆生产线 3 ~ 5 条；坚持自我创新发展与引进成功企业相结合，培育出数个 IDM 公司；在创新的同时注意提高销售量，加速投入与产出资金的运转速度，建成全国乃至世界首屈一指的基电产业生产基地。

2.产业发展阶段目标

（1）起步阶段（2013—2015年）

①大力发展合肥集成电路，创建国家级设计园。

②加大投资力度，创建产业投资基金。

③细分领域产线，精准开建8英寸（20.32厘米）或12英寸生产线。

④加大产业建设以及优秀企业引入工作，引进优秀芯片设计公司，规划特定IDM产业园。

（2）发展阶段（2016—2018年）

①进入国家布局，将特定8英寸线的生产规模突破10万片；在特定领域开建1条具备"国内唯一、国际领先"的特色12英寸生产线。

②加大力量引进和培育联动设计公司，形成商业模式创新。

③加大对市场制造的投资力度，建立创新型设计模式，并积极与市场联动，推动集成电路公司上市，带动周边企业的发展，成为国家重点产业基地。

（3）腾飞阶段（2019—2020年）

①成为全国最大的非数字工艺生产基地，拥有2条月产能超过10万片的特色工艺生产基地、至少一条全国领先的12英寸生产线，形成具有"合肥模式"的全新产业发展路径以及商业创新模式。

②推动集成电路公司上市，创建具有地区特色的合肥生产文化。

③提高企业产量，升级技术创新，不但要成为产量最大的生产基地，还要成为技术领先的生产基地。

3.技术进步阶段目标

（1）起步阶段（2013—2015年）

①设计业水平达28 μm，主流水平达到110 μm，部分设计企业进入65～40 μm的水平。

②晶圆业8英寸达到0.11 μm水平，并且达到量产水平。

（2）发展阶段（2016—2020年）

①提高自身设计业水平，争取赶超国外。

②大力发展晶圆产业，实现国内领先，缩减与世界水平的差距，即12英寸达到20 μm水平。

③填补产业技术空白，完善设计生产链，成为国家重点产业基地。

## 四、合肥市发展集成电路产业的重点任务

### （一）彰显特色，建设虚拟 IDM 模式模拟集成电路产业园

坚持创新发展，推进产业园新模式建立，创建完整的技术、人才、资金产业链，加大对模拟集成电路的创新建设。着力推进国家重点项目的申报，创建完整的知识产权保护系统，激发人们的创新精神。学习国外先进技术，结合本地资源创新出属于自己的特色优势，争做国家一流企业，缩短与世界的差距。

现今，晶圆制造正成为炙手可热的新兴产业，应该抓住这个机会大力发展自己的产业线，以晶圆制造为突破点，建设至少 2 条 8 英寸产业线、2 条 12 英寸产业线，加大人才引进策略的实施力度，不但要引入创新性人才，还要引入特色优势企业，填补自身的不足，至少发展出几十家特色设计公司。以点（晶圆厂）带线（芯片设计），以线（芯片设计）带面（集成电路产业），以面（集成电路产业）带体（串联合肥面板、家电和汽车等高技术产业）。

### （二）应用引领，谋划推进重点工程或重大专项

做好国家重点工程的申报工作，加强创新产业的工程培育。市场决定了产业的发展前景，因此企业一定要加强对市场的把握，以市场的方向为发展目标，预估市场风险，最大可能地跟上市场的步伐。另外，加强产业创新设计，将外来新兴技术与自我创新结合起来，创造出自我发展的新型模式，以重点工程为据点，推进面板驱动芯片、家电核心芯片、汽车电子芯片等项目的开发。

1.面板驱动芯片国产化重点工程

将 IDM 模式作为创新产业的重点项目，政府给予政策优惠，简化审批程序；企业加大资金的投入力度，引进优质创新型人才，推进集成电路特色产业园的建成，做到"三高"，即高标准、高强度、高产业。要发展国产面板驱动芯片业，就要加强芯片设计的发展力度，吸收国外先进的技术工艺，将其与自我创新巧妙地结合起来，生产有自身特色的面板驱动芯片。

2.家电核心芯片国产化重点工程

以本地龙头家电企业、特色晶圆厂和相关驱动芯片设计公司（通过招引联引入）为主体，针对家电所需的图像显示芯片、变频机智能控制芯片、电源管理芯片 / IGBT 模块和特色存储器芯片，实施家电核心芯片国产化，努力实现"合肥芯""合肥造""合肥产"和"合肥用"的一条龙全解决方案。

3. 其他重大专项

围绕合肥汽车电子和绿色能源，向国家工信部、科技部、发改委等相关部门提交相关重大科技或产业化专项申请。联合合肥京东方、江汽集团、中科大等单位，将产学研用有效结合，申请建设国家重点工程、重点项目、重点实验室等。

**（三）加强招商，推进与国内外企业合作**

1. 开展与国内外领先集成电路企业合作

制造方面，抓住国际集成电路产业转移大趋势，面向国内龙头企业和全球前五大晶圆制造公司招商，探索与国内大型集成电路公司在合肥的 IDM 项目合作。设计方面，面向国内外主要芯片设计公司招商，推进设计企业在肥发展，并建立研发中心，进而发展至设立公司总部或投资建 IDM 工厂等。

2. 积极开展园区间合作

加强同台湾新竹科学园区的战略合作，实施"产业飞地""异地共建"的发展模式，推动合肥市集成电路产业的发展。凭借合肥与台湾新竹的战略合作关系，维护与台湾工业园区的关系，重点推进双方园区的深入合作。

# 第三节 合肥高新区集成电路产业集群的影响因素及升级路径

## 一、全球价值链下合肥高新区集成电路产业集群发展的影响因素

**（一）全球价值链动力机制对合肥高新区集成电路产业集群发展的影响**

合肥高新区集成电路产业集群是一个同时具有购买者和生产者价值链驱动的产业群，属于混合驱动的价值链。该集群的关注重点除了整个产业领域的技术能力外（主要是技术研发与设计能力的提升），更侧重提升集成电路产品的生产、应用、管理及售后服务等环节的服务水平。合肥高新区集成电路产业集群凭借自身的生态资源、区位、投资环境和市场等优势努力融入全球价值链条。在生产环节方面，通过承接国内外集成电路产业转移和吸引外商投资，让资本充分投入到生产环节，保证生产环节的提升；在流通环节方面，集群努力承接服务外包、引进大项目、加强与外企合作以及通过代工生产的手段提升在全球价值链中集成电路品牌的市场营销、应用推广、售后服务等，实现流通环节的价值。以混合驱动的价值链为前提，合肥高新区集成电路产业集群为了达到优化发展的目的，必须把生产环节与流通环节的相互转化关系处理得

当，结合当今实际情况与国际行情进行准确有效的判断，在提升价值链中的集成电路生产加工、产品设计水平的同时，进一步完善集成电路的品牌营销、物流、品牌运作及售后服务等方面。目前，集成电路龙头企业及高端专业人才相对匮乏，而且设计企业和整机企业之间的联动非常有限，这对集成电路产业生产环节技术的研发与设计都是非常不利的，所以集群要结合目前的形势，在高端人才、集群龙头企业和企业联动性等方面有所侧重。

### （二）全球价值链治理模式对合肥高新区集成电路产业集群发展的影响

在集成电路方面，我国的市场需求非常大，占到全球总需求的一半左右。以合肥为例，其在家电、面板显示、汽车电子等方面对芯片的需求每年超过 10 亿片，价值达到 300 亿元。长期以来，集成电路的大多数核心技术都被欧美等发达国家垄断，我国的集成电路关键设备和原材料主要依靠进口国外的方式获取。社科院发布的《经济蓝皮书》显示，我国有近 90% 的芯片主要依靠进口，每年的进口额甚至超过石油。综上所述，发展合肥集成电路产业集群具有重要的战略意义，只有积极融入全球价值链，找到合适的全球价值链管理模式，才能推动合肥高新区集成电路产业集群的发展。

合肥集成电路产业集群主要以龙头企业带动及与国际集成电路知名企业合作的形式融入全球价值链中，是典型的"关系型 + 领导型"的价值链管理模式。合肥的产业集群发展较晚，除了个别领军企业外，其他的规模都很小，最多算是中小型企业，但彼此之间的联系和信任度很高，在相互平等的基础上进行交流合作、互换经验，为集群的初步发展奠定了很好的基础。合肥高新区凭借自身的投资环境、生态资源、市场等优势，把国内外知名度较高的集成电路企业吸引过来，逐步打造成了融集成电路设计、生产制造、封装与测试为一体的产业集群。

合肥集成电路产业集群还凭借其区位、便捷的交通和综合商务成本比较低的优势融入全球价值链。合肥产业集群在核心技术方面非常薄弱，使其必须依赖国外领导企业，导致采购商成本升高，在产品技术研发设计、营销、售后服务等方面无法得到突破。为了打破困局，集群结合自身优势采取了关系型价值链治理模式，与国际集成电路知名企业展开深入的交流与合作，从中得到一些技术及经验。美国 Semtech公司、AOS 半导体芯片公司和 Cadence 公司都与合肥产业集群有着密切的合作关系。与此同时，集群联合高校与国际企业成立了集成电路联合实验室，如合肥工业大学 Cadence 联合实验室、合肥师范学院 Mentor 联合实验室等都是其中的典型代表。这些努力和尝试为合肥高新区集成电路产业集群的优化发展铺平了道路。

**（三）全球产业分工对合肥高新区集成电路产业集群发展的影响**

作为重要的战略性新兴产业，集成电路产业具有较大的转型提升作用和较强的带动能力。通过参与全球产业分工，能够缓解合肥高新区集成电路产业集群工作人员的就业问题，集群内的低端生产要素也可以得到充分的发挥与利用，能够带动集群区域人们的就业，提高人民的收入，而整个集群收入的提高又能够进一步推动整个集群经济的发展。如此的良性循环，能够推动合肥高新区产业结构优化升级，保证在全球价值链下，合肥高新区集成电路产业集群能够继续优化发展。

**（四）企业对合肥高新区集成电路产业集群发展的影响**

历经三年的快速发展之后，合肥高新区集成电路产业集群已经具备了一定的规模，成为安徽省最大规模的集成电路产业集群集聚区。这一切都得益于集群企业作用的发挥。

集群发展起步较晚，多以中小型企业为主，但集群凭借自己各方面的独特优势吸引了一大批龙头企业，如中科大、龙讯半导体、合肥兆芯电子、联发科技、合肥君正、东芯通信、中电 38 所等知名企业均在此落户，充分发挥着引领带头作用。为切实推动集群技术创新建设，中科大、东芯通信、中电 38 所等企业联合成立了集成电路重点实验室和技术质检中心，仅 2014 年的研发投入就高达 5 亿元，投入强度为 12.42%。在科技创新方面，集群集成电路企业申请的拥有自主知识产权的技术创新成果多达 400 项，包括 89 项授权发明专利、215 项授权集成电路布图设计。在知识产权方面，中电 38 所取得了 7 项集成电路布图登记、112 项发明专利授权、180 项软件著作权、298 项实用新型专利授权。此外，集群企业还不断与国内外知名高校、企业加强合作，加大了高新区集成电路校企对接力度，保证了主体间的信息沟通与交流。目前，中科大与阿里巴巴、Intel、微软等知名企业联合成立了 83 家校友企业，建成了 33 个联合研发中心和实验室，还收获了 1 055 位工程研究员。以上种种举措成为合肥高新区集成电路产业集群突破低端锁定，实现向价值链高端攀升并更好地融入全球价值链的前提。

**（五）政府对合肥高新区集成电路产业集群发展的影响**

合肥高新区集成电路产业集群能够获得如此的成就，与政府的大力支持是分不开的。在高新区集成电路产业集群发展之初，合肥市政府依据国际集成电路发展形势进行了正确的战略引导和顶层设计，出台了很多能够推动集成电路产业集群发展的补助、奖励、扶持政策。比如，对获得发明专利授权的企业和个人，单件奖励 5 000 元，5 件以上 30 件以下奖励 50 000 元，50 件以上的奖励 100 000 元。如果能够成功申请国内和国外发明专利，政府每件分别给予企业 8 000 元和 50 000 元的补助支持。在集成电路产品研发方面，按照每个研发项目的费用预拨专项资金，政府会提供给企业一定的扶持。针对如何吸引集成电路企业落户的政策方面，凡是在高新区集成电路产业集群落户的企业，根据注册资本给予 10% 的奖励。如果需要购买相应设备或者引进高级管理人才，政府也会提供相应的补贴。合肥市政府与国内外集成电路知名企业积极开展战略合作，鼓励集群企业走出去和引进来，给高新区集成电路产业集群的发展营造了一个良好的发展环境。在集群品牌建设方面，政府整合集群资源，通过与群联电子、郭泰电子、中电 38 所、杰发科技等企业达成合作，制定企业品牌战略，带领集群企业到国外参观、学习、考察、宣讲，努力提高集群企业的核心竞争力，提升集群品牌形象。

### （六）行业协会对合肥高新区集成电路产业集群发展的影响

行业协会在集群的发展过程中发挥着重要的纽带作用，是集群发展的关键要素。鉴于集群发展较晚，专门的行业协会机构非常稀缺。目前，能够发挥协会作用的代表是合肥集成电路产业技术创新战略联盟，它是由安徽菲特科技公司、中科大和中电 38 所联合发起成立的组织，简称"联盟"。该联盟致力为合肥集成电路企事业单位、团体及个人在集成电路制造、研发、应用和售后服务等方面提供服务。安徽大华半导体科技有限公司、安徽华语信息科技有限公司、安徽天鸿利半导体有限公司、合肥芯海电子科技有限公司、合肥芯碁微电子装备有限公司、合肥亚际芯通讯技术有限责任公司、合肥芯动微电子技术有限公司、合肥龙讯半导体科技有限公司、信息产业电子第十一设计研究院科技工程股份有限公司和正威半导体有限公司都是该联盟的会员。

联盟虽尚存在不足，还有必要进行加强和完善，但总体来说其能够协助政府制定、修改集成电路产业相关行业标准，保证标准有序执行，有效维护了行业利益。联盟内部成立了集成电路专家委员会和集成电路服务平台，致力为政府和企业提供良好的咨询服务，如阶段性邀请资深技术工程师，对集群企业的技术和研发人员进行指导培训。与此同时，在集成电路相关人才的培养、集成电路产业优秀产品推广活动的组织开展、合肥集成电路发展的公益活动的策划执行、与国内外集成电路相关企业进行技术合作与交流等方面，联盟发挥着举足轻重的作用。

## 二、合肥高新区集成电路产业集群的升级路径

凭借自主创新，合肥集成电路产业规模在进一步扩大，合肥已经抢占了民族集成电路产业的二次发展先机。随着国产集成电路产品日益成熟和产品覆盖面的进一步扩

大，国产集成电路应用市场即将进入爆发期，这对合肥集成电路产业的快速发展提出了新的要求。只有持续推进自主开发，提高创新能力以及品牌开拓能力，才能适应将来集成电路产业升级和消费需求结构变化的要求。

新形势下，合肥提出国家集成电路设计合肥产业化基地建设，将有效推进技术合作、市场合作和人才合作，加强各领域开发商的产品开发力度和深度，打造从设计到制造、封装测试，再到整机厂商、系统开发厂商的集成电路产业链；依托集群内核心骨干企业，开展技术创新，促进典型产品研发的示范和推广辐射作用，推动集成电路产业链的延伸和扩大，争取全市，乃至全省集成电路产业实现跨越式发展目标。

**（一）建立健全国家集成电路设计产业化基地建设推进机制**

安徽省已经把集成电路产业划为省重点发展的新兴产业集群，全力支持集成电路产业做大做强。如今，为推动合芜蚌自主创新综合配套改革试验区建设，安徽省和合肥市陆续出台了一系列扶持产业发展的政策，为集成电路产业的发展创建了良好的政策环境。省委整合各政府职能部门的力量，全面推进集成电路产业发展，集中资源，积极引进和建设集成电路产业项目，打造新的集成电路产业发展增长点。优先在全省范围内推广应用集群内形成的新成果、新产品、新应用。符合条件的产品（如高新技术产品、软件产品和自主创新产品），享受国家、省市税收优惠政策和省市鼓励创新的奖励政策。针对本地集成电路设计企业自主开发的芯片产品，合肥市政府设立"首购首用"补偿机制，促进整机企业优先采购使用。

**（二）扩大投融资渠道，引导社会资金多渠道投入**

建立以企业为主体的多元化投融资体系，加大金融机构对集成电路产业的信贷支持，保障集成电路企业上市融资、发行债券。集成电路企业如果在中小企业板或者创业板上市，省和同级财政部门分别奖励100万元。合肥市建立了集成电路产业发展基金，吸引国家产业基金投资，引导社会各种风险投资基金和股权投资基金进入。设立总规模不低于10亿元的中兴合肥半导体产业发展基金，将重点投资于基地内半导体产业及新一代电子信息技术领域。

**（三）加大财政支持力度**

安徽省财政部门设立安徽省战略新兴产业发展引导资金，每年安排5亿元投用于培育和发展战略性新兴产业；企业资金与财政投入配套，支持集成电路产业投入规模化，支持集成电路产业平台建设、共性技术和产学研合作等。对于集成电路骨干企业自筹的重大科技项目，横向变纵向，优先列入省市各类科技计划。合芜蚌自主创新专项资金向集成电路产业倾斜，将集成电路产业重大攻关项目、工程实验室等创新平台建设纳入国家发展计划。同时，不断加大对产业基地的政策资金支持力度。

　　建立并完善集成电路产业创业投资体系。设立合肥市天使投资基金，积极支持处于种子期与初创期具有成长潜力的集成电路设计企业。初步孵化成功的项目，将进一步加大产业资金注入力度，通过多种资源整合，加速推进项目产业化进程。集中政府财政投入，突出支持重点，加大财政资金对具有较高品牌知名度、较高市场占有率、较好发展潜力、拥有自主知识产权的核心技术的集成电路产业企业的支持力度，打造以企业投入为主体、金融借贷为支撑、政府投入为导向、社会投资为补充的多元化信息产业资金投资机制。加强与各类金融机构的合作，为企业融资开辟更多的"绿色金融通道"。推进企业直接上市融资，加快完善风险投资体系，引导风险投资、信用担保、金融机构等优先向集成电路产业项目融资，支持集成电路产业企业重组、产权转让等，努力为集成电路企业成长壮大提供多元化的投融资服务。

## （四）加快人才培育引进

　　加大集成电路高端人才引进和应用型人才培养力度。发挥安徽省科研机构和高校聚集的优势，鼓励高校、科研机构与企业加强合作，培养和建设大批集成电路产业高端人才。针对高层次人才，全面落实省、市出台的子女就学、职称评定、住房、个人所得税等方面的优惠政策。对于特殊人才制定特殊政策，破格提拔。全力建设集成电路产业实训人才基地。

## （五）优化产业发展环境

　　第一步，完善产业服务体系，落实知识产权保护工作。制定切实措施，密切配合，促使集成电路产业企业尽快建立和完善专利、商标、版权、著作权和商业秘密的保护制度，坚决打击侵犯知识产权的行为。

　　第二步，发展一些中介服务机构。建设各种中介服务机构，为集成电路产业提供上市指导、营销辅导、融资、项目申报、咨询指导等专业服务，保证集成电路产业快速、健康发展。

　　第三步，加强集成电路产业公共服务平台建设。鼓励和支持建设集成电路产业公共服务平台，为通过公共服务平台进行产业孵化的项目提供场地、人员和资金等方面的综合配套服务。对在基地和本地进行产业转化的潜力企业和项目，出台投融资、产权转让、财税等各方面的相关政策和法规，保证服务质量，加快优秀集成电路成果孵化成长速度。

　　第四步，支持建立集成电路产业技术创新战略联盟。整合集成电路产业资源，推动建立以企业为主体、产学研一体的集成电路技术创新体系，致力解决国家、地方重大专项和我国集成电路领域发展中所面临的重大关键科学技术问题，提升基地的自主创新能力，有力推动集成电路技术的成果转化和产业化。

## （六）增强自主创新能力

一是保证企业作为技术创新的主体。推动创新要素向企业集聚，使企业成为研发和成果转化的主体。完善创新链条，加强研发、成果转化和产业化的环节对接。引导企业对研发和技改加大投入，组建研发机构，进行技术创新活动。对依托企业建立经认定的省市级以上的集成电路领域工程中心、技术中心以及国家工程实验室等，给予相应的财政资金支持。

二是加强集成电路创新技术平台建设。努力争取国家和省市的重点支持，依托集成电路产业龙头企业、高等院校和科研机构，强调产学研结合，结合政府推动、市场主导、企业化运作的模式，建设集成电路创新技术平台，在集成电路前沿技术、前端设计、行业应用等领域加强研究开发，为产业关联企业进行集成电路应用技术和产品开发提供有效的技术支撑服务。

# 第十章  蚌埠硅基材料产业集群发展研究

## 第一节  蚌埠硅基材料产业集群发展现状

作为我国重要的玻璃生产基地，蚌埠一直有"玻璃之城"的美誉。目前，在对硅基新材料关键技术的突破和布局上，"蚌埠玻璃"再一次登上了国内玻璃行业的制高点，为我国电子信息、太阳能发电、特种玻璃的发展提供着重要支撑。蚌埠逐步从传统的"玻璃城"向应用在新型显示、太阳能电池和特种玻璃制品等领域的"新玻璃城"转变，其以硅基新材料为核心的千亿级产业链条正在快速形成。

### 一、重大技术持续突破

蚌埠玻璃设计科研团队从 2014 年的 0.33 毫米超薄玻璃成功下线开始，不断进步和突破，从 0.33 毫米到最终的 0.15 毫米，带领着我国的"玻璃军团"由"追赶型"向"领跑型"转变，并逐步掌握了国际竞争中的话语权。我国浮法玻璃自 0.33 毫米超薄玻璃下线成功之后，开始由传统领域向电子信息显示领域发展，同时打破了国外对电子信息领域上游关键原材料的垄断，对我国电子信息产业影响深远。

目前，位于蚌埠的玻璃设计研究院是我国唯一的一家拥有从 0.15 毫米到 1.1 毫米全系列品种超薄浮法电子玻璃技术和产品的企业。从超薄到极薄，在于其自主创新能力以及关键技术方面不断取得的突破。比如，2015 年的超薄浮法电子玻璃关键技术和成套装备就在全省的科学技术评比中获得了一等奖；另一项工程技术，即 8.5 代液晶玻璃基板的研发方面也取得了阶段性的成果；"海马号"水下机器人也成功应用了空心玻璃微珠；除此之外，电容式触摸屏、超白压延玻璃以及导电膜玻璃等一批产品的技术水平以及生产规模都在全国位居前列。从统计数据来看，2015 年基地新授权硅基新材料的发明专利占全市授权量的 17%，共计 112 项。

## 二、产业链条不断延伸

硅基材料不仅是重要的战略产业，也是很多战略性新兴产业最基础的材料，尤其对电子信息产业具有极大的推动作用。

目前，太阳能玻璃市场总体上处于饱和状态，但优质产能依然紧缺，中航三鑫就是其中之一。面对当前的市场环境，中航三鑫主动调整企业发展战略，大幅提升高附加值产品的比例，通过自主研发镀膜药液，开发双绒面等高端产品，实现了企业利润的逆势上扬。他们主动停止了原片销售，改走产品深加工的道路。通过技改和产品结构的调整，外销比例大幅度提升，提前完成了利润目标。

在太阳能电池领域，蚌埠还有更大动作。2015 年，开建国内最大铜铟镓硒薄膜太阳能电池项目的同时，蚌埠玻璃设计院在德国收购的工厂传来捷报，铜铟镓硒太阳能电池转化率达到 17.9%，刷新了世界纪录，远远超过传统的晶体硅太阳能电池。

## 三、加速释放集聚效应

从多点开花到集聚增效，蚌埠硅基产业集聚发展的路径越发明晰。目前，基地已经构建了新的硅基新材料产业基地，该基地主要以高新区和龙子湖为核心区域，不仅规模很大，而且产品的层次很高端，研发水平也是一流，初步形成了玻璃新材料、新能源以及新型显示的三大具有领先优势的硅基新材料的产业链条，聚集了一批上下游企业，涌现出许多的重大项目。

通过一边抓本土的企业培训，一边抓招大引强攻新，基地拥有 93 户规模以上企业，6 户年产值超 10 亿元的企业。一方面，拥有综合收入突破 120 亿元的全国综合性领军企业玻璃设计院以及中航三鑫显示玻璃、凯盛科技和光伏玻璃细分领域前 10 强企业，另一方面，新引进了一批行业前 10 强的企业和产业链配套企业，如深圳豪威科技以及浙江哈尔斯和德力玻璃，还成功完成德国阿旺西斯、深圳国显公司等重大资产重组项目，引导企业做大做强。

2015 年，基地共实现产值 332.6 亿元，比前一年增长了 27.8%。在基地建设的强力带动下，全市战略性新兴产业发展逐步加速，战略性新兴产业产值同比增长 28%，达到 768.1 亿元，其增速、占比以及总量均居全省第三位，综合考核得分率列全省第二。

2016 年一季度，蚌埠硅基产业延续快速增长势头，累计完成产值 114.33 亿元，同比增长 26.7%。通过龙头企业对工程进行引领，同步实施外援拉动和自主培育，支持企业通过一系列途径，如资产重组、新上项目以及上市融资等做大做强。通过产业链条集成工程，在新型显示领域，推进 8.5 代液晶显示玻璃基板等在手项目，谋划引入偏光片、触控系统、智能手机等领域项目，延伸拓展触摸屏和液晶显示产业链，加速突破终端应用瓶颈；在太阳能电池领域，做大做强多晶硅和薄膜太阳能电池产业链；在特种玻璃制品领域，实施球形硅基材料、药用玻璃等在建在谈项目，谋划引入车用玻璃、智能玻璃、热反射玻璃等领域项目。同时，实施产业基地集聚工程，以产业基地为载体，强化错位并行，龙子湖区重点发展新型显示、特种玻璃制品板块，辐射带动凤阳县硅砂精深加工；高新区重点发展太阳能电池、硅基新材料核心装备板块，全力打造两大产业基地功能区。

## 四、"新三年行动"锻造"千亿硅谷"

培育新动能，塑造新优势。当传统产业日益衰退时，新兴产业必须及时"补位"，才能保持地方经济稳定增长态势。

放眼国内外硅基新材料产业发展现状，产业规模迅速扩大、融合发展趋势明显、高性能化绿色化发展、信息显示玻璃需求增长迅猛、太阳能玻璃需求潜力巨大等特点已然显现。为了打好这场"主动仗"，蚌埠在《蚌埠市硅基新材料产业基地建设新三年（2018—2020 年）工作方案》中，认真梳理了硅基新材料产业基地产值、税收、固定资产投资等主要指标以及在库企业、省级以上创新平台建设、人才引进培养、产业链等具体情况，并据此提出了基地 2018—2020 年的建设指导思想，明确了打造国内外具有重要影响力的硅基新材料产业基地的产业定位，设定了到 2020 年打造千亿级基地目标和分年度建设目标。

随着制造强国等战略的加速推进、工业转型升级需求的日益迫切，新材料产业被列入《中国制造 2025》十大重点领域。国家政策的大力支持将保障新材料产业健康快速发展，"说明有机遇"。

以龙子湖区、高新区为主要载体，总面积近 200 平方千米的硅基产业基地已经集聚了包括蚌埠玻璃设计院、中恒新材料、华光光电材料、凯盛科技、德豪光电等在内的 121 家企业，在尚未满产的情况下，实现产值 439 亿元，"说明有基础"。

硅基新材料领域累计授权专利 600 余件，拥有浮法玻璃新技术国家重点实验室等国家创新平台 9 个、安徽省导电膜玻璃工程技术研究中心等省级创新平台 43 个，并与清华大学合作组建了全省首个 MEMS 惯性器件领域院士工作站，"说明有优势"。

正是因为认识到硅基新材料产业发展的现实基础优势和未来爆发力，近年来，蚌埠立足硅基，主动作为，带动一片，以线连面，依托硅基新材料延伸产业链上下游，促进硅产业由中低端向中高端转变：相继完善了"硅砂加工—高强度盖板玻璃、超薄玻璃基板—ITO 导电玻璃—触摸屏—显示模组—终端应用产品"的触摸屏显示产业链条，"硅砂加工—太阳能玻璃制造—镀膜玻璃—薄膜电池组件—光伏工程"的太阳能电池产业链条，"硅砂加工—浮法玻璃—深加工玻璃（Low-E 玻璃等）—下游应用产品（玻纤、玻璃微珠、玻璃器皿等）"的玻璃制品产业链条，在促进硅由建筑工业型材向高性能硅材产业的深度转变的同时，将蚌埠建设成一个强大的"玻璃王国"。

产业的集聚作用、质量效益已经初步凸显，目前蚌埠已成为全国规模最大、技术最先进、产业链条最完备的硅基新材料产业制造基地。十多年来，蚌埠发挥玻璃设计院、凯盛科技、华益光电等一批知名企业的带动作用，加强硅基新材料产业优势资源整合，形成专业化生产网络体系，发挥规模化生产的虹吸效应和集聚效应，实现产业链上下游的耦合链接，开辟了玻璃产业发展的新领域和新境界，使千亿硅基新材料产业正在变成立体化的现实。

围绕"新三年行动"提出的千亿级硅基新材料产业基地目标，蚌埠在发展重点与路径选择方面提出了"三链三集群"概念，并针对性地提出重点突破的领域及招引的目标企业，明确了"五大任务""五大举措"和"四大专项"，强力推动硅基新材料产业规模化、特色化、高端化发展。

在冲锋陷阵的"行动"之外，用来保驾护航的"服务"也至关重要。为此，蚌埠在前端的政策扶持上，出台了"三重一创""科技创新""制造强市""技工大市"等重大配套政策，安排支持创新扶持资金 10 亿元；成立了总投资 30 亿元的硅基新材料产业投资基金、20 亿元的电子信息产业投资基金，建立了覆盖企业全生命周期的产业投资基金集群。在后端的服务跟踪上，成立了以市长为组长的高规格领导小组，定期召开硅基新材料产业基地建设协调会议，研究基地规划、重点项目建设等重大事项；成立了蚌埠硅基新材料产业投资基金决策委员会，1:1 配套省奖补资金扶持重大项目。针对综合型领军企业偏少，电子级玻璃纤维等部分重大项目建设进度偏慢，产业链在偏光片、光学膜、车用玻璃等环节尚有缺失的问题，专门特设了以市长为组长的二氧化钛、凯盛科技新型显示产业园等重大项目推进领导小组。

## 第二节　影响蚌埠硅基材料产业集群融入全球价值链的因素

### 一、全球价值链动力机制对蚌埠硅基新材料产业集群发展的影响

生产能力以及技术的研发是蚌埠硅基新材料产业集群的核心能力，以规模经济的形式嵌入在全球价值链中，推动了全球价值链生产环节的提升。除此之外，产业资本也是蚌埠硅基新材料产业集群发展的重要推动力。而相对于文化、服务以及制度来说，蚌埠硅基新材料产业集群更关注的是集群设施等硬环境方面，其特征和全球价值链动力机制的生产者驱动完全相符。在生产者驱动的价值链下，蚌埠硅基新材料产业集群更加侧重技术的研发，对新的产品和生产工艺不断地进行更新和改进，同时加强对集群内的基础设施等硬件的建设，并以垂直一体化的方式不断加强集群整体的规模经济效益，这对于集群的发展非常重要。因此，需要政府和企业参与其中，与集群内的企业共同努力。在产品技术研发的部分，目前已经形成了以中航三鑫和蚌埠玻璃设计研究院等作为龙头企业的研发群体，大力整合集群聚集的科技资源，同时加强与国内外一些技术企业的合作，抓紧对产学研的合作创新机制以及服务平台的建设，不断促进集群技术研发创新体系的形成。在生产能力方面，政府加强了集群基础设施等硬件环境方面的建设，同时企业非常注重对产品生产工艺的完善和改进。

### 二、全球价值链治理模式对蚌埠硅基新材料产业集群发展的影响

现在，蚌埠硅基新材料产业集群是非常典型的兼具关系型和领导型的价值链治理模式。领导型方面以中低端的形式为主，在全球价值链中处于底层，集群企业在自主技术研发方面的能力还是不足，国外的大采购商，如日本德山公司、德国瓦克以及美国的通用公司还掌握着整个价值链的核心技术，三个公司都是属于全球硅基材料价值链方面的领导者，无论是在当前的技术上还是对未来技术的研发上都是非常出众的，这就使蚌埠硅基新材料产业集群在融入全球价值链时受到了严重的阻碍。从这种情况出发，逐渐形成了俘获式的价值链治理模式，也就是采购商成了主要的治理者，这也是只有生产者驱动型才有的价值链治理模式。但同时集群内领军企业和骨干企业间有着一定的信任度以及紧密的联系，双方主体在互相平等的基础上进行合作、互换经验，是关系型治理模式的集中表现。

正是因为对这两种治理模式有了深入的认识，蚌埠硅基材料产业集群才应该把目前集群发展的重点放在产业链上游的技术上，不断地加强国外企业和集群内企业的交流合作，使集群企业的内部研发能力不断得到提高，逐步打破枷锁，以实现在全球价值链中从中低端到高端的过渡。目前，蚌埠硅基新材料产业集群正在向着这一方面不断地努力，而且取得了一些成绩，如蚌埠玻璃设计研究院与国内外特种玻璃领域的供应商中航三鑫的联合，就使集群在硅基新材料特种玻璃领域尤其是研发水平上有了非常大的提升，投产了 250 吨／天超白压延太阳能玻璃一期生产线，大大提升了产品的质量，使其达到了国际先进水平，也极大地扩展了产品外销的市场。

## 三、全球产业分工对蚌埠硅基新材料产业集群发展的影响

作为生产者驱动的价值链的蚌埠硅基新材料产业集群，其主要是通过海外直接投资和产业资本的形式实现集群垂直一体化以及全球产业分工。在集群融入全球价值链与国际上其他国家或地区的相同战略新兴产业集群竞争时，涉及位于价值链中上下游不同价值环节的同一产品的竞争，此时的全球产业分工定位对集群明确发展目标及后期发展方向发挥着极大作用。安徽蚌埠硅基新材料产业集群和国外同领域相比，虽然在技术方面已经取得了一些进步，但是因为起步比较晚，而且国外的核心大企业掌握着产业核心技术，所以要想有效地获取相关的技术，需要融入全球产业分工体系。通过这种方式可以从全球产业分工所产生的技术溢出效应中掌握和了解集群缺乏的相关技术，从而通过提高集群企业的生产率使整个集群的发展得到进一步的优化。

## 四、企业对蚌埠硅基新材料产业集群发展的影响

目前，在融入全球价值链发展的体系下，蚌埠硅基新材料产业集群已经形成了以蚌埠玻璃设计院为领军企业，华益导电、中航三鑫、蚌埠凯盛科技、方兴科技和恒新材料等作为集群骨干企业的集聚新态势。虽然集群骨干企业和领军企业在集群里数量少，中小企业相对较多，但是骨干企业和领军企业在蚌埠硅基新材料产业集群的发展过程中所表现出来的带头作用非常明显。作为集群发展的领军企业，蚌埠玻璃设计院将战略性新兴产业的培育、孵化以及研发作为其专注和主攻的部分，围绕硅基新材料对人才进行培养，使专业人员的培训以及企业人员的互动交流不断得到加强，还和集群内的其他骨干企业联合收购国外的企业和工厂，增强企业的实力，在产业研发上寻求突破。在浮法玻璃技术上，目前蚌埠玻璃设计院已经取得了一定的突破，打破了国外在电子信息产业领域链条上游的关键原材料的垄断。比如，实现了超薄玻璃由 0.33

毫米到 0.2 毫米，再到 0.15 毫米的重大突破，带领中国企业实现了从追赶到领跑的转变，也为集群在全球价值链下的国际竞争中争取到了一定的话语权。华益导电膜玻璃公司作为集群中的一个骨干企业，不仅规模大还拥有国内比较领先的 ITO 导电膜信息显示材料技术，年产达到了四千多万片，直接占据了我国 45% 的市场份额。在显示屏领域，蚌埠凯盛科技已逐步形成了完整的触控一体化的产业链，从目前的数据来看，它既是宏碁也是华硕及联想等整机企业的主要供应商，在整个世界市场上，它大约占到 12% 左右的份额。正是因为有了这些领军企业的参与和带动，才吸引了许多上下游相关的企业一起入驻发展，如福建的晟光科技以及深圳的高华电子等，使产业链变得日益完整，对蚌埠市硅基材料产业集群的发展起到了很大的推动作用。

### 五、政府对蚌埠硅基新材料产业集群发展的影响

在硅基新材料产业集群发展的过程中，政府扮演着一个重要的角色，其发挥的作用至关重要。比如，招商引资方面，市政府加速制定了"一个招商计划"，还召开了一系列有关硅基新材料产业集群的招商工作专题活动以及会议等，考核和紧盯招商引资目标企业，并且根据现今的经济发展现状，从国内外的形势着手制定了一系列的规划对硅基新材料产业进行招商引资，明确了"一名挂帅市领导，一个牵头市直部门，一片招商区域"的分工招商体系。除此之外，政府还制定了许多的支持政策，包括《关于促进硅基新材料产业集群发展的若干政策》以及《关于建立硅基新材料产业集群发展基地建设推进工作机制的通知》等相关政策性文件，通过政策资源的整合更好地推动硅基新材料产业集群的升级发展。支持不仅体现在政策上，还体现在资金上。早在 2016 年，市政府就设立了 30 亿元的硅基新材料产业发展基金用来促进硅基新材料产业的发展，还有专项资金 10 亿元、财政资金 1 000 万元，对集群的各大项目建设进行支持，并对重点项目给予了特别的奖励。在创新方面，依托市自主创新实验区平台，鼓励集群企业自主进行创新，还先后建立了导电膜以及浮法等玻璃工程技术重点研究中心、实验室等智力库和研发平台，以股权激励方式对企业相关科技人员的创新积极性进行激励。此外，政府在加强集群园区建设、提升集群企业在国际上的知名度及营造集群良好的发展环境等方面也发挥着关键性的作用，给集群后续优化转型升级发展奠定了很好的基础。

### 六、行业协会对蚌埠硅基新材料产业集群发展的影响

蚌埠硅基新材料产业集群的行业协会——蚌埠工业经济联合会对蚌埠硅基新材料

产业集群的发展有着重要影响。该协会于 2012 年 12 月 22 日成立，属于中国工业经济联合会的分支行业协会，虽然成立的时间不长，但是其在政府与蚌埠硅基新材料产业集群发展中的纽带和桥梁作用不可磨灭。协会不仅汇集了各方资源，也聚集了众多硅基新材料领域优秀的企业，如中航三鑫太阳能光电玻璃有限公司、安徽华益导电膜玻璃有限公司、蚌埠玻璃工业设计研究院、蚌埠凯盛工程技术有限公司和安徽方兴科技股份有限公司、安徽首文碳纤维公司、蚌埠中建材信息显示材料有限公司等，是企业学习、合作以及交流的平台。行业协会将充分发挥自身优势，进一步和市委、市政府携手，以期在产品的性能、产业的规模以及集群企业的创新能力上能够有更大的提升，从而更好地推动蚌埠硅基新材料产业集群的优化升级。

## 第三节　蚌埠硅基材料产业发展策略

本节以特种玻璃为例，分析蚌埠硅基材料产业的发展。

特种玻璃并不是指平板玻璃或者日用器皿玻璃，而是指采用新型、高纯和精制的原料以及新技术、新工艺、新设备，通过特殊作用，如磁、电、光以及生化等，形成的具有特殊用途和功能的玻璃，是日常生活或者生产的关键性和基础性的材料。和传统的一般玻璃相比，特种玻璃具有不可替代的重要地位，并且它和国防需求以及新兴的战略产业紧密相连。目前，全球都在关注特种玻璃的优异性，其生产以及研发水平已经成为衡量国家材料发展水平的一个重要标志。

### 一、几种典型特种玻璃

#### （一）透红外线玻璃

它是一种新型的光学玻璃，不仅能够透过红外波段，还具有非常好的化学、机械性能。除此之外，其工艺简单、成本低廉，还能够实现连续生产和自动化，加工后可称为复杂新型制品，目前广泛应用于透镜、视窗行业等光学检测以及红外热成像技术等领域。

#### （二）耐辐照玻璃

耐辐照玻璃是一种光学特种玻璃，其在 r 射线作用下往往不易着色，也就是在经过高能射线辐照后，其可见光的透过率变得很小。这种玻璃具有一系列优点，如透光性强、稳定性好等，目前在生物医学、核工业和航空航天等现代科技领域有着广泛的应用。现在，世界上耐辐照玻璃的研发和制造水平以英国 Pilkington 公司和美国

Corning 公司最具代表性。

**（三）特殊色散玻璃**

衡量透镜成像清晰度的一个重要指标就是色散系数，用阿贝数表示。数值越大则色散越小，成的像就越清晰；数值越小，色散就越大，成的像就越不清晰。

特殊色散玻璃是一种特殊的光学玻璃，具有很大的相对部分色散偏离值。在光学系统的应用过程中，把特殊色散玻璃与其他玻璃相结合，并一同使用，可以使玻璃透镜数量减少，优化光学系统结构，还可以消除二级光谱，大大地提升成像结果的精度和质量，满足大视场、长焦距以及高精度的复杂光学系统的要求。

**（四）透紫外玻璃**

目前，应用最广泛也是品种最多的紫外光学材料就是透紫外玻璃，其具有一系列的优点，如高抗热冲击性、透紫外线、高硬度以及光辐射稳定等，主要应用在无损探伤、石油化工、地质勘探和五金机械制造、冶炼等领域。

## 二、国内外特种玻璃产业发展现状

目前，日本、北美以及欧洲是国外知名的玻璃生产企业主要分布的地区，英国皮尔金顿（被 NSG 收购），美国匹兹堡（PGW），法国圣戈班和加迪安，日本旭硝子、板硝子和中央硝子是世界玻璃生产企业最高水平的代表，占据的全球市场份额达到了60% 以上。

英国的皮尔金顿集团是全球最大的跨国玻璃生产企业之一，其主要生产的产品包括太阳能玻璃、建筑玻璃以及汽车安全玻璃等，业务覆盖全球 130 多个国家以及地区，年销售额高达 60 亿欧元。日本旭硝子的业务与其不一样，主要生产的是平板玻璃、显示器玻璃、汽车玻璃、建筑玻璃、工业陶瓷和其他的相关产品，旭硝子生产的 0.05 毫米的 TFT-LCD 无碱玻璃和 0.23 毫米的钠钙玻璃基板代表了目前世界的先进水平，其为液晶显示器、触摸屏产业带来新的技术飞跃，也引领着其他一些电子产品，如笔记本电脑、智能手机以及游戏机等不断进行着更新换代。

虽然我国是玻璃生产大国，但还算不上技术强国。经过几十年的发展，目前我国玻璃产业的产业格局品种多样，但是也面临着一系列的问题，如产能过剩以及产品附加值太低等，高端产品尤其是特种玻璃的产量相对于玻璃强国来说还相差很多。随着国民经济的不断发展、人民生活水平的迅速提高，传统玻璃无论是在舒适性还是安全性和美观性等方面都已经满足不了人们的需求，因此需要相当重视我国特种玻璃行业的发展。

### 三、蚌埠市特种玻璃产业发展的优势和劣势

#### （一）优势

1.玻璃原料丰富，基地规模较大

蚌埠市现在可以每年分别生产 6 000 吨的超细硅酸锆粉和电子级球形石英粉，是目前我国最大的高纯细硅锆生产基地之一。凤阳县和蚌埠市相邻，是我国有名的"石英之乡"，也是目前我国最大的优质石英砂原料生产基地。

2.日用玻璃特色鲜明，形成产业集群

全国 30% 的保温瓶都是蚌埠市及其周边地区生产的，目前亚洲最大的玻璃器皿制造企业是安徽德力日用玻璃股份有限公司，其生产、销售的产品覆盖了全国 80% 以上的县市。

3.特种玻璃迅速兴起，产业化格局初步形成

蚌埠市位于安徽北部，是当地的中心城市，聚集了众多玻璃以及玻璃深加工企业。历经多年的发展，目前蚌埠地区已经形成了国家级的硅基新材料产业集聚发展基地，还逐步形成了玻璃产业发展体系，囊括薄膜太阳能电池 TCO 基板玻璃、晶硅太阳能电池盖板玻璃、太阳能真空管玻璃、光学玻璃、ITO 导电膜玻璃、水晶装饰玻璃及玻璃深加工制品等代表产业。

中航三鑫股份有限公司在晶硅太阳能电池盖板玻璃方面的项目已经开始正式运行，太阳能光伏玻璃生产线一期的 250 吨 / 天级超白压延太阳能玻璃生产线已经启动。2011 年，二期的一条 650 吨 / 天级太阳能光伏玻璃生产线点火运行，也正是这条生产线打破了世界单体光伏玻璃生产线规模的最大记录。现在，中航三鑫股份有限公司依然在前进的路上，它的第三期项目投资 7 000 万，建设 900 万平方米 / 年太阳能光伏特种玻璃生产线。

蚌埠雷诺节能技术有限公司在薄膜太阳能电池 TCO 基板玻璃方面具有年产 100 万片 $SnO_2$（二氧化锡）透明导电膜玻璃的能力。与此同时，蚌埠玻璃工业设计研究院完成了年产 100 万平方米透明导电膜玻璃（TCO）的项目建设。

安徽蚌埠华益导电膜玻璃有限公司在 ITO 导电膜玻璃方面取得了优异成绩，是我国最大的一家导电膜玻璃生产企业。目前，该公司拥有数条优质生产线，包括一条全国最先进的全自动化现代化硬化涂层生产线、一条 TN 型导电膜玻璃生产线、一条 CF 型导电膜玻璃生产线以及两条 TP 型导电膜玻璃生产线，除此之外还拥有两条 STN 型导电膜玻璃生产线和三台德国进口大平面连续磁控溅射镀膜机，可年产各种

ITO 导电膜玻璃 2 100 万片。

除了上述企业，安徽普乐新能源有限公司在太阳能光伏玻璃方面表现也很不错，目前该公司是我国最早在薄膜电池领域中能够进行自主创新、具有独立知识产权的企业。该公司一期工程 15 亿元，建设年产 200 兆瓦非晶 /微晶硅薄膜太阳能光伏电池项目，最终实现每年 500 ~ 1000 兆瓦的产能。除此之外，该公司还具备一些其他生产能力，如独立研发和生产非晶硅薄膜、铜铟镓硒薄膜和微晶硅薄膜玻璃等，使铜铟镓硒薄膜、微晶硅薄膜以及非晶硅薄膜的生产工艺水平迅速提升。

安徽华强玻璃科技有限公司在水晶装饰玻璃方面也取得了一定的成就，目前该公司是一家科技型企业，集中了研发、生产和销售多项职能，具备了一定的生产能力，可以年产 3 500 吨水晶玻璃装饰柱以及 5 000 吨各类光学玻璃和水晶玻璃基板。

安徽盛世光学玻璃有限公司在光学玻璃方面发展比较好，该公司对多项技术进行了自主研发，如超厚、超宽幅光学玻璃板材连熔生产技术，超宽幅彩色光学玻璃板材连熔生产技术以及深加工产品的研发工作等。目前，该公司在国家科技成果鉴定结果中显示，其科研水平处于国内领先地位，研发的许多产品都填补了国内在该领域的空白，可年产 10 000 吨光学玻璃。

## （二）劣势

### 1. 传统玻璃产业产能过剩

目前，我国经济发展迈进了中高速增长阶段，传统玻璃产业的供需矛盾较为突出，玻璃需求"不给力"，多数中小型企业面临着产能过剩的压力。因此，蚌埠市玻璃产业的主旋律依然是"去产能、去库存、化解产能过剩"。

### 2. 发展水平仍然较低

从总体水平来看，蚌埠市的特种玻璃产业发展水平还是比较低的，规模大的企业以及实力强的企业都很少，在全国特种玻璃市场上也很少有企业具备较大的竞争力。一方面是模式太过单一，另一方面就是模仿多于创新，一些企业在市场上的竞争手段还是以低价格低质量为主，需要花费更大的力气去提高竞争力以及对产业结构进行优化升级。

### 3. 产业集群内在联系不紧密

从现状来看，蚌埠市目前产业集群内部的组织水平比较低，企业内部协作关系和专业化分工不够紧凑，协作创新意识不强，关联松散，必要的交流以及沟通不够，集群效应并不明显，产业集群对外的有效合力还未形成。这一方面会对集群内的各个企业产品技术水平的提升产生影响，另一方面也会削弱集群对外的影响力。

4.服务体系不健全

蚌埠市围绕特种玻璃产业的相关政策体系和新型社会化服务体系等配套措施或设施还没有真正建立起来，社会化服务水平还有待提高，服务制度化、规范化程度非常有限，企业家的不少问题是通过找领导协调解决的，而不是依法行政、规范引导、优质服务的结果。

## 四、蚌埠市特种玻璃产业发展的几点建议

### （一）加强基础研究，提高自主研发能力

《中国制造2025》的出台将会为特种玻璃行业的大力发展提供驱动力。加大科研经费投入，鼓励高校、科研院所和企业重视特种玻璃基础研究，深入揭示的"组分—制备—性能"关系规律，为特种玻璃产业化发展提供理论依据和实践指导；通过产、学、研的结合，使特种玻璃产业的自主研发能力得到提升，从而在连续熔制、小型浮法制备技术、大尺寸成形和光学均匀性等关键技术领域取得重要突破。

### （二）升级传统产品，加快发展新型特种玻璃

随着互联网的飞速发展，特种玻璃逐步迈进了"互联网＋"时代。以优化自身结构的方式使科研开发的能力得到进一步提升，传统玻璃的性能得到持续改善，成本得到进一步降低，产品逐步实现系列化。从市场需求的角度出发，有必要也必须研制应用前景广阔的新型特种玻璃，尤其是无碱玻璃板材、零膨胀微晶玻璃、高性能光学玻璃和低温封接玻璃等。

### （三）提高产品附加值，实现多功能集成化

高附加值是目前特种玻璃产业发展的一个非常重要的标志。对此，我国应该在特种玻璃相关设备以及原材料的基础研究和应用研究方面持续加大力度，进一步提高产品的附加值、性能以及质量，逐步加快产业结构升级及转型，从而最终实现产品功能的集成化。

### （四）加强科技创新，走绿色发展之路

以自主创新的方式对玻璃的内部结构进行进一步优化，实现特种玻璃材料的"无铅、无砷"，提高研发制造技术和装备水平，最终达到整个特种玻璃产品的研发制造和销售过程无污染产生的目标。

目前，蚌埠正在跨越发展的道路上继续前行，正牢牢地把握着建设硅基新材料产业集聚发展基地的重要机遇，时刻关注着新型玻璃制品以及其他硅基材料等技术领域，紧抓重要环节，如龙头引进、企业培育、技术攻关和项目推进等，着力实施整

合、聚集以及引进并举，全心全意打造出国内一流的硅基新材料产业集聚发展基地，向着 2020 年产值突破 1 000 亿元的伟大目标稳步迈进。

## 第四节　蚌埠战略性新兴产业发展的困境与策略

### 一、蚌埠市战略性新兴产业发展的困境

#### （一）蚌埠市战略性新兴产业发展现状和政府发挥的作用

近年来，蚌埠市新兴产业的培育已经初见成效，基本形成了以生物医药和装备制造以及新材料产业为主导，节能环保和电子信息以及新能源产业为培育方向的战略性新兴产业发展体系。为了使战略性新兴产业能够得到进一步的发展，蚌埠市政府在多方面，如土地、人才以及财政上进行了战略布局，成果已初步显现。

蚌埠市战略性新兴产业发展现状和政府发挥的作用如下。

1. 科学规划产业发展

发展战略性新兴产业的关键是科学规划。早在 2011 年 5 月，为了使蚌埠市战略性新兴产业得到进一步发展，中共蚌埠市委、市人民政府就专门制定了《关于加快培育和发展战略性新兴产业的实施意见》（以下简称《意见》）并加以实施。该《意见》决定，在现有战略性新兴产业的基础上，蚌埠市要以合芜蚌自主创新综合试验区的多年建设为平台，牢牢把握国家及省两个层面发展战略性新兴产业的机遇，大力支持有市场效益的项目，大力建造一些有助于产业发展的基地，并以此为基础，保证各种工程的顺利开展。只有这样，才能使战略性新兴产业做到既快又好地发展，使战略性新兴产业能够成为蚌埠市升级提速、加速崛起的主要支撑和强劲引擎。

根据这一规划，蚌埠市在 2017 年战略性新兴产业的产值达到千亿，其中两百多亿是生物医药和高端装备制造业所创造的，而其他一些产业其年产值也超过一百亿元，包括电子信息、新能源、新材料产业等。在此基础上，蚌埠市还努力培育了一批新兴的产业链，聚集四方的创新团队，建设了一个创新服务加产业研发的公众平台，大力引进和掌握具有自主知识产权的核心关键技术。以这样的方式让一些行业走上全国领先的位置，建成若干个国家级（省级）的产业基地，使战略性新兴产业成为促进全市经济增长的重要支撑力量。

2. 多措施并举推动战略性新兴产业发展

一是积极推动产业集聚，争取在蚌埠市打造全产业链。蚌埠市政府有着非常明确的目标，那就是积极培育领军企业和战略性新兴产业的骨干企业，落脚点放在了大工程和重点大项目上，使上下游关联产业链逐步打通，尽可能地打造出各式各样的产业集群。尤其是在京沪高铁开通之后，蚌埠市有着良好的招商引资的机会，利用京沪的优势，大力引进新兴产业，使更多的领军企业入驻蚌埠，形成一批产业集群。比如，因为华益导电膜公司的发展，电子信息产业的技术以及规模优势逐步显现，目前已经实施了 30 万片 / 年电容式触摸屏用导电膜玻璃项目，并带动了上游和下游的玻璃设计院 150 吨 / 天全氧燃烧电子信息显示超薄基板项目和晟光科技 180 万片 / 年电容式触摸屏项目的快速发展。

二是构建产业基地。蚌埠市政府着力利用蚌山区和尚新区的生物医药、节能环保及电子信息产业基地，对龙子湖区、经开区的玻璃新材料和光伏新能源产业基地进行大力拓展，以此为基础，争取建构更多的战略性新兴产业基地。除此之外，近些年还计划加大对外合作共建的力度，引进更多的战略性项目，推动国家级玻璃新材料、精细化工高技术产业基地和光伏、生物、汽车零部件高技术产业基地的进一步建设。

三是拓展创新平台。强化技术支撑和发展战略性新兴产业的坚强后盾就是加强创新平台的建设。近些年来，蚌埠市大力拓展了本市的产业研发平台，大力提升了国家发酵技术工程研究中心和丰原生化国家企业技术中心的产业研发水平，并且非常重视国家浮法玻璃创新技术重点实验室和柳工起重机研究院的建设。另外，还积极抓紧建设丰原药业国家级企业技术中心，推进 LED 以及光伏技术研发平台的建设。为了引进其他重大技术，蚌埠市还计划陆续投入数亿元人民币在电容式触摸屏、非晶硅薄膜电池、生物发酵及分离提取、整机制造等技术领域。

四是集聚高端人才，加大力度号召和落实"人才强市"战略。蚌埠市非常重视高层次人才的引进，并根据发展现状，制定实施了许多政策，大力促进和发展了高端管理人才以及技术方面人才的引进和培养。目前，围绕着战略性新兴产业的发展重点，蚌埠市正在积极参与安徽省的"115"产业创新的团队工程，并深入拓展蚌埠市"3312"产业创新团队建设工程，加大政策支持力度，帮扶引进的高层次创新型领军人才，期望能够在国家的"千人计划"以及安徽省的"百人计划"中取得突破。为了使目标得以实现，蚌埠市在创新创业项目、子女上学、科研资金和家属就业等多方面给予了大力支持。

3. 全力聚焦推进优势核心产业发展

目前，蚌埠市的电子信息产业已经形成了十大类数百个品种的电子信息产品，如电子测试仪器、电子元器件、电子材料、集成电路设计及模具制造、通信设备、测量仪器、视听产品、电阻器、各类传感器、各类接插件、汽车电子、消防报警系统、应用整机及软件产品等。截至 2017 年，仅电子信息产业的规模企业就有近百家，而在这近百家企业中，国家高新技术企业有 20 家，省级以上的创新型企业有 5 家。除此之外，在产值上，超过 100 亿的企业目前只有一家，而超过 10 亿的企业有 3 家，加起来的产值能够达到 300 亿元，从业人数达到了 4 万人。从蚌埠市的发展现状来看，电子信息产业在其经济发展的过程中起着重要的作用，其核心优势十分明显，已经成为蚌埠市的战略性新兴产业。但是，蚌埠市面对现状没有自我满足，为了优势产业能够得到快速发展，为了电子信息产业的不断进步，为了打造出千亿级别的企业，制定了一系列的措施。

一是强化项目领衔服务。分级别对不同规模的项目进行服务，如 10 亿以上的重大项目都由市领导来牵头，1 亿以上的重大项目则由市发改委、经信委和科技局等部门进行服务，1 亿以下的项目由项目所在地的政府（管委会）进行服务。

二是给予坚实的土地政策。蚌埠市国土局预留一定比例的年度建设用地指标，用于保障电子信息产业重大项目用地；积极采用省重大建设项目点供用地政策，进一步保障支持重大项目建设，并且鼓励项目建设节约集约利用土地。自用生产性的厂房项目容积率不能低于 1.2，密度不能小于 50%，而两层以上的建筑面积可以给予补助，具体的补助标准根据层数的不同而有所差别：两层厂房 100 元 / 平方米；三层厂房 160 元 / 平方米；四层厂房 200 元 / 平方米；五层及五层以上的厂房 300 元 / 平方米，由项目所在地政府（管委会）会同市相关部门负责受理和办理。

三是加大财税支持。每年蚌埠市都有一笔专用资金用来支持战略性新兴产业的发展，其中电子信息产业占比达到一半，并且市自主创新以及工业强市和科技专项资金，也至少有一半用于对电子信息产业发展的支持。对获得了国家发改委、工信部以及科技部批准建设的电子信息产业工程（技术）实验室或者研发中心、企业的技术中心等，都可以按其新增仪器设备等投资额的 40% 给予一次性补助，最高不超过 500 万元，由市发改委、市经信委、市科技局会同市财政局负责办理。

四是促进科技成果转化。一些持有重大发明专利的科技人员或获得省级以上科技成果奖的，来到蚌埠市办企业，将科技成果在蚌埠进行转化的，一律给予 1 至 2 年的 1 000 万元贷款额度的财政贴息支持；一旦企业投产，如果年收入能够达到 1 000 万元，那么政府会给该公司注册资金 50% 的资金补助，最高不超过 200 万元；入选了国家"千人计划"以及国家院士的人才，只要领着团队到蚌埠市进行发展，就可以通过补助、参股等方式来获得不低于 1 000 万元的资金支持。这一部分工作由市创新办来负责办理。除此之外，市规划局牵头负责依规减免缓缴电子信息企业建设项目的行政事业性收费及政府性基金。

五是深化金融支持。比如，蚌投集团发起设立电子信息产业（创业）投资基金，在政府性资金不成为基金第一大股东的前提下，可以以参股方式给予基金实收资本 30% 的市级财政配套引导资金支持；对获得国家、省引导支持的，可以以参股方式予以等额配支持。这一部分政策由市科技局牵头，市财政局和市发改委一同管理。一些重大的项目，市政府可授权政府性公司以参股方式来推进项目建设。

六是强化人才保障。蚌埠市政府采取多种措施增加电子信息产业人才和用工储备，加强电子信息类专业人才培养、培训，扶持学校与企业开展订单式培养。企业组织开展新录用人员技能培训、在岗职工岗位技能提升培训的，最高可享受 3000 元/人的培训补贴，由市人社局会同市财政局负责受理和办理。除此之外，还应对电子信息产业新投资者的子女在入学政策方面进行支持。从固定资产的金额来区分待遇，如固定资产投资 5 亿元以上的，该公司的副总经理、总工程师以及高管或者拥有高级工程师和博士学位人才的子女；固定资产投资 3 亿元以上的，该公司的副总经理、高级管理人员和总工程师的子女；固定资产投资 1 亿元以上的公司法定代表人的子女，可以由市教育局办理市区内义务教育阶段优先就近入学。

### （二）蚌埠市政府在战略性新兴产业发展中存在的问题

从蚌埠市三年大建设开始到现在，蚌埠市对于战略性新兴产业的培育以及发展非常重视，不仅在制度上颁布了一些扶持规定，从战略高度布局新兴产业的发展，而且落实了这些措施以及政策，取得了非常明显的绩效。因为困难多、时间短，成效虽然明显，但是问题也比较多。从角色以及政府作用的角度分析，在发展战略性新兴产业方面，蚌埠市政府的提升空间还很大，并且可以从很多方面来进行，如尚不完善的知识产权保护机制、尚不足够的扶持力度和金融支持的力度、没有建立完善的产学研合作机制、新兴产业的市场化程度不足、没有足够浓郁的气氛来进行创新等，下面将对这些问题逐一详细分析。

#### 1.知识产权保护机制不够健全

以技术创新为基础是战略性新兴产业的最大特点，而其之所以被称为新兴产业，是因为知识、技术的突破性和先进性。技术创新对于新兴产业的发展是至关重要的，可以为其提供强大的动力，所以我们应该更进一步对知识产权进行保护。

设立知识产权保护机制的主要目的是解决利益再分配的问题。这种机制以法律的形式来确立了相关知识和技术的收益，明确了知识和技术也是一种生产资料。除此之外，知识和技术也可以被视为一种生产要素以及经济资源，以此来获得一些利益分配。因而，知识产权保护机制的确立和生效非常有利于战略性新兴产业的发展。

蚌埠市对于完善与构建知识产权保护机制的重要性和必要性有了充分的认识，并且将之付诸实践。可是，基于种种原因，如比较短的实施时间以及较为薄弱的基础环节，从现状来看，在知识产权保护方面还有很多问题亟待解决。一是政府以及企业等都没有强烈的知识产权保护意识。现在许多机构或者部门，如企业、高校以及研究所等，都存在着一种想法，就是成果比专利重要，只要有科技成果问世，他们的第一想法往往不是对其进行知识产权保护，在法律上对其进行保护，而是组织专家来鉴定科研成果，追求扩大影响力，这会对科研成果的知识产权造成很大的伤害。很多的科研院所、高校和企业并没有这种意识，有这种意识的员工更是少之又少，因此侵权的案子时常会发生。二是知识产权不清楚的问题。蚌埠市现有的科研机构水平都很一般，所以在研发的过程中，只有联合到一起才能有所作为，但是在成果出来之后，往往又会因为事前没有对归属以及产权问题进行合理分配而闹得不可开交，诸如此类的事还有很多。三是保护知识产权的力度不够，经常会发生侵权的案件。目前，蚌埠市的新兴产业很多都处在起步阶段，有着很严重的同质化问题，很多企业研发的产品都相同，所以经常会出现窃取商业机密的事情，一个企业刚研发出不久的产品，市场上很快就会看到仿制品。我国的相关部门对于这些违法行为的处罚力度远远不够，不痛不痒，起不到惩戒的作用。另外，很多企业自身的维权意识也很淡薄，甚至有的会因为维权的成本太高而主动放弃，这也助长了不正之风的蔓延。

因此，蚌埠市政府在知识产权保护方面还有很长一段路要走，这对于企业、高校、院所和个人从事创新、发展新兴产业的积极性有着很大的影响。

2. 政策措施激励不够

因为新兴产业的发展时间还不够长，所以战略性新兴产业的各个子项都有一个鲜明的特点，就是市场风险高、研发难度大。

虽然前景比较诱人，但是相比传统产业，战略性新兴产业的不确定性因素更多一些，所以政府相关部门的支持就显得尤为重要，尤其是政策方面。美、日等国在战略性新兴产业发展上，都相继出台和实施了一系列的扶持政策，使新兴产业得以迅猛发展。

自 2006 年全国科技大会召开以来，我国把战略性新兴产业及自主创新提到了一个新的高度，并为此制定了相关政策。在上级政府的要求下，蚌埠市也执行了这些政策，但是因为任务重、时间短以及积累不够，有些政策落实得并不好。除此之外，政府各个部门本身的工作力度也与产业发展的要求存在着一定的差距：一是在运行中，政府缺位、错位的现象比较明显，对于新兴产业的指导有限，政出多门、多头管理频繁出现，工作效率十分低下；二是宣传工作多是表面功夫，很多企业和机构政策不甚了解，对如何申请扶持资金、税收优惠政策和科研项目的申请都不清楚，有的虽然知道，但是因为复杂的操作步骤，最后都不了了之，最终的结果就是企业瞎忙活，政府的资源被浪费了；三是办理扶持政策的成本太大，尤其是时间成本；四是蚌埠市政府的一些部门因为顾及自身利益，目光狭隘，对于既定的政策不能严格执行，这就导致了优惠政策在执行过程中发生了质变，如对高新企业按 15% 的税率征税，为了不影响地方财政收入总量，税务部门往往执行不力。

3. 金融支撑力度不够强

战略性新兴产业的一大特点是资金需求量非常大而且周期很长。这是由于其具有的两个特点，一是高科技，二是高风险。因此，战略性新兴产业最不能缺少的就是资金的支持，这对于蚌埠一些效益偏低和规模较小的新兴产业企业来说至关重要。目前，自给自足是蚌埠市战略性新兴产业资金的主要来源，金融机构和政府在金融方面的支持力度还需要进一步加强。第一，这些企业大多数是中小企业，它们的产品大都处于初创期，自身根本没有资金积累，所以对资金有很大需求；第二，这类企业基本上都是知识密集型的企业，对知识资本非常重视，但是对于物质资产很轻视，在创业之初用来抵押的固定资产很少，所以想通过银行融资可以说是难上加难。与此同时，有些企业的项目成果是注定不能转化为商品成果的，并且产品的研发过程还比较漫长，而官员任期有限，所以他们往往会沉不住气，不会对其进行长期的金融扶持。因此，蚌埠市战略性新兴产业发展最重要的一环就是怎样建立高效的投融资体系以及加强金融的扶持和创新。

总的来说，有下面几个问题亟待解决：第一，财政需要加大科研开发的投入力度；第二，不论是在资金总额上还是在基金数量上，蚌埠市域内的创业风险投资基金、组织机构跟国内外尤其是国际上的同行业相比，差距还是比较明显的，而且大多数投资基金都是国有企业或者官办机构，往往存在风险厌恶倾向；第三，国有银行的主要业务对象是稳定型的大企业，小银行在蚌埠入驻的还很少，金融支持网络未完成构建，而且很多银行的信贷文化是面向大企业和国企的，对于有着高涨的创新动力的民营企业信贷支持不足。

4. 产学研合作共赢机制尚待进一步完善

战略性新兴产业的发展是以产业界、学界以及科研界的共同合作为基础的。只有产学研发挥合力优势，将优势互补，将劣势去除，才能加快科研成果转换，使知识成为先进生产力，才能发展壮大新产业。然而，我国原来实行的是计划经济，在这种体制下科研往往游离于产业界之外，科研单单是科研，转换力相当薄弱，不能有效促进产业进步。

总之，蚌埠市的产学研合作机制尚未摆脱计划经济体制的影响，合作机制很不完善，也不通畅，科研合作松散、时间短、效益低，细分起来有以下几方面问题。

第一，企业没有从真正意义上重视并鼓励创新，即使有创新也没有用到实处。产学研合作的成果最终都是为企业服务的，而企业作为技术创新的载体，如果不能将这些成果有效地转换并运用，那么这些研究和合作就是在浪费资源。因此，企业不仅要重视创新、鼓励创新，还要为创新成果的应用铺平道路，这样才能从根本上解决蚌埠市战略性新兴产业的发展问题。根据近年来蚌埠市新兴产业的发展情况，可以看出企业已逐渐提高了对创新和研发的重视程度，但这种重视还是浮于表面，并没有确定其主体地位，企业的创新和研究能力薄弱，转换能力则更差。大多数企业并不舍得为研发投入经费，而是依靠别人的专利技术和研究成果，这样的企业何谈创新？只有少数企业真正做到了鼓励创新，建立了有效的激励机制。

第二，没有建立好互利分享机制。这个机制决定了知识产权的权益如何分配的问题，分配不合理，产学研之间的合作就障碍重重，不能长久，没有好的分享机制就保证不了产学研之间的利益共享、风险共担。反过来看，现在相互间的社会信任本来就贫乏，再加上各自的顾虑，即企业怕科研成果不能有效转化，学界担心自己的基础工作得不到认同，研究机构顾虑自己的权益受损，更加妨碍了利益共享机制的形成。

第三，政府的相关政策法规不完善，对企业的政策扶持力度也不够。蚌埠市政府目前为止还没有针对产学研合作机制正式颁布过可行的规定或实施细则。缺乏了政府层面的支持无疑是雪上加霜，使本就基础薄弱的产学研合作机制更加难以建立。

5. 培育新兴产业市场需求的措施不足

市场需求是催生新兴技术、激发产学研合作、推动战略性新兴产业长足进步的重要力量。战略性新兴产业本就有利润不明确这一特点，在初始阶段其技术和质量也难以保障，产品和服务开发出来后可能需要很长时间才能被客户接受，这就意味着长时间内是没有利润的。不被接受的风险和成本的积压会对企业造成巨大负担，这时政府应该出面帮助企业，和产学研机制一起努力，开辟新的市场，培养合适的需求，大力宣传，降低税率，甚至帮助调配资源等。

蚌埠市政府对新兴产业已经采取了措施，但仅仅是效仿国外在采购方面的政策扶持。这一政策并不完善，不仅没有补贴机制，而且筹集到的资金也是杯水车薪，解决不了根本问题。另外，蚌埠市的战略性新兴产业园不能只依靠内部消化，应具有强烈的外销意识。故而，总体来看没有明显成效，不太令人满意。

6.缺乏浓烈的创新文化和气氛

浓烈的创新文化和气氛也是促进战略性新兴产业良好发展的一个关键性因素，这种文化和氛围也是硅谷从建立以来能够持续高速发展的"窍门"所在。它为众多创业者提供灵感，使他们脑洞大开，在这样的氛围中新的研究成果必然不断涌现，这种创新热情也定会使产学研之间的合作和谐有效，这也是硅谷一直走在世界前列的原因。以上这些，蚌埠市的企业不但不具备，还出现了更糟糕的现象。在学术上存在大量的不正之风，真正踏实做学术、搞科研的越来越少，甚至出现了无底线的剽窃行为；社会整体没有形成宽容失败的心态，过分注重创新的结果，给研究者带来了不良情绪，不利于新技术的产生，也不利于产学研之间的协作；企业和政府过分注重短时间内的利益，不利于研究人员埋首搞研究，也不利于创业者踏实去创业。

## 二、蚌埠市战略性新兴产业发展中政府作用的改进建议

蚌埠市政府如果想成功地发展本地区的战略性新兴产业，就必须结合日、美等发达国家或者我国浙、闽等其他地区政府的成功经验，结合一些学者们的理论，保护孵化期的产业，防止市场失控，关注产业的外部成本等，再认真、系统地分析自身的问题，找到不足之处加以改善，才能为战略性新兴产业提供更好的服务，为社会经济的发展提供更为坚实的基础。

在"十三五"科技发展规划中，蚌埠市也为自己制定了远大的目标。政府正积极筹划如何提升重点工业产业并振兴战略性新兴产业，目标就是依靠科学技术的进步与创新，通过改造提升传统制造业和快速培育战略性新兴产业，逐步建立起技术优、环境好、附加值高、结构完善、符合时代要求的工业体系。具体来说，当地政府认为在电子信息、生物制药、光伏材料、零部件制造以及节能环保等产业中这一目标更有可能实现。为了实现这一目标，蚌埠市政府应该加强以下几方面的工作。

### （一）进一步加强宏观管理职能和工作力度

蚌埠市政府应最大力度地为这些行业的发展提供更好的服务，对市场进行宏观的

调控和指导，具体可以从以下几点着手。

第一，重视产业规划。政府应参考其他地区的成功经验，再结合本地产业的实际情况制定出最完善的新兴产业发展规划。新兴产业的发展不是一朝一夕就可以完成的，它是一个长期的过程，所以政府要制定的是一个长期的规划，并在其中设定一些阶段性目标，一步步去落实。这个规划必须是在掌握了国际国内趋势和客观认识了自身的优势及劣势之后建立的，只有这样才能趋利避害，选择出一条适合本地新兴产业发展的、独具特色的、便于实施的、符合客观发展规律的产业发展道路。在发展趋势方面，蚌埠市政府认真研究了《国务院关于加快培育和发展战略性新兴产业的决定》（国发〔2010〕32号文件），并结合本地实情，力图通过建立合芜蚌综合试验区来提高本地产业的自主创新能力，不但出台了一些符合发展规律的配套支持政策，还帮助企业在各地进行宣传，以扩大需求和招揽人才。只要按照这样的规划一步步实行下去并不断完善，蚌埠市战略性新兴产业的发展必将有长足的进步。

第二，政府应出台各种政策保证该产业规划的实现。只空有规划而没有政策支撑，那这个规划是不能实现的，也就是需要配套支持政策。这些政策应尽可能多地涵盖财政、税收、人才、教育以及科技创新等方面。蚌埠市虽然已经制定并实施了多种培育发展新兴产业的相关政策，但并不是说政策制定出来就万事大吉了，政府还应该关注其施行过程，看是否还存在问题，关注其对当地企业的影响如何，之后对这些进行系统梳理和客观评价，看其是否有利于产业的发展，如果存在问题要及时改正，使政策保障尽量全面、完善。笔者认为，最主要的是在税收、财政和吸引人才等三方面加大保障力度。

第三，落实是关键。规划和政策如果不落到实处，一切都是徒劳。为了这些政策能被落实好，使各产业及产业中的人和组织都能受益，需要在各职能部门中建立规范化的执行流程和有效的监督机制，最大限度地保证政策的有效实施。

### （二）进一步培育需求市场

第一，降低准入标准，吸引更多企业的参与。新兴产业本来就有很大的流动性，随时都有企业加入和退出，只有坚持较低的准入标准，不限制企业的规模，才能吸纳更多的企业加入，激发产业的创新活力和市场竞争力。目前，蚌埠市有一批科技含量较高的产品被国内外市场所关注，但还不能确定其市场需求度，也可能并没有太多的客户敢来尝试，这使生产企业不敢加大投入，没参与的企业也不敢加入。因此，采取措施鼓励更多企业加入这个发展队伍迫在眉睫。蚌埠市政府应采取以下措施：①降低创业门槛和行业准入标准，如在新企业成立时可以减少对注册资金的要求，使注册程序更简单，审批要求更低，企业成立后适度降低其税费，最大限度地降低成立企业的难度；②为中小企业提供公平公正的市场竞争环境，采取措施促进这些企业的科技创新，使其在市场竞争中占有一席之地。此外，无论是在法律上还是在经济地位上都要对大小企业一视同仁，让它们在竞争中得到真正的公平对待。

第二，改善配套服务体系的不足之处，营造更好的市场环境，促使企业的生产力得到进一步释放。市场环境是企业赖以生存的根本，其对战略性新兴产业的企业影响更为显著，因为市场可以为这些企业提供其前沿性和高精尖技术所需求的资源和条件等。蚌埠市政府应重视市场配套服务体系的构建，集中现有的资源和能力兴建部分产业的示范工程，对引领政府、企业和个人的消费模式进行转变。从某种程度上来说，政府的基础设施投资冲动完全可以在这个领域有所发挥，从而为新兴产业发展提供支持。

### （三）进一步加强公共服务的供给和质量的提高

第一，行政管理和服务体制的改革必须加快进度，进一步改进政府职能形式、方式和绩效评价标准，顺应产业发展的需求。在战略性新兴产业发展过程中，蚌埠市政府起着至关重要的作用，首先，要协调地方政府与市场各自的作用。在生产力发展过程中会出现各种各样的障碍和桎梏，要将政府部门的宏观调控作用和市场的自发调节作用融合到一起，借以经济手段，辅以法律和行政方式，合理地引导产业发展方向，使产业少走弯路、错路，从而使资源利用率和生产效率都能有显著的提高。其次，要处理好官方资本与民间资本的关系，如国有企业与私人企业的关系，由于企业性质的不同，致使私人企业的资本不如国有企业，而国有企业的延伸范围也要更大一些。因此，要使战略性新兴产业发展壮大，必须使以私企为代表的民间资本盘活运转起来，这样才能参与战略性新兴产业的发展进程，壮大战略性新兴产业的实力。再次，改善经济发展与民生和环保等非经济问题的关系。双方不能始终处于一种紧张的状态，经济发展应当与民生、环境保护等统筹规划，保持一致。

第二，科技中介服务体系急需完善和大力推进。《关于大力发展科技中介机构的意见》指出，科技中介机构的发展要依靠两个方面，一个是政府的推动，另一个是市场的自发形成，它们缺一不可，两者务必要相互配合、相互促进。发展科技中介机构，要注意做到发展速度和规范质量相统一，加强全面推进和分类指导互相促进，专业化分工与网络化协作相结合。政府要想推动科技中介发展就必须建立在市场需求的基础上，并且要不断地对科技中介相关机构加以规范界定。政府可以采用分类指导的方式"因材施教"，依据中介机构类型的不同采用不同的政策和措施，以便更好地适应科技中介机构的发展，同时完善对应的部门建设，地方政府应当合理调配资源，辅助科技中介实现较快发展。政府还可以通过提升网络服务的方式来提升科技中介的实力，使科技服务更加专业化。

**（四）进一步打造适合战略性新兴产业发展的创新环境**

第一，拓展创新文化的尺度。科研工作能够长久地坚持下去源自科学的方法、态度和精神，而科学的方法、态度和精神的前提是学术民主和学术自由，所以应为学术界的民主和自由提供好的氛围，力促产学研间的合作，加大互动的频率与深度，最终建成能够较好地与战略性新兴产业相对应的科研项目管理制度。以宽容的心态对待创新，真正做到"不以成败论英雄"，才能最大限度地激发人才的创造力。如此，产业创新必然会逐渐受到全社会的广泛关注，最终推动战略性新兴产业向更好、更深的层次发展。

第二，加大知识产权的保护力度，对侵犯知识产权的行为依法严惩。战略性新兴产业的核心在于知识产权保护。只有保护好知识产权，战略性新兴产业才有发展的强大动力，否则谈何发展。因此，蚌埠市要实现本地新兴产业的可持续性发展，必然要站在全市社会经济战略发展的高度去保护知识产权。在保护知识产权的前提下，我们还需要构建一套完善的受保护的科研创新激励体制，激励人才，促进科研创新，鼓励企业将科研成果转变为经济效益，实现产业的发展。

第三，培育具有蚌埠特色的产业集群。产业集群不能只局限于同产业间，只要与产业相关的群体（包括产业链上下游等）均可称为产业集群。产业集群的优势在于实现资源利用的最大化，便于企业的管理，并在一定程度上刺激技术的创新。蚌埠市政府应当清醒地认识到现有产业的优劣势，打造更优、更多的产业集群。蚌埠市内传统的优势产业，如滤清器、玻璃等，政府可以通过这些企业的产业基础和产业优势，使相关的资源聚集于此，进而整合，扩大规模，提升质量，最终实现产业创新。

**（五）大力引进具有创新精神的人才和培养本土人才团队**

第一，加强教育培训，做好内部培养工作。蚌埠市政府应加大在本地高校教育资源上的投入，尤其应重视对新能源、新材料和节能环保等相关专业人才的培养。政府要改革人才培养机制，培养一批懂技术、懂经营又善于创新的人才队伍，特别是针对蚌埠市的优秀战略性新兴产业更应如此。企业应当正确认识所处的环境和自身条件，内部可以通过完善管理培训体系，自主培养高技术人才，外部则通过高薪、福利等吸纳更多具有创新能力的人才，内外结合，再借以与重大科技项目合作或者参与创新平台等，逐渐形成高素质人才的集结。

第二，从外部招揽人才，提升吸引力。蚌埠市政府可以通过给市场机构和企业提供更多优惠便利的条件，如对自主创业的团队提供创业启动资金支持，为创业人员的生活、工作给予便利，吸纳更多研发团队和创新机构的加入，使蚌埠成为孕育人才的一片沃土。

第三，大力推进人才激励措施。"孔雀计划"是蚌埠市采取激励人才措施的一部分。通过"孔雀计划"，我们可以看到蚌埠市战略性新兴产业的发展速度加快，巩固了已发展的成果。因此，此类人才激励措施可以结合实际情况扩大开展的幅度，以完善现有的人才激励体系，为有才能者提供施展才能的空间和资源，长此以往，必然能更大程度地激发人才的创新热情和潜力。

# 第十一章　基于全球价值链的安徽省战略性新兴产业集群发展的政策建议

## 第一节　国家层面

### 一、科学制定安徽省战略性新兴产业集群融入全球价值链的发展战略规划

战略性新兴产业目前的发展方式以集群化为主，这种方式对引领当前经济社会的发展和未来经济社会的可持续发展起着非常关键的作用，已经上升到了国家战略的层面。为了使安徽省战略性新兴产业集群能够在全球价值链下得到进一步发展，根据战略性新兴产业集群在安徽省各个地区的布局、发展的特点以及形式等，国家应该制定一系列发展战略规划来助力安徽省战略性新兴产业集群的国际化发展，用统一的标准以及口径对安徽省内不同的战略性新兴产业集群的全球化发展进行有效的协调，进一步规范集群产品的出口秩序。与此同时，国家要明确安徽省各个战略性新兴产业集群和全球价值链相融合时的投资方向，鼓励国内集群企业在国外建立研发机构，积极创造有利于其发展的国际环境，只有这样才能使集群更好更快地融入全球价值链。

### 二、构建国家价值链（NVC），加强培育高技术和有营销优势的领军企业，有效实现与全球价值链的衔接

对于安徽省战略性新兴产业集群在全球价值链下的发展，国家应该加强在这一方面的扶持力度，使安徽省战略性新兴产业集群所特有的地区资源优势得到发挥，使以内需为基础的国家价值链得以率先建立，有效发挥 NVC 中集群领军企业对价值链内外核心企业、非核心企业或者价值链上下游关联协作企业所产生的合作、辐射、示范

和技术转移、溢出效应。对于 NVC 中高技术和有营销优势的集群领军企业，国家要加大力度进行培育，使其能够向具有垄断优势的终端集群主导企业转变。对于在国内发展不错的安徽省战略性新兴产业集群，国家要支持其自主品牌的创建，同时要加大支持力度促使其走向国际化，使其可以在发展中国家或者发达国家中逐步建立属于自己的营销渠道，使 NVC 与全球价值链的衔接得以实现。

### 三、实施开放式创新，推动集群"走出去"，融入全球价值链

国家出面推动安徽省战略性新兴产业集群和国际相关知名大企业之间的合作，如将战略性新兴产业服务和研发机构设立在国外，同时促使国外研发中心与国内的集群进行交流合作等。在这一过程中，要坚持全面开放式创新，使集群整体的创新能力得到进一步的提升，使全新的集群形象得以树立。此外，发挥产学研、国家技术信息机构和国家驻外科技机构的正向作用，制定严格的战略性新兴产业集群行业技术标准，在联合产学研等各方面的主体力量对集群融入全球价值链的技术创新环节进行攻克，只有这样，才能使安徽省战略性新兴产业集群"走出去"，更好地融入全球价值链中，实现全球价值链下的优化发展。

# 第二节  地方政府层面

### 一、科学规划布局，推进技术创新，强化政府在全球价值链下战略性新兴产业集群发展中的引导与扶持作用

第一，政府要根据目前的基本国情来规划未来的发展方向以及要达到的层次。我们应该根据安徽省各个市的不同特点来开发不同的产业项目，利用这些项目来促进当地经济的发展，并且制定出不同的优惠扶持政策以及补贴政策。不仅如此，我们还应该在安徽省实行一系列发展计划，并以科学有效的战略指导为基准，促进安徽省战略性新兴产业的发展。

第二，安徽省各地方政府应与资本市场结合，加大集群在全球价值链下发展的资本投入，积极组织开展高校与企业、高校与政府科研机构及企业与政府科研机构间的合作，形成"产 + 学 + 研 + 资 + 政"的有效对接。同时，鼓励产业创新，积极开发新型产品，以此来增强集群企业在全球的竞争力，更好地推进我国自主创新目标的实

现，并推动我国的经济发展以及国际竞争力的提升。其中，为了避免出现像 2016 年芜湖新能源汽车产业集群发展那样没补贴便无销量的尴尬境况，应尽可能以政府采购的方式在一定程度上慢慢取代政府对集群企业采取的一味补贴，这更有利于战略性新兴产业集群的自主创新发展。

第三，各地方政府应该高度重视集群产业的建设，将集群产业与国际产业价值链相结合，根据价值链上所反映出来的不同情况调整未来规划，确立最适合的未来发展方向。同时，我们应该利用集群产业在价值链上所具有的一些优势，吸引国内外的企业提供资金帮助。政府应通过在集群内利用现有的资源设立人才交流中心、专业人才服务市场等加强对集群企业专业技术人才和管理人才队伍的建设。除之前提到的有关人才的优惠政策，我们还应该加大扶持力度，争取在发展过程中使这些人才更好地为安徽省战略性新兴产业做贡献。

## 二、加强集群品牌和集群环境建设

安徽省各地方政府应该注重品牌效应，完善集群产业链，培育和创建集群品牌，然后利用现有的一些网络与多媒体技术，将这些品牌传播出去，让更多的人知道。同时，各地方政府应该重视有关专利的问题，将司法手段与行政手段相结合，维护集群品牌形象和集群企业的品牌权益，保证企业能够在安全的环境下得到发展。此外，各地方政府还要根据目前的实际情况，建立起完整的保护机制与驱动机制，有效地提升集群环境，以增强战略性企业的竞争力。也可以成立一些专门的集群领导组织，根据当地的一些情况，制定相应的政策，来协调集群在发展过程中的一些问题。这样可以使集群产业得到多方面的支持，并且在发展的道路上畅通无阻。各地方政府要鼓励一些优秀人才加入集群产业的发展建设过程中，积极促进不同企业之间的相互交流与学习。这样可以在集群环境中创造一种十分融洽的学习环境，也可以使企业在竞争中友好地合作，达到合作共赢的最终目标，以此来促进安徽省战略性新兴产业的进一步发展。

## 三、提升集群在全球价值链下发展的外向关联度，促进集群的分工协作

以技术的引进与创新、科技进步和集群资源等相对优势为依托，积极嵌入全球价值链，并在全球价值链中寻找集群的最佳位置，汇聚集群相关产业链的各环节优质企业，积极推动战略性新兴产业集群产业联盟的构建，以形成集群较高外向关联度的产业集聚，借助集群融入全球价值链的外部相对优势，不断获取对集群发展有价值的信息及技术。通过加大对集群企业研发方面的投入，提升集群产品外向出口的竞争力，

实施科教兴贸战略，倡导集群优质企业积极走出去，广泛参与全球价值链下国际企业间的学习、竞争与合作。同时，拓宽集群引进外资的渠道，提高集群利用外资的水平，以集群企业现有的技术、设备、原材料等为跳板，在境外建立相应的维修、产品分拨、技术研发等服务中心，进一步促进集群在境外构建本土化跨国公司的形成，实现资源在全球内的优化配置。另外，政府还应着重培育和壮大集群龙头企业，充分发挥集群龙头企业技术引领、信息扩散、集聚辐射的带动作用，引导集群各优秀资源要素向龙头企业汇聚，促进战略新兴产业集群企业的分工协作，促使集群中核心与非核心业务及特定的生产工艺等在集群龙头和中小型企业间实现有效分工，提高集群的专业化分工水平和协作能力，通过加快运用高新技术来推动集群产品生产由低附加值向高附加值环节的跨越，逐步提升集群在价值链中所处的位置，以实现安徽省战略性新兴产业集群从全球价值链的中、低端向全球价值链的高端的攀升。

## 四、加强行业协会管理

从字面意思来看，行业协会是一种规范行业行为的组织机构，是作为连接政府、企业和消费者的桥梁。

行业协会应积极响应政府的领导，强化好行业内协调与自律，避免集群内企业间无序竞争的出现，及时规划制定行业标准，进一步完善协会职能，加强各企业间的交流与合作，紧随当前国内外经济发展潮流，充分发挥好行业协会组织集群活动，规范行业秩序，协调行业纠纷，收集提供信息以及沟通政府、企业和消费者等的组织、协调、监督、服务功能，给全球价值链下安徽省战略新兴产业集群健康的发展创造良好的环境。不仅如此，已经拥有行业协会的一些产业，在保证自身协会能够正常工作的前提下，应制定更加缜密严格的标准，提高集群产品生产各环节的质量、安全性检测，激励集群企业创新意识的加强，做好集群企业间的协调合作，强化相关知识在集群企业间的共享，联合政府加强对集群高技术研发的投入，充分推动政府间接作用的有效发挥，加强与全球价值链下国际相关领域知名企业及国际上一些行业协会组织的交流和对集群企业相关人员的培训，增强集群总体水平，以共同促进集群开创自主品牌，提高集群产品的附加值，实现在全球价值链上的优化升级。在行政机构能够顺利运行的情况下，我们还应该利用自身所具有的一些资源来与国际上知名的行业协会进行相关的交流，以此提升集群的总体水平，争取能够在未来的发展过程中取得更大的进步，实现在全球价值链上的升级。与此同时，各个地方政府应该与这些企业及时进行交流，了解它们目前所处的状况，从而制定最适合目前情况的发展规划。还可以通过一系列的等级考试来选拔一些有关行业协会的工作人员，这样可以在一定程度上提高他们的综合素质，促进行业的发展与未来目标的实现。值得注意的是，我们应该清楚地认识到行业协会在未来发展过程中所具有的重要作用，并将这种作用发挥到最大，以此带动整个行业的经济发展。我们要充分地发挥行业协会的优势，利用其所具有的专业管理模式，将企业集群打造成最高端的多元化的合作组织，这样有利于在全球化的发展趋势下，使安徽省的战略性新兴产业加速升级。

# 第三节 企业层面

## 一、强化集群企业对全球价值链相应环节技术人才的培养

从某种意义上来说，这些新兴的产业集群与新兴产业一样具有技术性。这就意味着企业集群的发展同样离不开一些专业技术人员的帮助，只有引进这些技术人员，才能保证集群产业得到更好的发展。不可否认，企业技术人员在未来发展过程中具有重要的作用，他们将会是整个集群产业发展过程中影响最大的一个主体。所以，企业在发展过程中应该通过以下几个方面来提升自己在全球价值链下的地位。首先，应该不断地吸收优秀人才。企业可以根据政府所制定的关于引进人才的一些政策，广泛地吸收国内外优秀人才。其次，在人才考核上，企业应逐步建立起有益于战略性新兴产业技术人才培养发展的考核评价和现代化管理体系，促进企业形成良好的文化环境，为企业以后的发展奠定一定的培养基础。最后，在人才培养方面，目前安徽省的专业人才比较少，这使企业在人才资源方面受到了明显的制约。这就要求企业尽可能与高校、专业机构合作，借助高校的良好教学环境和条件、师资力量、研发机构的研发能力及国际企业发展经验等，培养出既专业又满足战略性新兴产业融入全球价值链国际市场发展需求的高技术人才。同时，企业还应该积极引进一些国外的技术人员对本企业进行培训、指导。只有这样，企业才能清楚地认识到目前全球价值链下国内外战略性新兴产业发展的形势，才能找出自己的不足，并不断地完善改正，才能在未来全球价值链发展过程中具有一定的优势，得到世界的认可。

## 二、提升企业的创新能力，推动企业向全球价值链高端环节攀升

安徽省战略性新兴产业集群要想实现向全球价值链高附加值环节的攀升，除了借

助国家的支持，还要借助集群企业较强的创新能力。从目前的形势来看，安徽省的各个城市所具有的集群产业是参差不齐的，很多企业在发展过程中出现了能力不强或者发展受阻的现象。因此，要想使集群更好地融入全球价值链，必须清楚地认识到企业自身的不同特点，依据这些特点来制定不同的发展方向。为了使集群能够得到很好的发展，我们必须注意两点。一是要不断地培养企业的创新意识。只有具有创新意识的企业才能够在未来的发展过程中占据主导地位，这是国际发展的趋势，同样是我们未来不断努力的方向。因为只有将创新融入企业发展，才能保持不断进步的状态，才能不被社会淘汰，所以企业应该通过不断调整自己的经营体系来培养自己的创新意识。二是企业应该以全球大趋势为主要方向，不能仅关注现状，要放眼于未来。因为社会是在不断向前发展的，企业只有清楚地了解未来的发展趋势，才可以对自己制订的计划进行相应的调整，以此满足发展的要求。在社会不断进步的情况下，企业要想得到社会以及时代的认可，就要不断完善研发机构、培养自主创新能力等。企业还要积极地从外界引进一些先进技术来支持新型的战略研发，开发出新技术，才能在未来的道路上发展得更快。三是通过一系列的整合来加强企业集群之间的合作力度。要将大型企业与中小型企业分开管理。不同企业具有的不同优势，要制定不同的发展策略，使它们能够在未来的发展过程中找出最有效的解决方案。四是注重企业品牌的培养。从安徽省目前的情况来说，它的产业集群主要依靠一些自主品牌的创建，这就意味着安徽省战略性新兴产业集群企业要十分重视借助网络和多媒体，将这些品牌宣传出去，以此提高企业的价值，使企业在全球竞争中占据一定的优势，以更好地向更高层次发展。

# 附录：安徽省促进战略性新兴产业集聚发展条例

## 第一章 总 则

**第一条** 为了促进战略性新兴产业集聚发展，引领传统产业转型升级，建设创新型现代产业体系，推动经济保持中高速增长、产业迈向中高端水平，根据有关法律、行政法规，结合本省实际，制定本条例。

**第二条** 本条例适用于本省行政区域内战略性新兴产业集聚发展及其相关活动。

本条例所称战略性新兴产业是指以重大技术突破、先进技术利用和巨大市场需求为基础，对经济社会发展全局和长远发展具有重大引领带动作用，知识技术密集度高、物质资源消耗少、环境影响小、成长潜力大、综合效益好的产业。

本条例所称集聚发展是指依托国家自主创新示范区、国家级和省级开发园区等，瞄准主导产业，持续聚焦突破，优化产业布局，创新扶持政策，发挥龙头企业作用，延伸产业链条，扩大产业集群，形成集聚效应。

**第三条** 促进战略性新兴产业集聚发展，应当落实创新、协调、绿色、开放、共享发展理念；遵循产业发展规律，坚持市场导向，发挥企业主体作用；坚持政府引导，创新体制机制；坚持人才为先，广聚创新资源；坚持错位发展，突出产业优势；坚持开放合作，拓展发展空间。

**第四条** 县级以上人民政府领导本行政区域内促进战略性新兴产业集聚发展工作。

县级以上人民政府发展和改革部门负责本行政区域内促进战略性新兴产业集聚发展的组织管理和统筹协调工作。

县级以上人民政府科技、经济和信息化、财政、人力资源和社会保障、国土资源、环保等有关部门应当按照各自职责做好促进战略性新兴产业集聚发展的有关工作。

**第五条** 县级以上人民政府应当围绕战略性新兴产业集聚发展需要，建立组织领导、决策实施、保障激励、监督考核、容错纠错机制，营造崇尚创新、宽容失败的创新文化和社会氛围。

## 第二章　规划引领

**第六条**　省、设区的市人民政府应当组织制定战略性新兴产业发展规划，优化区域布局，发挥比较优势，形成各具特色、优势互补、结构合理的战略性新兴产业协调发展格局。

县级人民政府根据省和设区的市战略性新兴产业发展规划，结合实际制定具体实施方案。

制定战略性新兴产业发展规划和具体实施方案，应当广泛听取各方面的意见和建议，进行专家论证、风险评估、合法性审查、集体讨论决定。

**第七条**　战略性新兴产业发展规划和实施方案应当根据产业发展趋势和本地产业发展实际，确立战略性新兴产业发展重点领域。

**第八条**　战略性新兴产业发展规划和实施方案应当突出龙头企业带动，围绕龙头企业发展，加强产业链上下游配套，支持企业间战略合作，培育具有核心竞争力的企业集团。

**第九条**　战略性新兴产业发展规划和实施方案应当加强产业集聚区域的基础设施、公共设施和其他配套设施的统筹布局，明确建设标准和时序进度，完善配套服务功能，增强产业承载能力。

**第十条**　战略性新兴产业发展规划和实施方案应当坚持项目导向，加强产业链关键环节重大项目的谋划储备，建立完善项目推进和保障机制，强化项目支撑作用。

**第十一条**　战略性新兴产业发展规划和实施方案应当加强与土地利用、城乡建设、环境保护等规划的衔接协调，提高科学性、前瞻性和可操作性。

**第十二条**　省人民政府应当根据国家和省战略性新兴产业发展规划，确定省级重大新兴产业基地、重大新兴产业工程和重大新兴产业专项，构建创新型现代产业体系，引领和促进全省战略性新兴产业集聚发展。

设区的市人民政府根据战略性新兴产业发展规划，结合本地实际，确定具有比较优势、产业特色鲜明的市级重大新兴产业基地、重大新兴产业工程和重大新兴产业专项，构建创新型现代产业体系，支撑本地经济持续健康较快发展。

省、设区的市人民政府应当委托第三方咨询机构按照科学规范、公开公正、竞争择优的原则，组织开展重大新兴产业基地、重大新兴产业工程和重大新兴产业专项的评定工作；重大新兴产业基地、重大新兴产业工程和重大新兴产业专项的名录应当向社会公布，并按照有关规定给予支持。

## 第三章　科技创新

**第十三条**　省人民政府应当建立健全技术和产业创新体系，促进创新创业资源高效对接，推动发展潜力大、位居产业链高端的关键核心技术的突破，加快战略性新兴产业发展。

县级以上人民政府应当对战略性新兴产业企业的研发投入给予支持，鼓励企业加大研发投入；落实国家支持企业创新税收优惠政策，对企业研发费用依法实行加计扣除，对企业提供技术转让、开发、咨询、服务等按照国家规定给予免征增值税等优惠政策。

在科学研究、技术开发及其他科技活动中使用的，达到规定标准的仪器设备向社会开放服务的，或者租用其进行新产品、新技术、新工艺开发的，县级以上人民政府按照规定给予支持。

**第十四条**　在战略性新兴产业领域，由财政资金支持形成的，不涉及国防、国家安全、国家利益和重大社会公共利益的科技成果使用权、处置权和收益权归项目承担单位，处置收益全部留归单位；政府设立的研发机构、高等院校的科技成果转化收益用于奖励科研负责人、骨干技术人员和团队的比例应当不低于百分之七十。

**第十五条**　县级以上人民政府应当支持科技重大专项项目的实施，对以企业为主体实施的项目研发，按照规定给予支持。

鼓励、支持高等院校、科研院所、高新技术企业参与综合性国家科学中心和产业创新中心建设，开展战略性新兴产业重点领域关键共性技术的研发与攻关活动；战略性新兴产业重点领域关键共性技术攻关，可以面向境内外招标。

省人民政府和有关市人民政府应当按照国家规定，建设合肥综合性国家科学中心，促进高水平大科学工程和设施集群发展，推进重大基础研究和高技术研究成果转化。

**第十六条**　县级以上人民政府应当支持战略性新兴产业企业建设研发机构。对新认定、批准建设的国家和省重点（工程）实验室、工程（技术）研究中心、制造业创新中心、工业设计中心、企业技术中心等，以及运行评估中获优秀等次的，按照规定给予支持。

对国有企业建立重点实验室、工程（技术）研究中心、企业技术中心、工业设计中心、博士后工作站、院士工作站和并购境外研发中心的支出，研发费用和引进高端人才费用，经有关主管部门认定后，在经营业绩考核时可以视同实现利润。

**第十七条** 鼓励和支持政府、企业、高等院校、研发机构、用户合作创建具有独立法人资格、运行机制灵活、功能定位清晰、实行企业化管理的新型研发机构。新型研发机构在政府项目承担、职称评聘、人才引进、建设用地、投融资等方面应当与国有科研机构同等对待。

县级以上人民政府应当统筹资金，对工作成效显著、科研成果及转化效益突出的新型研发机构给予奖励、补助。

**第十八条** 县级以上人民政府通过政府购买服务，采取首购、订购、实施首台（套）重大技术装备试验和示范项目等措施，推广应用战略性新兴产业的新技术、新产品、新服务。

## 第四章　企业培育

**第十九条** 省人民政府应当建立健全平台和企业创新体系，为战略性新兴产业企业成长壮大提供支撑。

县级以上人民政府应当以增强企业自主创新能力为核心，以支持和引导创新要素向企业集聚为重点，以优化发展环境为保障，制定战略性新兴产业企业培育指导计划，并提供从技术孵化到企业、产业以及产业集群的全周期服务，促进战略性新兴产业企业发展。

**第二十条** 县级以上人民政府应当建立以增长速度、行业排名、品牌价值、税收贡献等为主要遴选标准的战略性新兴产业优秀企业培育库。对入库企业在项目建设、融资担保、要素保障等方面给予重点支持。

**第二十一条** 县级以上人民政府应当制定促进战略性新兴产业投资的综合支持政策。对符合条件的企业投资项目，设区的市、县级人民政府可以采取以奖代补、股权投资、贷款贴息等方式给予支持。

**第二十二条** 县级以上人民政府应当制定促进企业并购重组有关优惠政策，支持战略性新兴产业企业实施跨地区、跨行业、跨所有制的并购重组。

县级以上人民政府应当支持战略性新兴产业企业扩大规模，提升核心竞争力，对主营业务收入首次突破一定规模的企业可以按照规定给予奖励。

县级以上人民政府应当鼓励战略性新兴产业龙头企业带动产业链上的小型微型企业，实现产业集聚发展。

**第二十三条** 县级以上人民政府应当加强企业家的培养工作，重点培养具有战略思维、资本运作、风险管控、自主创新能力和国际视野的企业家队伍，提高企业的经营管理水平和国际竞争力。

第二十四条　县级以上人民政府应当支持战略性新兴产业企业按照现代企业制度要求，完善公司法人治理，建立健全科学的决策机制和激励约束机制，提升管理效率和管理水平。

第二十五条　县级以上人民政府应当深入实施军民融合发展战略，促进军民技术双向转移，引导优势民用企业进入军工领域，推动军工技术向民用技术转移、转化。鼓励军工院所组建企业集团，建立军民融合的市场化服务体系，培育军民融合的战略性新兴产业企业。

省人民政府有关工作机构应当建立军民融合综合信息服务平台，发布军民融合产业信息。

## 第五章　要素保障

第二十六条　县级以上人民政府应当支持战略性新兴产业企业以各种方式引进高端领军人才和高层次人才、团队及其创新创业项目，帮助解决引进人才及其家属的户籍、医疗、教育、住房和出入境等问题，并在项目申报、科研活动等方面提供便利。

第二十七条　县级以上人民政府应当加强对外籍人才的服务。对符合条件的外籍人才及其随行家属依照法律、行政法规规定给予签证和居留便利；对外籍人才在创办战略性新兴产业企业等创新活动方面，依照法律、行政法规等有关规定给予与中国国籍公民同等的待遇。

第二十八条　县级以上人民政府应当鼓励战略性新兴产业企业、高等院校和科研院所采取委托项目、合作研究、兼职等方式引进和使用科技人才。

支持高等院校和科研院所设立一定比例的流动岗位，吸引有创新实践经验的企业家、科技人才兼职。

第二十九条　科技人员符合国家安全管理规定，经所在高等院校、科研院所同意，离岗在本省转化科技成果、创办战略性新兴产业企业的，可以在三年内保留人事关系，与原单位在岗人员同等享受参加职称评聘、岗位等级晋升和社会保险等方面的权利。

科研人员经所在高等院校、科研院所同意，可以在本省战略性新兴产业企业兼职，并按照规定取得报酬。属于领导人员的，按有关规定执行。

第三十条　携带具有自主知识产权科技成果的科技团队，在本省创办或者与省内企业共同设立战略性新兴产业企业，开展科技成果转化活动的，省人民政府可以按照规定以债权投入或者股权投资方式给予支持。

第三十一条　战略性新兴产业企业、高等院校和科研院所可以采取科技成果入（折）股、股权激励、科技成果收益分成等方式，对做出重要贡献的科研人员和管理人员给予股权和分红权奖励，并执行国家有关股权激励个人所得税递延纳税等优惠政策。

第三十二条　建立适应战略性新兴产业特点的科研院所和高等院校人员编制管理机制。对符合条件的单位，逐步实行编制备案制管理；落实用人自主权，科研院所、高等院校在核定的岗位总量、岗位结构比例范围内，自主聘用人员。

依据战略性新兴产业集聚发展需求，加强高等院校学科专业建设，建立校企联合培养机制和高校学科专业动态调整机制，加快培养紧缺人才。

第三十三条　县级以上人民政府应当利用职业院校、技工院校、公共实训基地，加强战略性新兴产业企业技能人才职业教育和技能培训，通过政府购买服务等方式鼓励社会力量参与职业培训活动。

完善战略性新兴产业企业技能人才薪酬制度，取得国家职业资格证书，受聘于高级工、技师、高级技师岗位的职工，可以比照本单位助理工程师、工程师、高级工程师给予相应工资福利待遇。战略性新兴产业企业引进急需紧缺的技师、高级技师，享受国家和省规定的支持政策。逐步提高享受政府特殊津贴人员选拔技能人才比例。

第三十四条　省人民政府应当建立金融和资本创新体系，集聚金融资源，对接产业和技术、平台与企业，为战略性新兴产业集聚发展提供金融和资本支持。

省、设区的市人民政府应当设立面向战略性新兴产业集聚发展的产业投资基金，采取阶段参股、跟进投资等方式，为企业发展、项目建设和研发提供支持。

支持各类资本发起设立产业投资基金、天使投资基金、创业投资基金等，投向战略性新兴产业集聚发展企业和项目。

第三十五条　鼓励银行业金融机构针对战略性新兴产业发展特点，创新信贷模式，实施差别化的信贷管理制度，支持在战略性新兴产业集聚发展区域设立从事中小科技企业金融服务的专业或者特色分（支）行。

第三十六条　县级以上人民政府应当支持战略性新兴产业企业上市（挂牌）融资、发行债券，对在沪深交易所、港交所、全国中小企业股份转让系统、省区域性股权交易市场上市（挂牌）的企业，按规定给予支持。

省人民政府应当规范发展省区域性股权交易市场，推动其与全国中小企业股份转让系统合作对接，支持省区域性股权交易市场运营机构开展推荐业务工作。

支持开展股权众筹融资服务试点，规范互联网金融创新发展模式。

第三十七条　县级以上人民政府根据战略性新兴产业发展实际，建立融资风险补偿机制，为金融机构开展针对战略性新兴产业企业的信用贷款、股权质押、知识产权质押、信用保险、创业投资等业务提供风险补偿。

鼓励设立信用担保基金，为战略性新兴产业企业提供信用增进服务，完善考核机制，对其不进行盈利性指标考核，并设置代偿损失容忍度。

第三十八条　省人民政府应当建立健全首台（套）重大技术装备保险补偿机制。

鼓励保险业金融机构创新科技保险产品和服务，推进各类知识产权保险，推动战略性新兴产业企业利用科技保险融资增信和分担创新风险。

第三十九条　省、设区的市以及有条件的县级人民政府应当设立支持战略性新兴产业集聚发展的专项资金，支持重大新兴产业基地、重大新兴产业工程和重大新兴产业专项建设，引导和促进全社会战略性新兴产业投资持续增长。

战略性新兴产业集聚发展专项资金和其他财政支持经费应当专款专用，依法接受预算监督和审计监督。任何单位或者个人不得挪用、侵占、截留。

第四十条　县级以上人民政府对战略性新兴产业集聚发展项目用地应当重点保障、优先安排。

纳入省级战略性新兴产业集聚发展重大项目库的项目建设用地，由省人民政府国土资源部门会同发展和改革部门按照有关规定，在预留建设用地计划指标中安排。

在战略性新兴产业集聚发展区域运用多种方式供应新兴产业用地，制定促进战略性新兴产业集聚发展的兼容性地类和有关控制指标。

第四十一条　在战略性新兴产业集聚发展区域建立最严格的生态环境保护、资源节约利用、生态损害赔偿和责任追究制度，完善生态保护红线、排污许可管理、总量控制、规划和建设项目环境影响评价等制度，引导企业节约资源、保护环境。

第四十二条　完善知识产权交易流转市场和区域性知识产权评估、登记、托管和流转体系，完善知识产权助推企业股权交易、质押融资模式。

实施严格的知识产权保护制度，强化知识产权制度对创新的基本保障；发挥知识产权司法保护的主导作用。健全知识产权侵权举报投诉制度，加大对侵害企业知识产权行为的查处力度。

第四十三条　培育和发展技术市场，鼓励创办科技中介服务机构，加强技术经纪人队伍建设，为技术交易提供交易场所、信息平台以及信息检索、加工与分析、评估、经纪等服务。

## 第六章 开放合作

**第四十四条** 县级以上人民政府应当加强国际交流与合作，推动建立与国际贸易投资通行规则相衔接的制度和监管服务模式，打造内陆开放新高地，营造投资贸易便利化、法治化的营商环境。

省人民政府应当按照国家有关规定，落实外商投资准入特别管理措施，依法扩大外资投资领域，放宽外资股份比例，引导外资投向战略性新兴产业。

不涉及国家规定实施准入特别管理措施的外商投资企业，其设立、变更实行备案管理；备案事项网上办理。

**第四十五条** 县级以上人民政府应当支持战略性新兴产业企业以获取技术、人才、专利、品牌和渠道为目的的境外投资并购；对战略性新兴产业重大境外并购项目，省产业发展基金、省产业类专项资金按规定给予支持。

县级以上人民政府应当支持战略性新兴产业企业境外参展、产品国际认证、申请境外专利和商标国际注册等活动，拓展国际市场；县级以上人民政府有关部门应当提供便利。

**第四十六条** 鼓励跨国公司在本省设立地区总部和研发中心，建立整合贸易、物流、结算等功能的营运中心。

外资研发机构在本省范围内开展研发活动，享受与省内研发机构同等政策；在依法依规、对等开放、保障安全、利益共享的原则下，支持外资研发机构参与承担政府重大科技专项。

**第四十七条** 海关、检验检疫、商务、税务、外汇等部门应当加强协作，共享信息，推行统一高效的口岸监管服务，对战略性新兴产业企业生产原料、设备、产品等，实施大通道、大平台、大通关，实行海关和检验检疫一次申报、一次查验、一次放行，为研发设备和样本样品进出口、研发及管理人员出入境等提供通关便捷服务。

## 第七章 服务管理

**第四十八条** 省人民政府应当建立健全制度和政策创新体系，集聚社会创新资源，激发创新创业活力，促进社会创新创业。

县级以上人民政府应当简政放权、放管结合、优化服务，推进政府权力清单、责任清单、涉企收费清单、公共服务清单和行政审批有关的中介服务清单管理，加强事中事后监管，建立符合创新规律的政府管理制度。

**第四十九条** 县级以上人民政府及其部门对战略性新兴产业集聚发展重大创新改革事项，应当依照法定程序决策，进行合法性审查，并由集体讨论决定。对创新改革可能带来的各种风险，应当进行评估，评估结果作为决策的重要参考。重大创新改革事项有较大决策风险的，应当事先向上级有关机关备案。备案材料作为容错的重要参考。

**第五十条** 县级以上人民政府应当建立战略性新兴产业集聚发展服务机制，及时解决企业在生产、经营和发展过程中遇到的困难和问题。

县级以上人民政府应当建立组织协调和督查落实工作机制，完善统计、评估制度，保障战略性新兴产业集聚发展各项决策部署实施。

**第五十一条** 县级以上人民政府应当将战略性新兴产业集聚发展及其工作推进情况纳入政府目标考核内容。

对在战略性新兴产业集聚发展工作中做出显著成绩的单位和个人，按照国家和省有关规定给予表彰。

**第五十二条** 县级以上人民政府有关部门应当通过各类媒体，发布与战略性新兴产业及其集聚发展有关的科技信息、政务信息和服务信息，开展政策咨询，提升服务水平。

**第五十三条** 县级以上人民代表大会常务委员会应当对战略性新兴产业集聚发展有关法律法规和重大决策部署的贯彻实施情况开展监督，促进战略性新兴产业集聚发展。

## 第八章　法治环境

**第五十四条** 县级以上人民政府应当坚持法治原则，运用法治思维和法治方式，推进战略性新兴产业的发展，依法保护战略性新兴产业企业的合法权益。

法律、法规未明确禁止的事项，在符合法律、法规基本原则的前提下，县级以上人民政府及其部门可以开展创新改革，采取有效政策、措施，促进战略性新兴产业集聚发展。

**第五十五条** 县级以上人民政府应当建立战略性新兴产业涉企重大政策调整事先告知制度。因公共利益确需改变政策规定的，应当给予企业必要的调整过渡期；因政府规划调整、政策变更对企业合法权益造成损失的，应当依法给予补偿。

**第五十六条** 对涉嫌违法的企业和人员财产处置，应当区分个人财产和企业法人财产、违法所得和合法财产、涉案人员个人财产和家庭成员财产，依法保护企业家的财产权。

对企业财产确需采取查封、扣押、冻结等强制措施的，严格按照法定权限和程序进行；除依法责令关闭企业的情形外，在条件允许的情况下可以为企业预留必要的流动资金和往来账户。

**第五十七条** 企业、事业单位、社会组织在推进战略性新兴产业集聚发展中遇到体制、机制障碍时，县级以上人民政府及其有关部门应当及时回应诉求，对其合理合法的要求，在职权范围内可以解决的，应当予以解决；超出职权范围的，应当及时提请上级政府及其有关部门解决。

**第五十八条** 企业、高等院校、科研机构和其他社会组织、个人，依照国家和省规定享受战略性新兴产业资金补助、税收减免、项目审批、人才待遇等方面优惠政策，有关人民政府或者部门拒绝执行或者拖延执行的，当事人有权向上级人民政府或者有关部门投诉。

收到投诉的人民政府或者有关部门应当自收到投诉之日起二十日内处理，并书面答复投诉人。

**第五十九条** 对财政资金支持的战略性新兴产业集聚发展有关项目，未取得预期成果或者效益，实施主体已经履行应尽职责的，经主管部门组织专家评审后，可以终止该项目，免于追究实施主体相关责任。

**第六十条** 高等院校、科研机构、国有企业、事业单位在推进战略性新兴产业集聚发展过程中，工作没有达到预期效果或者因成果转化后续价值发生变化造成损失，其负责人已经履行应尽职责，未牟取个人非法利益的，负责人不承担相关责任。

县级以上人民政府、部门及其工作人员在战略性新兴产业集聚发展工作中因先行先试，或者尚无明确限制的探索性试验，或者为推动发展而出现过失，或者政策界限不明确、政策调整影响，未达到预期效果，同时符合以下条件的，可以给予容错：

（1）决策和实施程序符合规定；

（2）个人和单位没有牟取私利；

（3）未与其他单位和个人恶意串通，损害公共利益和他人合法权益。

法律、行政法规另有规定的，从其规定。

**第六十一条** 经确定予以容错的单位和个人，免予行政追责和效能问责，在绩效考核、评先评优、职务晋升、职称评聘和表彰奖励等方面不受影响。

**第六十二条** 单位或者个人受到责任追究，认为依照本条例应当容错的，可以向问责决定机关、申诉处理机关提出申辩、申请复核或者申诉。有关机关应当受理，认为符合本条例容错规定的，撤销追究责任的决定。

　　对根据本条例规定不予追究责任的情形，在没有新的追责事实、证据的情况下，不重新启动调查、问责程序。法律、行政法规另有规定的，从其规定。

## 第九章　附　则

　　**第六十三条**　本条例所称重大新兴产业基地，是指在相对集中的区域，汇集产业配套完备、创新优势突出、区域特色明显、规模效益显著的产业集群。

　　本条例所称重大新兴产业工程，是指发展潜力巨大、占据产业链高端、掌握关键核心技术、已经产业化、具有一定发展基础，通过三年左右的努力，能够培育成对本省产业转型升级具有重大引领带动作用的战略性新兴产业。

　　本条例所称重大新兴产业专项，是指发展潜力巨大、掌握关键核心技术、即将实现产业化的前沿性和先导性产业，通过五年左右的努力，能将核心技术转化为产业成果，能够培育成对本省产业转型升级具有重大引领带动作用的战略性新兴产业。

　　本条例所称重点领域，是指新一代信息技术、高端装备和新材料、生物和大健康、绿色低碳、信息经济等领域。

　　**第六十四条**　本条例自 2017 年 7 月 1 日起施行。

# 参考文献

[1] 喻登科，涂国平，陈华.战略性新兴产业集群协同发展的路径与模式研究 [J].科学与科学技术管理，2012，33 (4)：114-120.

[2] 闫俊周.新常态下战略性新兴产业创新驱动发展的路径选择 [J].企业经济，2016 (5)：147-151.

[3] 马海斌.中国高新区产业集聚的社会资源配置问题研究 [D].长春：吉林大学，2015.

[4] 李东霖.战略性新兴产业发展研究 [D].北京：中共中央党校，2015.

[5] 田娟娟.战略性新兴产业融资的效率与风险研究 [D].大连：东北财经大学，2016.

[6] 张丽丽，甄翠敏.战略性新兴产业集群支撑体系研究 [J].河北能源职业技术学院学报，2016，16 (2)：25-28.

[7] 杜壮.安徽：从新兴产业集聚发展基地到先进制造业集群 [J].中国战略新兴产业，2018 (9)：48-49.

[8] 李扬，沈志渔.战略性新兴产业集群的创新发展规律研究 [J].经济与管理研究，2010 (10)：29-34.

[9] 余呈先.产业融合视角下安徽战略性新兴产业发展机制研究 [J].科技创业月刊，2015，28 (23)：7-9.

[10] 王泽强，王皓然.创新驱动支撑安徽战略性新兴产业发展研究 [J].中共合肥市委党校学报，2016 (1)：21-25.

[11] 张丽丽.安徽省战略性新兴产业集群发展研究 [J].宿州学院学报，2016，31 (7)：9-13.

[12] 周竟成.安徽："三重一创"力促战略性新兴产业"十三五"发展 [J].中国战略新兴产业，2017 (33)：17.

[13] 周竟成."五化"推动安徽制造业转型升级 [J].中国战略新兴产业，2015 (13)：67.

[14] 代迎波.安徽省战略性新兴产业发展分析 [J].现代商业，2011 (18)：65-67.

[15] 康健."政产学研用"协同创新背景下湖南省战略性新兴产业创新链的运作评价与绩效提升研究 [M].杭州：浙江工商大学出版社，2016.

[16] 费钟琳，王京安，许景等.战略性新兴产业培育与集群发展的机制路径基于江苏实践的研究 [M].北京：经济管理出版社，2013.

[17] 连远强 . 集群与联盟、网络与竞合战略性新兴产业的耦合共生培育研究 [M]. 成都：西南交通大学出版社， 2014.

[18] 梅丽霞 . 创新集群的成长与演化——第十二届产业集群与区域发展学术会议论文集 [C]. 广州：世界图书出版广东有限公司， 2014.

[19] 刘媛媛，孙慧 . 资源型产业集群形成机理分析与实证 [J]. 中国人口·资源与环境， 2014, 24 (11)：103–111.

[20] 阮建青，石琦，张晓波 . 产业集群动态演化规律与地方政府政策 [J]. 管理世界， 2014 (12)：79–91.

[21] 柳洲 . "互联网 +" 与产业集群互联网化升级研究 [J]. 科学与科学技术管理， 2015, 36 (8)：73–82.

[22] 龙小宁，张晶，张晓波 . 产业集群对企业履约和融资环境的影响 [J]. 经济学 ( 季刊 )， 2015, 14 (04)：1563–1590.

[23] 时雁，蔺楠，余淑萍 . 新兴产业集群形成中公共风险资本与私人风险资本合作机制研究 [J]. 科技进步与对策， 2013, 30 (1)：38–42.

[24] 李煜华，武晓锋，胡瑶瑛 . 基于演化博弈的战略性新兴产业集群协同创新策略研究 [J]. 科技进步与对策， 2013, 30 (2)：70–73.

[25] 余雷，胡汉辉，吉敏 . 战略性新兴产业集群网络发展阶段与实现路径研究 [J]. 科技进步与对策， 2013, 30 (8)：58–62.

[26] 施卫东，卫晓星 . 战略性新兴产业集群研究综述——基于演化视角的分析框架 [J]. 经济问题探索， 2013 (5)：185–190.

[27] 严北战 . 基于政策租金和动态比较优势理论的战略性新兴产业集群演化路径研究 [J]. 中国科技论坛， 2013 (9)：57–63.

[28] 王启万，王兴元 . 战略性新兴产业集群品牌生态系统研究 [J]. 科研管理， 2013, 34 (10)：153–160.

[29] 牟绍波 . 战略性新兴产业集群式创新网络及其治理机制研究 [J]. 科技进步与对策， 2014, 31 (1)：55–59.

[30] 李捷，霍国庆，孙皓 . 我国战略性新兴产业集群效应决定因素分析 [J]. 科技进步与对策， 2014, 31 (17)：55–60.

[31] 王相平 . 战略性新兴产业集群开放式创新能力评价指标体系研究 [J]. 经济体制改革， 2014 (6)：193–195.

[32] 霍影 . 战略性新兴产业集群与区域经济空间耦合发展效率测度方法研究 [J]. 统计与信息论坛， 2012, 27 (10)：78–83.

[33] 王宏起，苏萍，王珊珊等. 基于战略性新兴产业集群的区域共享平台 O2O 服务模式 [J]. 中国科技论坛，2016 (7)：99-104.

[34] Peter Lund Thomsen, Renginee G Pillay. CSR in industrial clusters: an overview of the literature [J]. *Corporate Governance*, 2012, 12(4): 568-578.

[35] Junichi Nishimura, Hiroyuki Okamuro. R&D productivity and the organization of cluster policy: an empirical evaluation of the Industrial Cluster Project in Japan [J]. *The Journal of Technology Transfer*, 2011, 36(2): 117-144.

[36] Wei J, Zhou M, Greeven M, et al. Economic governance, dual networks and innovative learning in five Chinese industrial clusters [J]. *Asia Pacific Journal of Management*, 2016, 33(4): 1037-1074.

[37] Frank Mcdonald, Dimitrios Tsagdis, Qihai Huang. The development of industrial clusters and public policy [J]. *Entrepreneurship & Regional Development*, 2006, 18(6): 525-542.

[38] GRACE T R LIN, Chia Chi Sun. Driving industrial clusters to be nationally competitive [J]. *Technology Analysis & Strategic Management*, 2010, 22(1): 81-97.

[39] Thomas Brenner. Identification of Local Industrial Clusters in Germany [J]. *Regional Studies*, 2006, 40(9): 991-1004.

[40] Jan Stejskal, Petr Hajek. Competitive advantage analysis: a novel method for industrial clusters identification [J]. *Journal of Business Economics and Management*, 2012, 13(2): 344-365.

[41] Elisa Giuliani. Role of Technological Gatekeepers in the Growth of Industrial Clusters: Evidence from Chile [J]. *Regional Studies*, 2011, 45(10):1329-1348.

[42] Christopher S Fowler, Rachel Garshick Kleit. The Effects of Industrial Clusters on the Poverty Rate [J]. *Economic Geography*, 2014, 90(2): 129-154.

[43] Sten Engelstoft, Chris Jensen Butler, Ian Smith, et al. Industrial clusters in Denmark: Theory and empirical evidence [J]. *Papers in Regional Science*, 2006, 85(01).

[44] Hsin Mei Lin, Heng Chiang Huang, Chih Pin Lin, et al. How to manage strategic alliances in OEM-based industrial clusters: Network embeddedness and formal governance mechanisms [J]. *Industrial Marketing*

*Management*, 2012, 41(3): 449–459.

[45] Wang Tao. A Simulation on Industrial Clusters' Evolution: Implications and Constraints [J]. *Systems Engineering Procedia*, 2012(4): 366–371.

[46] Babkin Alexander, Kudryavtseva Tatiana, Utkina Svetlana. Formation of Industrial Clusters Using Method of Virtual Enterprises [J]. *Procedia Economics and Finance*, 2013(5): 68–72.

[47] Guo Bin, Guo Jingjing. Patterns of technological learning within the knowledge systems of industrial clusters in emerging economies: Evidence from China [J]. *Technovation*, 2010, 31(2): 87–104.

[48] Zhang Qing. The Research on Influence of Industrial Clusters on Regional Economic Development [J]. *IERI Procedia*, 2012(3): 206–212.

[49] Lidia Mayangsari, Santi Novani, Pri Hermawan. Batik Solo Industrial Cluster Analysis as Entrepreneurial System: A Viable Co-creation Model Perspective [J]. *Procedia - Social and Behavioral Sciences*, 2015(169): 281–288.

[50] Sukjin Yoon, Khalid Nadvi. Industrial clusters and industrial ecology: Building'eco-collective efficiency'in a South Korean cluster [J]. *Geoforum*, 2018(90): 159–173.

[51] Vahid Kayvanfar, Karimi B, Mohsen S Sajadieh, et al. Supply - demand hub in industrial clusters: a stochastic approach [J]. *Engineering Optimization*, 2018, 50(9): 1–17.